D1717501

Ein Psalm
in meinem
Herzen

„Dein Wort ist meines Fußes Leuchte
und ein Licht auf meinem Wege."

Psalm 119,105

....

....

....

....

....

....

....

Elisabeth Mittelstädt (Hrsg.)

Ein Psalm
in meinem
Herzen

Mit den Psalmen durch das Jahr
Abendgebete

Das Buch der Psalmen
nach der Übersetzung Martin Luthers

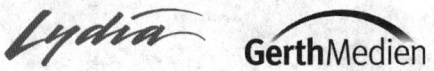

Ein Psalm in meinem Herzen

Woran denken Sie, bevor Sie einschlafen? Besonders die letzten Minuten vor dem Schlaf können unser Leben bestimmen: wie wir uns fühlen, was unser Herz beschäftigt und wie erholsam wir schlafen. Ja, sogar, wie der neue Tag beginnt! Leider klopft in der Stille der Abendstunden oft gerade das an, was uns sorgt und ärgert, belastet oder Angst macht.

Doch wir sind nicht allein! Bei Gott können wir unser Herz ausschütten. Bei ihm kann es zur Ruhe kommen. Wie? Die Psalmisten machen es uns vor: Schonungslos offen drücken sie ihre Gedanken und Gefühle vor Gott aus – Angst und Wut, Glück und Dankbarkeit, Enttäuschung, Scham und Schmerz, Freude und Hoffnung … Egal, wie es Ihnen geht, in den Psalmen finden Sie Ihre Gedanken und Gefühle wieder. Sicher werden Sie sogar staunen, mit wie vielem Sie sich identifizieren können. Aber nicht nur das: Wer in die Gebete der Heiligen einstimmt, findet eine Quelle der Kraft und Ermutigung. Wer sich auf die Tiefe der Gedanken und Gefühle einlässt, gewinnt Mut, selbst offen vor Gott zu sein und ihm neu zu vertrauen.

Die Sehnsucht zu beten liegt tief im Zentrum unseres Seins – so hat Gott uns erschaffen. Dennoch ist es nicht verwunderlich, dass es uns schwerfällt, mit einem Gott zu sprechen, dessen Worte die ganze Welt ins Leben riefen. Manchmal wissen wir einfach nicht, was wir sagen sollen. Egal, wie reich unser Wortschatz ist, er scheint nicht auszureichen. Die Psalmen geben unserem Herzen eine Stimme. Vielleicht beten deshalb viele Gläubige seit Jahrtausenden die Psalmen – sogar Jesus.

Ich erinnere mich noch genau daran, wie eine gestandene Christin mir das Beten beibrachte. Eines Tages, als ich mit einer Herausforderung konfrontiert war und nicht wusste, wie ich beten sollte, drückte sie mir einen Psalm in die Hand. „So, jetzt geh nach Hause und bete das", sagte sie. Während ich diese Zeilen betete, war ich überrascht. Diese Worte waren weder poliert noch höflich. Auf einmal merkte ich: Gebet ist keine höhere Sprache, sondern lässt unser Reden ehrlich und wahr werden. Ein persönliches Gespräch mit Gott. Durch die Psalmen lernte ich: In verwundbarer Ehrlichkeit im Gebet werden wir innerlich heil.

Dieses Gebetbuch kann Sie über Jahre begleiten und ermutigen. Sie werden erleben, wie gut es tut, den Tag mit einem Psalm und einem Gebet abzuschließen und – geborgen in Gott – einzuschlafen.

Von Herzen wünsche ich Ihnen Gottes spürbare Nähe am Abend und ruhigen Schlaf in der Nacht.

Elisabeth Mittelstädt
Herausgeberin

> *„Lass dir wohlgefallen die Rede meines Mundes*
> *und das Gespräch meines Herzens vor dir,*
> *HERR, mein Fels und mein Erlöser."*
>
> Psalm 19,15

ERSTES BUCH

Psalm 1

Der Weg des Frommen –
der Weg des Gottlosen

1 Wohl dem, der nicht wandelt im Rat der Gottlosen /
noch tritt auf den Weg der Sünder
    noch sitzt, wo die Spötter sitzen,
2 sondern hat Lust am Gesetz des HERRN
    und sinnt über seinem Gesetz Tag und Nacht!

3 Der ist wie ein Baum, gepflanzt an den Wasserbächen, /
der seine Frucht bringt zu seiner Zeit, und seine Blätter
verwelken nicht.
    Und was er macht, das gerät wohl.
4 Aber so sind die Gottlosen nicht,
    sondern wie Spreu, die der Wind verstreut.
5 Darum bestehen die Gottlosen nicht im Gericht
    noch die Sünder in der Gemeinde der Gerechten.
6 Denn **der HERR kennt den Weg der Gerechten,**
    aber der Gottlosen Weg vergeht.

*Vater, du bist der Schöpfer der Zeit. Auch jetzt,
an der Schwelle der Nacht, bist du mir nah und
schenkst mir Geborgenheit. Ich danke dir für all das Gute,
das ich heute empfangen habe. Du hast mich durch den
Tag geführt mit deiner liebenden Hand.*

*Danke, dass du in mir wirkst – auch im Schlaf. Hilf mir,
alle Sorgen beiseitezulegen und ganz bei dir anzukommen.
Bewahre mein Herz und meine Gedanken davor, an Orte
zu ziehen, die dir nicht gefallen. Lass deine Worte in mir
Wurzeln schlagen in den Stunden der Nacht. Dann werde
ich wie ein immergrüner Baum sein, dem die Hitze des
Tages und Zeiten der Dürre nichts anhaben können.*

*Ja, Vater, du erfrischst mich mit deinem Wort. Bitte
schenke mir jetzt einen erholsamen Schlaf. Und danke, dass
du über mir wachst und über allen, die zu mir gehören.
Amen.*

Psalm 2

**Gottes Sieg
und die Herrschaft seines Sohnes**

1 Warum toben die Heiden
    und murren die Völker so vergeblich?
2 Die Könige der Erde lehnen sich auf, /
    und die Herren halten Rat miteinander
        wider den HERRN und seinen Gesalbten:
3 »Lasset uns zerreißen ihre Bande
    und von uns werfen ihre Stricke!«

4 Aber der im Himmel wohnt, lachet ihrer,
    und der Herr spottet ihrer.
5 Einst wird er mit ihnen reden in seinem Zorn,
    und mit seinem Grimm wird er sie schrecken:
6 »Ich aber habe meinen König eingesetzt
    auf meinem heiligen Berg Zion.«

7   Kundtun will ich den Ratschluss des HERRN. Er hat zu mir gesagt:
    »Du bist mein Sohn, heute habe ich dich gezeugt.

8   Bitte mich, so will ich dir Völker zum Erbe geben
     und der Welt Enden zum Eigentum.

9   Du sollst sie mit einem eisernen Zepter zerschlagen,
     wie Töpfe sollst du sie zerschmeißen.«

10 So seid nun verständig, ihr Könige,
     und lasst euch warnen, ihr Richter auf Erden!

11 Dienet dem HERRN mit Furcht
     und küsst seine Füße mit Zittern,

12 dass er nicht zürne
     und ihr umkommt auf dem Wege;
     denn sein Zorn wird bald entbrennen.
     Wohl allen, die auf ihn trauen!

Barmherziger Vater, danke für deinen Sohn, Jesus, der auf diese Welt kam, um unseren Schmerz und unsere Schuld ans Kreuz zu tragen. Der unsere Strafe trug. Der litt, damit wir nicht ewig leiden müssen, sondern die unaussprechliche Freude des Himmels mit dir erleben können. Wie dankbar bin ich dafür!

Ja, du wirst deinem Sohn die Länder der Welt zum Erbe geben – Menschen aus allen Völkern, die an seinen Namen glauben. Und ich danke dir, Vater, für das Vorrecht, dass ich dazu beitragen darf! Bitte gib mir eine tiefe Leidenschaft dafür, anderen von Jesus zu erzählen – da, wo du mich hingestellt hast. Aber ich bitte dich auch für die Missionare, die in anderen Ländern deine kostbare Botschaft weiter-geben: Beschütze sie vor aller Gefahr und schenke ihnen eine reiche Ernte, sodass viele Menschen zu dir finden, bis eines Tages alle Völker vor deinem Thron versammelt sind.

Psalm 3

Morgenlied in böser Zeit

1 EIN PSALM DAVIDS, ALS ER VOR SEINEM SOHN ABSALOM FLOH.

2 Ach HERR, wie sind meiner Feinde so viel
   und erheben sich so viele gegen mich!

3 Viele sagen von mir:
   Er hat keine Hilfe bei Gott. SELA.

4 Aber du, HERR, bist der Schild für mich,
   du bist meine Ehre und hebst mein Haupt empor.

5 Ich rufe mit meiner Stimme zum HERRN,
   so erhört er mich von seinem heiligen Berge. SELA.

6 Ich liege und schlafe und erwache;
   denn der HERR hält mich.

7 Ich fürchte mich nicht vor vielen Tausenden,
   die sich ringsum wider mich legen.

8 Auf, HERR, und hilf mir, mein Gott! /
   Denn du schlägst alle meine Feinde auf die Backe
   und zerschmetterst der Gottlosen Zähne.

9 Bei dem HERRN findet man Hilfe.
   Dein Segen komme über dein Volk! SELA.

Herr, ich brauche Hilfe! Was soll ich tun mit all diesen Problemen, die wie Pilze aus dem Boden schießen? Mach dich auf, Herr! Mein Gott, hilf mir! Wahre Hilfe kommt von dir. Du hast mir versprochen: Keine Waffe, die gegen mich gerichtet wird, soll erfolgreich sein, und jede Zunge, die sich gegen mich erhebt, soll als schuldig entlarvt werden. Das ist mein Erbteil als deine Tochter. Meine Gerechtigkeit kommt von dir (Jesaja 54,17). Du bist meine Hoffnung. Heute Abend vertraue ich mich dir erneut an, ich halte nichts zurück, sondern will dir vorbehaltlos folgen und auf dich hören.

Jetzt lege ich mich schlafen – ohne Sorge, ohne Angst. Voller Vertrauen, dass du mir alles geben wirst, was ich für den neuen Tag brauche: deine Hilfe, deine Kraft und deinen Segen.

Psalm 4

Ein Abendgebet

1 EIN PSALM DAVIDS, VORZUSINGEN, BEIM SAITENSPIEL.

2 Erhöre mich, wenn ich rufe,
   Gott meiner Gerechtigkeit,
   der du mich tröstest in Angst;
   sei mir gnädig und erhöre mein Gebet!

3 Ihr Herren, wie lange soll meine Ehre geschändet werden?
   Wie habt ihr das Eitle so lieb und die Lüge so gern! SELA.

4 Erkennet doch, dass der HERR seine Heiligen wunderbar führt;
   der HERR hört, wenn ich ihn anrufe.

5 Zürnet ihr, so sündiget nicht;
   redet in eurem Herzen auf eurem Lager und seid stille.
   SELA.

6 Opfert, was recht ist,
   und hoffet auf den HERRN.

7 Viele sagen: »Wer wird uns Gutes sehen lassen?«
   HERR, lass leuchten über uns das Licht deines Antlitzes!

8 Du erfreust mein Herz,
   ob jene auch viel Wein und Korn haben.

9 **Ich liege und schlafe ganz mit Frieden;**
   denn allein du, HERR, hilfst mir, dass ich sicher wohne.

Hilf mir, Herr, beim Übergang von der Welt des Tageslichts – hin zur Welt der Nacht. Alles, was mir Angst und Sorgen macht, will ich dir anvertrauen und ganz loslassen. Besänftige mein Herz. Hilf mir, das Richtige zu tun, auch wenn andere mir Unrecht getan haben.

Ich erinnere mich an Frauen und Männer, die mir auf der Reise des Glaubens vorangegangen sind. Sie haben die Abendstunde für ihre Gebete genutzt und geliebt. Sie lösten sich von Streit und verwirrenden Stimmen und ließen sich fallen in den ruhigen Rhythmus deiner Worte. Öffne mein Herz in der Stille der Nacht und lass mich einen größeren Willen erfahren als meinen eigenen: deinen Willen, oh Gott. Denn der kommt vor all meinem Bemühen. Ich weiß, du arbeitest auch, während ich schlafe. Ohne meine Hilfe. Oft sogar, ohne dass ich es merke. Diese Gewissheit hilft mir, leichter zu ruhen.

Gleich schließe ich meine Augen und schlafe ein – in Frieden, weil ich bei dir sicher bin.

Psalm 5

Gebet um Leitung und Bewahrung

1 EIN PSALM DAVIDS, VORZUSINGEN, ZUM FLÖTENSPIEL.
2 HERR, höre meine Worte,
   merke auf mein Reden!
3 Vernimm mein Schreien, mein König und mein Gott;
   denn ich will zu dir beten.
4 HERR, frühe wollest du meine Stimme hören,
   frühe will ich mich zu dir wenden und aufmerken.

5 Denn du bist nicht ein Gott, dem gottloses Wesen gefällt;
  wer böse ist, bleibt nicht vor dir.
6 Die Ruhmredigen bestehen nicht vor deinen Augen;
  du bist Feind allen Übeltätern.
7 Du bringst die Lügner um;
  dem HERRN sind ein Gräuel die Blutgierigen und Falschen.
8 Ich aber darf in dein Haus gehen durch deine große Güte
  und anbeten vor deinem heiligen Tempel in deiner Furcht.

9 HERR, leite mich in deiner Gerechtigkeit um meiner Feinde willen;
  ebne vor mir deinen Weg!
10 Denn in ihrem Munde ist nichts Verlässliches;
  ihr Inneres ist Bosheit.
  Ihr Rachen ist ein offenes Grab;
  mit ihren Zungen heucheln sie.
11 Sprich sie schuldig, Gott,
  dass sie zu Fall kommen durch ihre Ränke.
  Stoße sie aus um ihrer vielen Übertretungen willen;
  denn sie sind widerspenstig gegen dich.
12 Lass sich freuen alle, die auf dich trauen;
  ewiglich lass sie rühmen, denn du beschirmest sie.
  Fröhlich lass sein in dir,
  die deinen Namen lieben!
13 Denn du, HERR, segnest die Gerechten,
  du deckest sie mit Gnade wie mit einem Schilde.

*V*ater, heute Abend danke ich dir für das große Geschenk deiner Liebe. Du liebst mich vollkommen und bedingungslos.

Ich danke dir für meine Gesundheit und für das gute Essen, das ich heute zubereiten durfte, weil du mir die Kraft dazu gegeben hast. Aber ich denke auch an die vielen Menschen – besonders die Kinder –, die heute Abend hungrig zu Bett gehen und vor Hunger nicht schlafen können. Vater, sorge für sie! Bitte hilf mir, auch meinen Teil zu tun, um ihre Bedürfnisse zu erfüllen und ihren Hunger zu lindern.

Ich danke dir für warme Kleidung und für Freunde, deren ermutigende Worte manche dunklen Wolken vertreiben. Danke, Vater, dass du mir Freude am Leben schenkst. Danke für viele beantwortete Gebete – und dass ich dir vertrauen kann, was die unbeantworteten betrifft. Jetzt will ich diesen Tag in deine Hände legen und dankbar einschlafen.

Marias Loblied

Ich freue mich so über Gott und alles, was er für mich getan hat. Ich möchte ihm zu Ehren ein Lied singen, denn er ist mein Retter. Gott hat sich von meiner Bedeutungslosigkeit nicht abschrecken lassen … Unendlich ist sein Erbarmen gegenüber denen, die ihm mit Ehrfurcht begegnen und ihn ernst nehmen. Anders geht es denen, die sich für großartig halten. Sie lässt er seine Macht spüren. Er holt die Tyrannen von ihrem Thron herunter, hebt dafür die Opfer auf und lässt sie zu Ehren kommen. Hungrige werden bei ihm satt; hartherzige Reiche dagegen gehen leer aus. Noch einmal kümmert er sich um Israel, sein auserwähltes Kind; er erinnert sich an das Erbarmen, das er unseren Vätern zugesagt hat, Abraham und seinen Nachkommen bis in Ewigkeit.

Lukas 1,46–55 (WD)

Gott dienen

„Und ich hörte die Stimme des Herrn, wie er sprach:
Wen soll ich senden? Wer will unser Bote sein?
Ich aber sprach: Hier bin ich, sende mich!"

Jesaja 6,8

„Maria aber sprach:
Siehe, ich bin des Herrn Magd; mir geschehe,
wie du gesagt hast."

Lukas 1,38

„Denn des HERRN Augen schauen alle Lande,
dass er stärke, die mit ganzem Herzen bei ihm sind."

2. Chronik 16,9

„Alles, was ihr tut, das tut von Herzen
als dem Herrn und nicht den Menschen,
denn ihr wisst, dass ihr von dem Herrn
als Lohn das Erbe empfangen werdet.
Ihr dient dem Herrn Christus!"

Kolosser 3,23–24

„Niemand kann zwei Herren dienen: Entweder er
wird den einen hassen und den andern lieben, oder er
wird an dem einen hängen und den andern verachten.
Ihr könnt nicht Gott dienen und dem Mammon."

Matthäus 6,24

Psalm 6

Bußgebet in Anfechtung
(Der erste Bußpsalm)

1 EIN PSALM DAVIDS, VORZUSINGEN, BEIM SAITENSPIEL
   AUF ACHT SAITEN.

2 Ach HERR, strafe mich nicht in deinem Zorn
      und züchtige mich nicht in deinem Grimm!

3 HERR, sei mir gnädig, denn ich bin schwach;
      heile mich, HERR, denn meine Gebeine sind erschrocken

4 und meine Seele ist sehr erschrocken.
      Ach du, HERR, wie lange!

5 Wende dich, HERR, und errette mich,
      hilf mir um deiner Güte willen!

6 Denn im Tode gedenkt man deiner nicht;
      wer wird dir bei den Toten danken?

7 Ich bin so müde vom Seufzen; /
   ich schwemme mein Bett die ganze Nacht
      und netze mit meinen Tränen mein Lager.

8 Mein Auge ist trübe geworden vor Gram
      und matt, weil meiner Bedränger so viele sind.

9 Weichet von mir, alle Übeltäter;
      denn der HERR hört mein Weinen.

10 Der HERR hört mein Flehen;
      mein Gebet nimmt der HERR an.

11 Es sollen alle meine Feinde zuschanden werden und
   sehr erschrecken;
      sie sollen umkehren und zuschanden werden plötzlich.

Vater, ich bin erschöpft vom Weinen. Ich bin müde – nicht nur von der Arbeit des Tages, sondern auch innerlich. Mein Kopfkissen ist schon ganz nass von meinen Tränen! Ich bin froh, dass du mich verstehst. Dass du mich ernst nimmst. Dass du meine Tränen siehst und mit mir mitfühlst.

Vergib mir meine Schuld! Danke, dass du mir helfen willst – sogar dann, wenn ich selbst an meiner misslichen Lage schuld bin.

Vater, ich danke dir, dass du mich hörst. Ich bringe meine Bitte vor dich. Ich vertraue sie dir an – und überlasse es dir, wie und wann du sie erfüllen wirst. Danke, dass du mein Gebet annimmst.

Jetzt hilf mir bitte, in Frieden zu schlafen und morgen erholt aufzuwachen.

Psalm 7

Gebet eines unschuldig Verfolgten

1 EIN KLAGELIED DAVIDS, DAS ER DEM HERRN SANG WEGEN
   DER WORTE DES KUSCH, DES BENJAMINITERS.

2 Auf dich, HERR, mein Gott, traue ich!
   Hilf mir von allen meinen Verfolgern und errette mich,

3 dass sie nicht wie Löwen mich packen
   und zerreißen, weil kein Retter da ist.

4 HERR, mein Gott, hab ich solches getan
   und ist Unrecht an meinen Händen,

5 hab ich Böses vergolten denen, die friedlich mit mir lebten,
   oder geschädigt, die mir ohne Ursache Feind waren,

6 so verfolge mich der Feind und ergreife mich /
und trete mein Leben zu Boden
und lege meine Ehre in den Staub. SELA.
7 Steh auf, HERR, in deinem Zorn,
erhebe dich wider den Grimm meiner Feinde!
Wache auf, mir zu helfen,
der du Gericht verordnet hast,
8 so werden die Völker sich um dich sammeln;
du aber throne über ihnen in der Höhe!

*Mein himmlischer Vater, ich berge mich bei dir.
Wo sonst finde ich Schutz? Für Seelen gibt es
keine Bunker, für Herzen keinen Airbag. Und du weißt, wie
grausam Worte eine Seele in Stücke reißen können, wie tief
die Pfeile der Anschuldigungen ins Herz dringen. Wie Löwen
jagen sie mich und kreisen mich ein: unbarmherzig und
berechnend. Ich fühle mich wehrlos. Weder mit Logik noch
mit Liebe kann ich sie besänftigen. Ich habe Angst!*

*Bitte bring meine rasenden Gedanken zur Ruhe. Steh auf,
Herr! Stell dich vor mich! Schütze mich vor dem Gift ihrer
Lügen, damit ich nicht kalt und innerlich tot werde wie sie.
Ich will lieben, selbst da, wo Hass herrscht. Alle sollen sehen,
dass ich mich nicht jagen lasse, weil du an meiner Seite
stehst. Du sagst Gutes und Wahres über mich. Ich bin dein.
Nun schließe ich meine Augen, geborgen in deiner Liebe.*

9 Der HERR ist Richter über die Völker.
Schaffe mir Recht, HERR, nach meiner Gerechtigkeit und
Unschuld!
10 Lass der Gottlosen Bosheit ein Ende nehmen,
aber die Gerechten lass bestehen;

denn du, gerechter Gott,
    prüfest Herzen und Nieren.
11 Gott ist der Schild über mir,
    er, der den frommen Herzen hilft.
12 Gott ist ein gerechter Richter
    und ein Gott, der täglich strafen kann.

13 Wahrlich, wieder hat einer sein Schwert gewetzt
    und seinen Bogen gespannt und zielt.
14 Doch sich selber hat er tödliche Waffen gerüstet
    und feurige Pfeile bereitet.
15 Siehe, er hat Böses im Sinn,
    mit Unrecht ist er schwanger und wird Lüge gebären.
16 Er hat eine Grube gegraben und ausgehöhlt –
    und ist in die Grube gefallen, die er gemacht hat.
17 Sein Unrecht wird auf seinen Kopf kommen
    und sein Frevel auf seinen Scheitel fallen.

18 Ich danke dem HERRN um seiner Gerechtigkeit willen
    und will loben den Namen des HERRN, des Allerhöchsten.

Allmächtiger Gott, bei dir suche ich Schutz vor allen, die mir Böses wollen und Fallen stellen. Es heißt: „Wer anderen eine Grube gräbt, fällt selbst hinein!" Dafür sorgst du, mein wunderbarer, gerechter Gott. Oh, sie glauben, sie seien so clever! Sie gehen mit Lügen und Unrecht schwanger und meinen, du sähst den dicken Bauch nicht!

Aber dich kann keiner austricksen. Dich kann keiner bestechen. Du bist wahrhaft gerecht. Halleluja! Und du sorgst für deine Kinder. Deine Gerechtigkeit beschirmt alle, die dich lieben, du Allerhöchster. Ich juble vor Freude. An dir kommt keiner vorbei. Du hast immer das letzte Wort! Deshalb

lege ich meine Angst und meine Wut bei dir ab. Ich erlaube
meinen Gedanken nicht länger, sich im Kreis zu drehen.
Bei dir kommt mein Herz zur Ruhe. Amen.

Psalm 8

Offenbarung der Herrlichkeit Gottes
am Menschen

1 EIN PSALM DAVIDS, VORZUSINGEN, AUF DER GITTIT.
2 HERR, unser Herrscher, wie herrlich ist dein Name
in allen Landen,
> der du zeigst deine Hoheit am Himmel!
3 Aus dem Munde der jungen Kinder und Säuglinge /
hast du eine Macht zugerichtet um deiner Feinde willen,
> dass du vertilgest den Feind und den Rachgierigen.

4 Wenn ich sehe die Himmel, deiner Finger Werk,
> den Mond und die Sterne, die du bereitet hast:
5 was ist der Mensch, dass du seiner gedenkst,
> und des Menschen Kind, dass du dich seiner annimmst?
6 Du hast ihn wenig niedriger gemacht als Gott,
> mit Ehre und Herrlichkeit hast du ihn gekrönt.
7 Du hast ihn zum Herrn gemacht über deiner Hände Werk,
> alles hast du unter seine Füße getan:
8 Schafe und Rinder allzumal,
> dazu auch die wilden Tiere,
9 die Vögel unter dem Himmel und die Fische im Meer
> und alles, was die Meere durchzieht.

10 HERR, unser Herrscher,
> wie herrlich ist dein Name in allen Landen!

Großer Gott, am Abend dieses Tages komme ich zu dir.

Ich liege hier in meinem Bett und über meinem Haus spannt sich der unendlich hohe Himmel, der unfassbar weite Horizont.

Und ich kann nur staunen:

Kluge Menschen erforschen die Natur bis ins Kleinste – aber du bist der Schöpfer.

Wir denken und wissen viel – aber die Welt ist dein Wunder.

Ich bin Teil deiner Schöpfung – und fühle mich so klein und unbedeutend. Und ich frage mit dem Psalmisten: Was ist der Mensch?

Aber wie wunderbar: Du großer Gott siehst mich kleinen Menschen.

Wie gut: Du schenkst mir Würde und Ehre – ich darf dein Kind sein.

Wie gut: Nicht die Sterne lenken meinen Weg – du selbst hältst mich in deiner Hand.

Bitte, wache über mir in dieser Nacht. Schenke mir neue Kraft für morgen.

Zeige mir, wie ich deine wunderbare Schöpfung achten und bewahren kann.

Amen.

Psalm 9

Danklied für Rettung aus Bedrängnis

1 EIN PSALM DAVIDS, VORZUSINGEN, NACH DER WEISE
»SCHÖNE JUGEND«.

2 Ich danke dem HERRN von ganzem Herzen
und erzähle alle deine Wunder.

3 Ich freue mich und bin fröhlich in dir
und lobe deinen Namen, du Allerhöchster,

4 dass meine Feinde zurückweichen mussten;
sie sind gestürzt und umgekommen vor dir.

5 Denn du führst mein Recht und meine Sache,
du sitzest auf dem Thron, ein rechter Richter.

6 Du schiltst die Heiden und bringst die Gottlosen um;
ihren Namen vertilgst du auf immer und ewig.

7 Der Feind ist vernichtet, zertrümmert für immer,
die Städte hast du zerstört; jedes Gedenken an sie
ist vergangen.

8 Der HERR aber bleibt ewiglich;
er hat seinen Thron bereitet zum Gericht,

9 er wird den Erdkreis richten mit Gerechtigkeit
und die Völker regieren, wie es recht ist.

10 Der HERR ist des Armen Schutz,
ein Schutz in Zeiten der Not.

11 Darum hoffen auf dich, die deinen Namen kennen;
denn du verlässest nicht, die dich, HERR, suchen.

12 Lobet den HERRN, der zu Zion wohnt;
verkündigt unter den Völkern sein Tun!

13 Denn der nach Blutschuld fragt, gedenkt der Elenden
und vergisst nicht ihr Schreien.

Allmächtiger, barmherziger Gott, du regierst und hast die Fäden meines Lebens und der Weltgeschichte in deiner Hand. In deiner Barmherzigkeit hast du ein Herz für mich armen Menschen.

Ich danke dir, dass ich dich kennengelernt habe. Dir kann ich vertrauen, auch wenn es mir schlecht geht. Auch wenn ich mich schutzlos und schwach fühle – du bist da. Auch wenn ich den Eindruck habe, dass alle gegen mich sind – du bist für mich. Wenn ich mich auf dich verlasse, bin ich nicht verlassen. Auf dich ist Verlass. Darum will ich immer wieder neu deine Nähe suchen. Gut, dass ich meine Sache an dich, Gott, abgeben kann.

Für diese Erfahrung will ich dir danken und sie meinen Mitmenschen erzählen. Schenke auch mir ein Herz für arme Menschen und mache mich barmherzig und verlässlich.

Gib mir Freude ins Herz und ein Lob auf die Lippen. Amen.

Herr, du bist groß

Herr, du bist groß und hoch zu loben;
groß ist deine Macht,
deine Weisheit ist ohne Ende.
Und dich zu loben wagt der Mensch,
ein winziger Teil deiner Schöpfung,
der Mensch, der dem Tod verfallen ist,
der weiß um seine Sünde und weiß,
dass du dem Hoffärtigen widerstehst;
und dennoch, du selbst willst es so:
Wir sollen dich loben aus fröhlichem Herzen;
denn du hast uns auf dich hin geschaffen,
und unruhig ist unser Herz,
bis es Ruhe findet in dir.

Augustinus

Frieden

„Ich bin zur Ruhe gekommen. Mein Herz ist zufrieden
und still. Wie ein Kind in den Armen seiner Mutter, so
ruhig und geborgen bin ich bei dir!"

Psalm 131,2 (Hfa)

„Wer festen Herzens ist, dem bewahrst du Frieden;
denn er verlässt sich auf dich."

Jesaja 26,3

„Ich liege und schlafe ganz mit Frieden;
denn allein du, HERR, hilfst mir, dass ich sicher wohne."

Psalm 4,9

„Da wir nun gerecht geworden sind durch den Glauben,
haben wir Frieden mit Gott durch unsern Herrn Jesus
Christus."

Römer 5,1

„Den Frieden lasse ich euch, meinen Frieden gebe ich euch.
Nicht gebe ich euch, wie die Welt gibt. Euer Herz erschrecke nicht und fürchte sich nicht."

Johannes 14,27

14 HERR, sei mir gnädig; /
   sieh an mein Elend unter meinen Feinden,
      der du mich erhebst aus den Toren des Todes,
15 dass ich erzähle all deinen Ruhm,
      in den Toren der Tochter Zion fröhlich sei über deine Hilfe.
16 Die Heiden sind versunken in der Grube, die sie gegraben,
      ihr Fuß ist gefangen im Netz, das sie gestellt hatten.
17 Der HERR hat sich kundgetan und Gericht gehalten.
      Der Gottlose ist verstrickt in dem Werk seiner Hände.
      ZWISCHENSPIEL. SELA.

18 Die Gottlosen sollen zu den Toten fahren,
      alle Heiden, die Gott vergessen!
19 Denn er wird den Armen nicht für immer vergessen;
      die Hoffnung der Elenden wird nicht ewig verloren sein.
20 HERR, steh auf, dass nicht Menschen die Oberhand gewinnen;
      lass alle Heiden vor dir gerichtet werden!
21 Lege, HERR, einen Schrecken auf sie,
      dass die Heiden erkennen, dass sie Menschen sind. SELA.

Herr, mein Herz gehört dir! Allein der Gedanke, dass du Gott bist, der Höchste und Schöpfer aller Dinge, lässt mich vor dir auf die Knie gehen. Du bist Gott und ich bin dir mein Lob schuldig. Von ganzem Herzen möchte ich dich loben und deinen Namen preisen, du Allerhöchster! Immer wieder hast du dich über mich erbarmt, obwohl du so erhaben und mächtig bist. Das berührt mein Herz! Dafür will ich dir danken!

Ich erinnere mich, wie ich so oft in meiner Verzweiflung zu dir rief und du mir auf wunderbare Weise geantwortet hast. Das will ich nicht für mich behalten! Ich will es hinausrufen in die Welt, sodass dein Lobpreis und deine Ehre sich verbreiten! Bitte zeige mir Menschen, denen ich erzählen kann, wie gut du zu mir bist. Denn das wird sie ermutigen und ihren eigenen Glauben stärken. Ich will keine Gelegenheit missen, um auszurufen: Mein Gott ist treu, geduldig und von großer Güte!

Psalm 10

Klage und Zuversicht
beim Übermut der Gottlosen

1 HERR, warum stehst du so ferne,
    verbirgst dich zur Zeit der Not?

2 Weil der Gottlose Übermut treibt, müssen die Elenden leiden;
    sie werden gefangen in den Ränken, die er ersann.

3 Denn der Gottlose rühmt sich seines Mutwillens,
    und der Habgierige sagt dem HERRN ab und lästert ihn.

4 Der Gottlose meint in seinem Stolz, Gott frage nicht danach.
    »Es ist kein Gott«, sind alle seine Gedanken.

5 Er fährt fort in seinem Tun immerdar. /
    Deine Gerichte sind ferne von ihm,
        er handelt gewaltsam an allen seinen Feinden.

6 Er spricht in seinem Herzen: »Ich werde nimmermehr wanken,
    es wird für und für keine Not haben.«

7 Sein Mund ist voll Fluchens, voll Lug und Trug;
    seine Zunge richtet Mühsal und Unheil an.

8 Er sitzt und lauert in den Höfen, /
    er mordet die Unschuldigen heimlich,
        seine Augen spähen nach den Armen.

9 Er lauert im Verborgenen wie ein Löwe im Dickicht, /
    er lauert, dass er den Elenden fange;
        er fängt ihn und zieht ihn in sein Netz.

10 Er duckt sich, kauert nieder,
   und durch seine Gewalt fallen die Unglücklichen.
11 Er spricht in seinem Herzen: »Gott hat's vergessen,
   er hat sein Antlitz verborgen, er wird's nimmermehr sehen.«

W arum, warum, warum …?

*Am liebsten möchte ich dieses schreckliche, quälende
„Warum?" laut hinausschreien, möchte weglaufen, egal,
wohin, einfach nur weg.*

*Meine Hände ballen sich zu Fäusten, ich will meiner Wut,
meiner Verzweiflung freien Lauf lassen!*

*Verstehst du, dass ich manchmal nicht mehr begreifen kann?
Nicht mehr begreifen will?*

Alles scheint so hoffnungslos …

*Angst und Dunkelheit wollen mir den Atem rauben … Herr,
lass mich in der Tiefe meines Herzens deinen Atem spüren.
Deinen Atem, der mir wieder Leben und Zuversicht ein-
haucht.*

*Ich laufe zu dir, berge mich in deinen Armen. Du weißt um
meine Not, du kennst meinen Schmerz, meine Zweifel sind
dir vertraut.*

*Du lässt mich deine Nähe erfahren. Du flüsterst mir zu:
„Geliebtes Kind, geliebte Tochter, vertraue mir – ich halte
dich in meiner Hand."*

12 Steh auf, HERR! Gott, erhebe deine Hand!
    Vergiss die Elenden nicht!
13 Warum soll der Gottlose Gott lästern
    und in seinem Herzen sprechen: »Du fragst doch
    nicht danach«?
14 Du siehst es doch, /
    denn du schaust das Elend und den Jammer;
    es steht in deinen Händen.
    Die Armen befehlen es dir;
    du bist der Waisen Helfer.
15 Zerbrich den Arm des Gottlosen und Bösen /
    und suche seine Bosheit heim,
    dass man nichts mehr davon finde.

16 Der HERR ist König immer und ewig;
    die Heiden sollen aus seinem Lande verschwinden.
17 Das Verlangen der Elenden hörst du, HERR;
    du machst ihr Herz gewiss,
    dein Ohr merkt darauf,
18 dass du Recht schaffest den Waisen und Armen,
    dass der Mensch nicht mehr trotze auf Erden.

Herr, wie viel Unrecht gibt es! Daran muss ich denken, wenn ich die Nachrichten anschaue oder nur ein paar Menschen in meiner Heimat begegne. Unrecht, das zum Himmel schreit! Das beklemmt mein Herz.

Ich bin mir sicher: Du leidest mit jedem Einzelnen von Herzen mit, der nicht zu seinem von dir zugedachten Recht kommt. Dir entgeht nichts von dem, was hier auf der Erde passiert. Du bist allgegenwärtig, schläfst und schlummerst nicht und siehst genau, wie hartherzig und gnadenlos wir Menschen miteinander umgehen. Herr, bitte lass uns

Menschen nicht in unseren Lieblosigkeiten gewähren!
Greif machtvoll ein mit deiner rettenden Kraft! Hilf denen,
für die keiner ein gutes Wort einlegt! Sei Fürsprecher,
Mutmacher und Situationsveränderer für diejenigen, die
in aussichtslosen Verhältnissen leben! Und ich bitte dich
von Herzen: Zeig mir, wo ich in deiner Liebe und mit deinen
Ideen tätig werden kann, damit andere erleben, dass du
keinen alleine lässt.

Psalm 11

Vertrauen auf Gottes Gerechtigkeit

1 VON DAVID, VORZUSINGEN.
   Ich traue auf den HERRN. Wie sagt ihr denn zu mir:
      »Flieh wie ein Vogel auf die Berge!
2 Denn siehe, die Gottlosen spannen den Bogen /
   und legen ihre Pfeile auf die Sehnen,
      damit heimlich zu schießen auf die Frommen.
3 Ja, sie reißen die Grundfesten um;
      was kann da der Gerechte ausrichten?«

Wohin soll ich fliehen vor meinen Feinden? Ich
spüre, wie ihre Pfeile auf mein Herz zielen. Ich höre
den verführerischen Rat: „Lauf weg! Lauf weit, weit weg!"
Doch ich weiß, wer mich kurz vorm Kampf einschüchtern
will: der Versucher.

Das erinnert mich an die Nacht, in der du verraten wurdest.
Du hättest fliehen können. Doch aus freiem Willen hast
du dich entschieden dazubleiben – hingegeben an den

Willen des Vaters. Als du am Kreuz hingst, hielten dich nicht menschliche Nägel fest, sondern göttliche Liebe und Treue. Wie dankbar bin ich, dass du nicht weggelaufen bist. Deine Treue schenkt mir ewiges Leben.

Hilf auch mir, treu zu bleiben und meine Zeit zu nutzen, selbst dann, wenn ich lieber aufgeben will. Gib mir neue Kraft, das Richtige zu tun, auch wenn meine Gefühle rufen: „Lauf weg!" Ich verlasse mich auf dich, dass du mich bewahrst, wenn Pfeile des Bösen auf mich gerichtet sind. Eines Tages werde ich vor dir stehen und froh sein, dass ich nicht weggelaufen bin.

4 Der HERR ist in seinem heiligen Tempel,
   des HERRN Thron ist im Himmel.
Seine Augen sehen herab,
   seine Blicke prüfen die Menschenkinder.
5 Der HERR prüft den Gerechten und den Gottlosen;
   wer Unrecht liebt, den hasst seine Seele.
6 Er wird regnen lassen über die Gottlosen Feuer und Schwefel
   und Glutwind ihnen zum Lohne geben.

7 Denn der HERR ist gerecht und hat Gerechtigkeit lieb.
   Die Frommen werden schauen sein Angesicht.

Herr, Gerechtigkeit ist deine Leidenschaft. Ich lobe dich dafür und bete dich an! Das Unrecht schmerzt dich. Es verletzt dein Wesen, deine Natur. Es zerstört die Welt und Beziehungen. Es lässt dich nicht zur Ruhe kommen. Und du willst, dass wir, deine Kinder, uns für Gerechtigkeit einsetzen – in der Welt und in unserer Umgebung. Es tut mir leid, dass ich viel zu oft nur mit mir selbst beschäftigt bin. Dein Herz ist so groß und so weit. Schenk mir deine Weite! Schenk mir dein Mitleiden!

Ich danke dir, dass es dich nicht kaltlässt, wenn mir Unrecht angetan wird. Du leidest mit mir; du gehst neben mir. Du bist der Gott, der alles Unrecht geraderücken wird, auch das, was mir angetan wurde. „Die Rache ist mein", sagst du. Ich muss mich nicht darum kümmern. Danke! Ich brauche nicht bitter zu werden. Ich habe wieder Hoffnung – du wirst handeln! Meine Belange sind bei dir gut aufgehoben. Nur wünschte ich mir und bete, dass dein Handeln schneller kommt, dass du bald eingreifst. Zögere nicht, warte nicht länger, eile, Herr!

Gott, ich danke dir

Gott, ich danke dir, dass du da bist. Ich bin nicht verlassen in der Weite des Alls. Du Schöpfer allen Lebens, Erhalter aller Kreatur. Über die Kompliziertheit und Schönheit deiner Werke staune ich. Deine wunderbaren Gedanken erkenne ich in der Bibel.

Doch Schuld und Sünde trennen mich von dir. Herr Jesus, Licht des Lebens, werde hell in mir. Du sagst, dass du mich liebst und für mich am Kreuz gestorben bist. Du bist auferstanden und lebst!

Ich staune, dass du mir alle Schuld vergeben willst. Du befähigst mich, dir zu dienen. Dir vertraue ich mein Leben an. Zu Ende ist die Irrfahrt vergangener Jahre. Du bist nun Ziel und Inhalt meines Lebens.

Wie tröstet mich dein Wort. – Du hörst, wenn ich zu dir rede. Ich brauche mich nicht mehr zu beunruhigen. Auch im Leid hält mich deine Liebe fest umschlungen. Nichts kann mich von dir trennen. Ich freue mich, in Ewigkeit bei dir zu sein. Und für dieses neue, ewige Leben danke ich dir. Es beginnt jetzt und wird nie enden. Amen!

Gebet eines Denkers

Jesus, unser Retter

„Denn also hat Gott die Welt geliebt, dass er
seinen eingeborenen Sohn gab, damit alle, die an
ihn glauben, nicht verloren werden, sondern
das ewige Leben haben."

Johannes 3,16

„Denn der Menschensohn ist gekommen,
zu suchen und selig zu machen, was verloren ist."

Lukas 19,10

„Denn wenn du mit deinem Munde bekennst,
dass Jesus der Herr ist, und in deinem Herzen glaubst,
dass ihn Gott von den Toten auferweckt hat,
so wirst du gerettet."

Römer 10,9

„Aber Gott, der reich ist an Barmherzigkeit, hat in
seiner großen Liebe, mit der er uns geliebt hat,
auch uns, die wir tot waren in den Sünden, mit Christus
lebendig gemacht – aus Gnade seid ihr selig geworden."

Epheser 2,4–5

„Gott (…) will, dass allen Menschen geholfen werde
und sie zur Erkenntnis der Wahrheit kommen.
Denn es ist ein Gott und ein Mittler zwischen Gott
und den Menschen, nämlich der Mensch Christus Jesus,
der sich selbst gegeben hat für alle zur Erlösung."

1. Timotheus 2,3–6

Psalm 12

Klage über die Macht der Bösen

1 EIN PSALM DAVIDS, VORZUSINGEN, AUF ACHT SAITEN.

2 Hilf, HERR! Die Heiligen haben abgenommen,
   und gläubig sind wenige unter den Menschenkindern.

3 Einer redet mit dem andern Lug und Trug,
   sie heucheln und reden aus zwiespältigem Herzen.

4 Der HERR wolle ausrotten alle Heuchelei
   und die Zunge, die hoffärtig redet,

5 die da sagen: »Durch unsere Zunge sind wir mächtig,
   uns gebührt zu reden! Wer ist unser Herr?«

Oh Herr, manchmal ist mein Herz so schwer. Manchmal habe ich das Gefühl wie König David, als hätten „die Heiligen" tatsächlich abgenommen und als würden nur wenige wirklich an dich glauben. Herr, hilf mir, nicht zu verzagen! Hilf mir, die Menschen mit den Augen deiner Liebe anzuschauen. Denn ich weiß: Oft meinen sie es nicht böse, und wir alle sind oft unfähig, uns freundlicher zu verhalten. Dennoch tut es weh und ich fühle mich verletzt.

Herr, manchmal ist mir, als wären einige Menschen nicht ehrlich zu mir und sprächen hinter meinem Rücken schlecht über mich. Gib mir die Kraft, verletzende Dinge zu überwinden. Herr, nimm mir den Schmerz, heile mein Herz, dass ich nicht bitter werde! Schenke mir ein Herz, das dir völlig vertraut, damit ich Liebe und Freundlichkeit schenken kann, auch da, wo ich enttäuscht werde.
Herr, ich berge mich in deiner Liebe.

6 »Weil die Elenden Gewalt leiden
　　und die Armen seufzen,
　will ich jetzt aufstehen«, spricht der HERR,
　　»ich will Hilfe schaffen dem, der sich danach sehnt.«

7 Die Worte des HERRN sind lauter wie Silber,
　　im Tiegel geschmolzen, geläutert siebenmal.
8 Du, HERR, wollest sie bewahren
　　und uns behüten vor diesem Geschlecht ewiglich!
9 Denn Gottlose gehen allenthalben einher,
　　weil Gemeinheit herrscht unter den Menschenkindern.

Lieber Herr, in mancher Nacht wirft der Mond einen silbernen Schein. Dieser Schimmer erinnert mich an dein Wort: Es ist rein wie Silber, ja, es ist noch reiner als das edelste Metall. Wie der Silberschmied das Silber läutert, damit es nicht durch einen unedlen Stoff verunreinigt wird, so hast du über dein Wort gewacht. Es ist durch und durch echt, verlässlich und rein.

Darum kann ich deinem Wort vertrauen – alles, was du zusagst, hältst du ein. Du warst mein Helfer während des Tages, dafür danke ich dir. Und dein Versprechen, mir Hilfe zu schaffen, gilt auch in dieser Nacht. So lege ich voll Vertrauen in deine Hände, was mich vom Tag noch bewegt. Dein Beistand ist da, auch beim Schimmer des Mondes und in der Stille der Nacht. Amen.

Psalm 13

Hilferuf eines Angefochtenen

1 EIN PSALM DAVIDS, VORZUSINGEN.

2 HERR, wie lange willst du mich so ganz vergessen?
   Wie lange verbirgst du dein Antlitz vor mir?

3 Wie lange soll ich sorgen in meiner Seele /
   und mich ängsten in meinem Herzen täglich?
   Wie lange soll sich mein Feind über mich erheben?

4 Schaue doch und erhöre mich, HERR, mein Gott!
   Erleuchte meine Augen, dass ich nicht im Tode
   entschlafe,

5 dass nicht mein Feind sich rühme, er sei meiner mächtig
   geworden,
   und meine Widersacher sich freuen, dass ich wanke.

6 Ich aber traue darauf, dass du so gnädig bist; /
   mein Herz freut sich, dass du so gerne hilfst.
   Ich will dem HERRN singen, dass er so wohl an mir tut.

Vater, ich bin traurig. Aber ich weiß: Du bist stärker als meine Probleme. Ehe die Welt existierte, warst du da. Ehe die Zeit begann, warst du da. Wenn der letzte Tag kommt und alle Menschen gerichtet werden, wirst du da sein. So bist du auch jetzt hier bei mir – bist da, um mich zu retten und mir zu helfen. Du, der ewig treue Gott.

Hilf mir, die Lektionen der Vergangenheit zu nutzen, um weise Entscheidungen in der Gegenwart zu treffen. Hilf mir, mit Zuversicht in die Zukunft zu schauen – im Vertrauen darauf, dass du da sein wirst, um meine Schritte zu leiten und mich aufzufangen, wenn ich falle. Sei du mein gnädiger Vater – heute und für immer. Ich danke dir, dass du mich liebst und mir so gerne hilfst. Ich liebe dich auch. Danke, dass ich jetzt voller Vertrauen einschlafen darf.

Psalm 14

Die Torheit der Gottlosen
(vgl. Psalm 53,1–7)

1   VON DAVID, VORZUSINGEN.
Die Toren sprechen in ihrem Herzen:
»Es ist kein Gott.«
Sie taugen nichts; ihr Treiben ist ein Gräuel;
da ist keiner, der Gutes tut.
2   Der HERR schaut vom Himmel auf die Menschenkinder,
dass er sehe, ob jemand klug sei und nach Gott frage.
3   Aber sie sind alle abgewichen und allesamt verdorben;
da ist keiner, der Gutes tut, auch nicht **einer.**

Herr, die Welt scheint dich vergessen zu haben. Nachrichten, Zeitungen, Gespräche der Nachbarn – dein Name kommt nicht einmal vor! Die Menschen um mich her fragen nicht nach dem, der Himmel und Erde gemacht hat. Sie ignorieren den, der sie erschaffen hat. Stattdessen hetzen sie durchs Leben und glauben, die Ewigkeit lasse ewig auf sich warten.

*Vater, ich bekenne dir: Auch ich suche oft nach anderen
Rettern. Ich hoffe auf Beistand von sterblichen Menschen.
Ich hänge mein Herz an Dinge, die mir nicht helfen können.
Bitte vergib mir, dass ich dir so oft den Rücken zudrehe.*

*Großer Gott, ich will meine Augen auf dich richten, den
Höchsten und Schönsten, den Mächtigsten und Gnädigsten,
den es gibt. Nur von dir will ich Weisheit für mein tägliches
Leben erwarten. Nach dir zu fragen, macht mich klug.
Nach dir zu fragen, lässt mich weise Entscheidungen treffen.
Du allein sollst der Wegweiser meines Herzens sein.*

4 Will denn das keiner der Übeltäter begreifen, /
  die mein Volk fressen, dass sie sich nähren,
    aber den HERRN rufen sie nicht an?
5 Da erschrecken sie sehr;
    denn Gott ist bei dem Geschlecht der Gerechten.
6 Euer Anschlag wider den Armen wird zuschanden werden;
    denn der HERR ist seine Zuversicht.

7 Ach dass die Hilfe aus Zion über Israel käme /
  und der HERR sein gefangenes Volk erlöste!
    So würde Jakob fröhlich sein und Israel sich freuen.

*Lieber himmlischer Vater, ewiger Gott, du hast
Abraham, dem Vater des Glaubens, das Land
verheißen und ihm deinen Segen versprochen. Ich danke
dir von Herzen, dass diese Heilsgeschichte durch Jesus
Christus allen Menschen gilt.*

Bitte schenke deinem Land Frieden. Durch die ganze Ge-
schichte hindurch wurde dein Volk zerstreut, gequält und
verfolgt. Auch in Israel sind Juden noch nicht zur Ruhe
gekommen. Hilf den politisch Verantwortlichen in Israel
und seinen Nachbarstaaten, dass die Hoffnung auf ein
friedliches Miteinander nie erlischt. Gib deinen Heiligen
Geist in der Kommunikation miteinander und im gegen-
seitigen Verstehen, damit der schreckliche Terror im Heiligen
Land ein Ende findet. Ich lobe und preise dich, Herr, und
bitte dich um deinen reichen Segen für Israel und seine
Bewohner.

Ich bin wie ein leeres Gefäß

Siehe, Herr, ich bin wie ein leeres Gefäß, fülle es.
Ich bin schwach im Glauben, stärke mich.
Ich bin kalt in der Liebe, lass mein Herz brennen.
Lass meine Liebe herausströmen auf meine Nächsten.
Ich habe keinen festen und starken Glauben,
ich zweifle zuweilen und kann dir nicht völlig vertrauen.

Ach Herr, hilf mir.
Mehre meinen Glauben, lass mich dir vertrauen.
Ich bin arm, du bist reich. Doch du bist gekommen,
dich der Armen zu erbarmen.
Ich bin ein Sünder, du bist gerecht.
Ich leide an der Sünde, in dir ist die Fülle der
Gerechtigkeit.
Ich bleibe bei dir; denn von dir darf ich nehmen und
muss nicht geben.

Martin Luther

Erfüllt leben

„Habe deine Lust am HERRN; der wird dir geben,
was dein Herz wünscht."
Psalm 37,4

„Jesus aber sprach zu ihnen: Ich bin das Brot des Lebens.
Wer zu mir kommt, den wird nicht hungern; und
wer an mich glaubt, den wird nimmermehr dürsten."
Johannes 6,35

„Wer aber von dem Wasser trinken wird, das ich
ihm gebe, den wird in Ewigkeit nicht dürsten,
sondern das Wasser, das ich ihm geben werde,
das wird in ihm eine Quelle des Wassers werden,
das in das ewige Leben quillt."
Johannes 4,14

„Tu deinen Mund weit auf, lass mich ihn füllen!"
Psalm 81,11

„Mein Sohn, vergiss meine Weisung nicht,
und dein Herz behalte meine Gebote,
denn sie werden dir langes Leben bringen und
gute Jahre und Frieden."
Sprüche 3,1–2

Psalm 15

Wen nimmt Gott an?

(vgl. Psalm 24,3–6; Jesaja 33,14–16)

1 EIN PSALM DAVIDS.
    HERR, wer darf weilen in deinem Zelt?
        Wer darf wohnen auf deinem heiligen Berge?

2 Wer untadelig lebt und tut, was recht ist,
        und die Wahrheit redet von Herzen,
3 wer mit seiner Zunge nicht verleumdet, /
    wer seinem Nächsten nichts Arges tut
        und seinen Nachbarn nicht schmäht;
4 wer die Verworfenen für nichts achtet, /
    aber ehrt die Gottesfürchtigen;
        wer seinen Eid hält, auch wenn es ihm schadet;
5 wer sein Geld nicht auf Zinsen gibt /
    und nimmt nicht Geschenke wider den Unschuldigen.

    Wer das tut, wird nimmermehr wanken.

Vater, ich danke dir, dass ich jederzeit Zutritt zu dir habe. Die Tore deines Heiligtums stehen mir offen (Hebräer 10,19). Immer hast du Zeit für mich. Du hörst mir zu und nimmst mich ernst. Danke, dass ich dir niemals lästig bin! Nein, im Gegenteil: Du freust dich, wenn ich zu dir komme, mit meinen großen und auch mit meinen kleinen Nöten.

*Da ist ein heiliger Raum bei dir, den du ganz für mich
reserviert hast, für mich allein. Da spüre ich deine Nähe;
da wird mein Herz heil. Was für ein Vorrecht!*

*Dabei lässt du nicht jeden zu dir! Du legst hohe Maßstäbe an:
Nur wer seine Versprechen hält, darf zu dir hinein; nur wer
unbestechlich ist und andere nicht ausnutzt – nur wer so rein
und schuldlos ist wie du.*

*Aber wie kommt es dann, dass du jemanden wie mich
empfängst?*

*Weil Jesus sein Blut für mich vergossen hat. Er nahm meine
Schuld auf sich, damit ich schuldlos sein kann. Er reinigt mich
von aller Ungerechtigkeit, jeden Tag. Er hat sich geopfert, damit ich im Strom deiner Güte leben kann. Hab Dank dafür!*

Das schöne Erbteil

1   EIN GÜLDENES KLEINOD DAVIDS.
 Bewahre mich, Gott; denn ich traue auf dich. /
2   Ich habe gesagt zu dem HERRN: Du bist ja der Herr!
 Ich weiß von keinem Gut außer dir.
3   An den Heiligen, die auf Erden sind,
 an den Herrlichen hab ich all mein Gefallen.
4   Aber jene, die einem andern nachlaufen,
 werden viel Herzeleid haben.
 Ich will das Blut ihrer Trankopfer nicht opfern
 noch ihren Namen in meinem Munde führen.

5 Der HERR ist mein Gut und mein Teil;
    du erhältst mir mein Erbteil.
6 Das Los ist mir gefallen auf liebliches Land;
    mir ist ein schönes Erbteil geworden.
7 Ich lobe den HERRN, der mich beraten hat;
    auch mahnt mich mein Herz des Nachts.
8 Ich habe den HERRN allezeit vor Augen;
    steht er mir zur Rechten, so werde ich festbleiben.
9 Darum freut sich mein Herz, und meine Seele ist fröhlich;
    auch mein Leib wird sicher liegen.
10 Denn du wirst mich nicht dem Tode überlassen
    und nicht zugeben, dass dein Heiliger die Grube sehe.*
11 **Du tust mir kund den Weg zum Leben:**
    Vor dir ist Freude die Fülle
    und Wonne zu deiner Rechten ewiglich.

Lieber Vater, bei dir bin ich gut aufgehoben. Dafür danke ich dir! Um mich herum brechen Welten zusammen: die großen und kleinen Welten der Menschen, mit denen ich verbunden bin. Die globalen Herausforderungen scheinen unlösbar. Überall spüre ich Angst. Viele verlieren ihren Arbeitsplatz, weil die Weltwirtschaft wankt. Viele Menschen sind auf der Flucht vor Verfolgung, Unterdrückung und Krieg, aber auch vor Armut und Elend. Und wenn schlimme Krankheiten ohne Vorwarnung nach der Lebenskraft greifen, dann kommt mir schnell die Frage nach dem Warum.

Doch spüre ich bei allem Chaos in meiner Umgebung und manchmal auch in mir, dass es noch eine andere Wirklichkeit gibt, die stärker ist als jede Angst. Diese Wirklichkeit bist du,

---

* Luther übersetzte: »dass dein Heiliger verwese« im Anschluss an die griechische Übersetzung des Alten Testaments und Apostelgeschichte 2,27 und 13,35.

der Herr über Leben und Tod. Du sorgst dafür, dass ich mit all meiner Angst fest verankert bleibe in deiner Liebe. Du sorgst für mich. Das macht mich gewiss und zuversichtlich.

Psalm 17

Hilferuf eines Unschuldigen

1 EIN GEBET DAVIDS.
   HERR, höre die gerechte Sache,
   merk auf mein Schreien,
   vernimm mein Gebet
       von Lippen, die nicht trügen.
2 Sprich du in meiner Sache;
       deine Augen sehen, was recht ist.
3 Du prüfst mein Herz und suchst es heim bei Nacht;
       du läuterst mich und findest nichts.
   Ich habe mir vorgenommen,
       dass mein Mund sich nicht vergehe.
4 Im Treiben der Menschen bewahre ich mich /
   vor gewaltsamen Wegen
       durch das Wort deiner Lippen.
5 Erhalte meinen Gang auf deinen Wegen,
       dass meine Tritte nicht gleiten.

6 Ich rufe zu dir, denn du, Gott, wirst mich erhören;
       neige deine Ohren zu mir, höre meine Rede!
7 Beweise deine wunderbare Güte, du Heiland derer,
       die dir vertrauen gegenüber denen,
       die sich gegen deine rechte Hand erheben.
8 Behüte mich wie einen Augapfel im Auge,
       beschirme mich unter dem Schatten deiner Flügel

9 vor den Gottlosen, die mir Gewalt antun,
>   vor meinen Feinden, die mir von allen Seiten nach dem
>   Leben trachten.

10 Ihr Herz haben sie verschlossen,
>   mit ihrem Munde reden sie stolz.

11 Wo wir auch gehen, da umgeben sie uns;
>   ihre Augen richten sie darauf, dass sie uns zu Boden
>   stürzen,

12 gleichwie ein Löwe, der nach Raub lechzt,
>   wie ein junger Löwe, der im Versteck sitzt.

13 HERR, mache dich auf, tritt ihm entgegen und demütige ihn!
>   Errette mich vor dem Gottlosen mit deinem Schwert,

14 vor den Leuten, HERR, mit deiner Hand,
>   vor den Leuten dieser Welt,
>   die ihr Teil haben schon im Leben,
>   denen du den Bauch füllst mit deinen Gütern,
>   deren Söhne auch noch satt werden
>   und ihren Kindern ein Übriges hinterlassen.

15 Ich aber will schauen dein Antlitz in Gerechtigkeit,
>   ich will satt werden, wenn ich erwache, an deinem Bilde.

Herr, ich danke dir, dass du mich in meinen schlaflosen Nächten besuchst und ich in diesen Zeiten nicht alleine bin, sondern mit dir sprechen kann. Gemeinsam können wir alle Anliegen durchgehen. Welch kostbare Zeit!

Dein Wort sagt aber auch, dass du es deinen Freunden im Schlaf gibst. Deshalb bitte ich dich um einen guten Schlaf. Ich will ganz mit Frieden schlafen, denn du hilfst mir ja, Herr, dass ich sicher wohne. Danke, dass du meine Gedanken sortierst und ich meine Sorgen auf dich werfen kann. Das

*ist so gut! Welch ein Privileg ist es, mit dir reden zu können.
Ich will von mir selbst wegsehen und auf dich schauen. Ich
will lernen, dir zu vertrauen wie ein Kind. Je älter ich werde,
desto mehr freue ich mich darüber, dein Kind zu sein.*

*Du bist so gut, Gott, so barmherzig und treu. Dafür will ich
dir danken und dich preisen. Danke für diesen Tag. Bitte
lass mich ruhig schlafen und schenk mir neue Kraft für den
morgigen Tag. Amen.*

Psalm 18

Dank des Königs für Rettung und Sieg

(vgl. 2. Samuel 22,1–51)

1 VON DAVID, DEM KNECHT DES HERRN, DER ZUM HERRN DIE
WORTE DIESES LIEDES REDETE, ALS IHN DER HERR ERRETTET
HATTE VON DER HAND ALLER SEINER FEINDE UND VON DER
HAND SAULS; VORZUSINGEN.

2 UND ER SPRACH:
Herzlich lieb habe ich dich, HERR, meine Stärke!

3 HERR, mein Fels, meine Burg, mein Erretter;
mein Gott, mein Hort, auf den ich traue,
mein Schild und Berg meines Heiles und mein Schutz!

4 Ich rufe an den HERRN, den Hochgelobten,
so werde ich vor meinen Feinden errettet.

5 Es umfingen mich des Todes Bande,
und die Fluten des Verderbens erschreckten mich.

6 Des Totenreichs Bande umfingen mich,
und des Todes Stricke überwältigten mich.

7 Als mir angst war, rief ich den HERRN an
    und schrie zu meinem Gott.
  Da erhörte er meine Stimme von seinem Tempel,
    und mein Schreien kam vor ihn zu seinen Ohren.

8 Die Erde bebte und wankte,
    und die Grundfesten der Berge bewegten sich und bebten,
    da er zornig war.
9 Rauch stieg auf von seiner Nase /
  und verzehrend Feuer aus seinem Munde;
    Flammen sprühten von ihm aus.
10 Er neigte den Himmel und fuhr herab,
    und Dunkel war unter seinen Füßen.
11 Und er fuhr auf dem Cherub und flog daher,
    er schwebte auf den Fittichen des Windes.
12 Er machte Finsternis ringsum zu seinem Zelt;
    in schwarzen, dicken Wolken war er verborgen.
13 Aus dem Glanz vor ihm zogen seine Wolken dahin
    mit Hagel und Blitzen.
14 Der HERR donnerte im Himmel,
    und der Höchste ließ seine Stimme erschallen mit Hagel
    und Blitzen.
15 Er schoss seine Pfeile und streute sie aus,
    sandte Blitze in Menge und jagte sie dahin.
16 Da sah man die Tiefen der Wasser,
    und des Erdbodens Grund ward aufgedeckt
  vor deinem Schelten, HERR,
    vor dem Odem und Schnauben deines Zornes.

17 Er streckte seine Hand aus von der Höhe und fasste mich
    und zog mich aus großen Wassern.
18 Er errettete mich von meinen starken Feinden,
    von meinen Hassern, die mir zu mächtig waren;

19 sie überwältigten mich zur Zeit meines Unglücks;
   aber der HERR ward meine Zuversicht.
20 Er führte mich hinaus ins Weite,
   er riss mich heraus; denn er hatte Lust zu mir.

Gott, ich danke dir, dass du meine Stärke bist. Hilf mir, immer mehr auf deine Stärke zu vertrauen! Ich sehne mich nach dir, nach deiner Wegweisung. Zeige mir den nächsten Schritt, beschütze und stärke mich!

Ich will mich daran erinnern, was du schon alles für mich getan hast. Du hast Wunder in meinem Leben getan, Herr! Darüber will ich nachdenken und dir dafür danken.

Deshalb danke ich dir auch schon im Voraus für das Wunder, das du diesmal für mich tun wirst. Du bist meine erste Adresse. Mein wichtigster Ansprechpartner. Lehre mich, mit dir zu reden! Ich will mir bewusst machen, dass du bei mir bist, ganz nah. Danke, du herrlicher Gott, für deine mächtige und gleichzeitig zarte Gegenwart! Ich will dich loben und preisen. Ich liebe dich.

21 Der HERR tut wohl an mir nach meiner Gerechtigkeit,
   er vergilt mir nach der Reinheit meiner Hände.
22 Denn ich halte die Wege des HERRN
   und bin nicht gottlos wider meinen Gott.
23 Denn alle seine Rechte hab ich vor Augen,
   und seine Gebote werfe ich nicht von mir,
24 sondern ich bin ohne Tadel vor ihm
   und hüte mich vor Schuld.
25 Darum vergilt mir der HERR nach meiner Gerechtigkeit,
   nach der Reinheit meiner Hände vor seinen Augen.

26 Gegen die Heiligen bist du heilig,
  und gegen die Treuen bist du treu,
27 gegen die Reinen bist du rein,
  und gegen die Verkehrten bist du verkehrt.
28 Denn du hilfst dem elenden Volk,
  aber stolze Augen erniedrigst du.
29 Ja, du machst hell meine Leuchte,
  der HERR, mein Gott, macht meine Finsternis licht.
30 Denn mit dir kann ich Kriegsvolk zerschlagen
  und mit meinem Gott über Mauern springen.
31 Gottes Wege sind vollkommen, /
  die Worte des HERRN sind durchläutert.
    Er ist ein Schild allen, die ihm vertrauen.

32 Denn wer ist Gott, wenn nicht der HERR,
  oder ein Fels, wenn nicht unser Gott?
33 Gott rüstet mich mit Kraft
  und macht meine Wege ohne Tadel.
34 Er macht meine Füße gleich den Hirschen
  und stellt mich auf meine Höhen.
35 Er lehrt meine Hände streiten
  und meinen Arm den ehernen Bogen spannen.
36 Du gibst mir den Schild deines Heils, /
  und deine Rechte stärkt mich,
    und deine Huld macht mich groß.*
37 Du gibst meinen Schritten weiten Raum,
  dass meine Knöchel nicht wanken.

38 Ich will meinen Feinden nachjagen und sie ergreifen
  und nicht umkehren, bis ich sie umgebracht habe.
39 Ich will sie zerschmettern, dass sie nicht mehr aufstehen können;
  sie müssen unter meine Füße fallen.

---

* Luther übersetzte: »Und wenn du mich demütigst, machst du mich groß.«

40 Du rüstest mich mit Stärke zum Streit;
   du wirfst unter mich, die sich gegen mich erheben.
41 Du treibst meine Feinde in die Flucht,
   dass ich vernichte, die mich hassen.
42 Sie rufen – aber da ist kein Helfer –
   zum HERRN, aber er antwortet ihnen nicht.
43 Ich will sie zerstoßen zu Staub vor dem Winde,
   ich werfe sie weg wie Unrat auf die Gassen.
44 Du hilfst mir aus dem Streit des Volkes /
   und machst mich zum Haupt über Heiden;
   ein Volk, das ich nicht kannte, dient mir.
45 Es gehorcht mir mit gehorsamen Ohren;
   Söhne der Fremde müssen mir huldigen.
46 Die Söhne der Fremde verschmachten
   und kommen mit Zittern aus ihren Burgen.

47 Der HERR lebt! Gelobt sei mein Fels!
   Der Gott meines Heils sei hoch erhoben,
48 der Gott, der mir Vergeltung schafft
   und zwingt die Völker unter mich,
49 der mich errettet von meinen Feinden. /
   Du erhöhst mich über die, die sich gegen mich erheben;
   du hilfst mir von den Frevlern.

50 Darum will ich dir danken, HERR, unter den Heiden
   und deinem Namen lobsingen,
51 der seinem Könige großes Heil gibt /
   und Gnade erweist seinem Gesalbten,
   David, und seinem Hause ewiglich.

chöpfer des Himmels und der Erde, Licht dieser Welt! Du bist gekommen, um mein Leben zu durchleuchten mit deiner Wahrheit. Ich lasse mich fallen bei dir, in dem Wissen, dass du bereits siehst, was der morgige Tag mit sich bringen wird. Ja, Herr, wenn morgen die Sonne aufgeht und es hell wird in der Welt, dann wird auch dein Licht mein Herz erwärmen und erhellen, wo dunkle Sorgenwolken aufziehen wollen. Hilf mir, dir alles anzuvertrauen und zu erkennen, dass dein Licht stärker ist als jede noch so dunkle Wolke in meinem Leben. Ich möchte dir mein ganzes Leben anvertrauen und ganz nah bei dir bleiben. Jeden Tag will ich von dir lernen und mein Licht leuchten lassen vor den Menschen, damit sie dich, den Vater im Himmel, preisen.

Hannas Dank

Der Herr erfüllt mein Herz mit großer Freude, er richtet mich auf und gibt mir neue Kraft! Laut lache ich über meine Feinde und freue mich über deine Hilfe! Niemand ist so heilig wie du, denn du bist der einzige und wahre Gott. Du bist ein Fels, keiner ist so stark und unerschütterlich wie du ... Die unfruchtbare Frau bringt sieben Kinder zur Welt ... Der Herr tötet und macht wieder lebendig ... Er erniedrigt und erhöht Menschen, wie er es für richtig hält. Dem Verachteten hilft er aus seiner Not. Er zieht den Armen aus dem Schmutz und stellt ihn dem Fürsten gleich, ja, er gibt ihm einen Ehrenplatz. Dem Herrn gehört die ganze Welt. Er hat sie auf ein festes Fundament gegründet, damit sie niemals wankt. Er beschützt jeden, der ihm vertraut, doch wer von ihm nichts wissen will, der wird in Finsternis enden. Denn aus eigener Kraft erringt keiner den Sieg.

1. Samuel 2,1–9 (Hfa)

Auf Gott warten

„Das wird Freude werden.“
Sprüche 10,28

„Harre des HERRN! Sei getrost und
unverzagt und harre des HERRN!“
Psalm 27,14

„Aber sei nur stille zu Gott, meine Seele;
denn er ist meine Hoffnung.“
Psalm 62,6

„Wenn wir aber auf das hoffen, was wir nicht sehen,
so warten wir darauf in Geduld.“
Römer 8,25

„Bittet, so wird euch gegeben; suchet, so werdet ihr finden;
klopfet an, so wird euch aufgetan.
Denn wer da bittet, der empfängt; und wer da sucht,
der findet; und wer da anklopft, dem wird aufgetan.“
Lukas 11,9–10

Psalm 19

Gottes Herrlichkeit in seiner Schöpfung
und in seinem Gesetz

1 EIN PSALM DAVIDS, VORZUSINGEN.

2 **Die Himmel erzählen die Ehre Gottes,**
   und die Feste verkündigt seiner Hände Werk.

3 Ein Tag sagt's dem andern,
   und eine Nacht tut's kund der andern,

4 ohne Sprache und ohne Worte;
   unhörbar ist ihre Stimme.

5 Ihr Schall geht aus in alle Lande
   und ihr Reden bis an die Enden der Welt.

   Er hat der Sonne ein Zelt am Himmel gemacht; /

6 sie geht heraus wie ein Bräutigam aus seiner Kammer
   und freut sich wie ein Held, zu laufen ihre Bahn.

7 Sie geht auf an einem Ende des Himmels /
   und läuft um bis wieder an sein Ende,
   und nichts bleibt vor ihrer Glut verborgen.

Lieber Vater, ich schaue zum Himmel und sehe Schön-
heit: das wunderbare Spiel der Wolken, große und
kleine Vögel, die im Wind fliegen. Nachts der Mond und die
glitzernden Sterne. Sie funkeln so, als hättest du kostbare
Diamanten auf einem Tuch ausgebreitet, damit deine Kinder
sie bewundern können. Wenn ich zum Himmel sehe, fange
ich an zu staunen.

Ich staune besonders darüber, dass du alles so sorgfältig ge-
ordnet und angeordnet hast. Jeden Morgen geht die Sonne

auf. Am Abend geht sie wieder unter. Die Dinge, die ich in
der Schöpfung wahrnehme, sind Zeichen deiner Treue und
Zuverlässigkeit. Wenn ich mich heute zu Bett lege, danke
ich dir dafür, dass ich dein Geschöpf bin. Auch ich bin in
deinen Ordnungen wunderbar aufgehoben. Ich bin dein.
Der den Lauf der Sterne lenkt, hält auch mich in seiner
Hand. Amen.

8 Das Gesetz des HERRN ist vollkommen
      und erquickt die Seele.
   Das Zeugnis des HERRN ist gewiss
      und macht die Unverständigen weise.
9 Die Befehle des HERRN sind richtig
      und erfreuen das Herz.
   Die Gebote des HERRN sind lauter
      und erleuchten die Augen.
10 Die Furcht des HERRN ist rein und bleibt ewiglich.
      Die Rechte des HERRN sind Wahrheit, allesamt gerecht.
11 Sie sind köstlicher als Gold und viel feines Gold,
      sie sind süßer als Honig und Honigseim.

12 Auch lässt dein Knecht sich durch sie warnen;
      und wer sie hält, der hat großen Lohn.
13 **Wer kann merken, wie oft er fehlet?**
      Verzeihe mir die verborgenen Sünden!
14 Bewahre auch deinen Knecht vor den Stolzen,
      dass sie nicht über mich herrschen;
   so werde ich ohne Tadel sein
      und rein bleiben von großer Missetat.

15 Lass dir wohlgefallen die Rede meines Mundes /
   und das Gespräch meines Herzens vor dir,
      HERR, mein Fels und mein Erlöser.

Herr, manchmal frage ich mich, ob ich noch mit dir auf dem richtigen Weg bin. Du weißt, dass ich nach deinem Willen frage, dass ich so entscheiden will, wie du es am besten findest, denn du hast den Überblick. Immer wieder hast du mich auf bestimmte Bibelstellen gestoßen oder mir im Gebet Eindrücke gegeben. Ich bin so dankbar, mich auf dich verlassen zu können.

Doch es gibt Situationen, in denen ich nicht weiß, was richtig oder falsch ist. Wie man es dreht und wendet, es wird einfach nicht deutlich. Das ist so frustrierend. Dann fallen mir plötzlich Sünden ein, an die ich noch nie gedacht habe. Das erschreckt mich. Gibt es vielleicht noch mehr davon? Sünden – auch durch das, was ich nicht getan habe?

Herr, bitte vergib mir alle bewussten Sünden.

Aber auch für die unbewussten bitte ich dich um Vergebung.

Danke, dass du versprochen hast, nie mehr daran zu denken. Was du vergibst, ist aus den Akten des Himmels gelöscht. Danke!

Psalm 20

**Gebet des Volkes für seinen König
in Kriegsnot**

1 EIN PSALM DAVIDS, VORZUSINGEN.

2 Der HERR erhöre dich in der Not,
    der Name des Gottes Jakobs schütze dich!

3 Er sende dir Hilfe vom Heiligtum
    und stärke dich aus Zion!

4 Er gedenke all deiner Speisopfer,
   und dein Brandopfer sei ihm angenehm! SELA.
5 Er gebe dir, was dein Herz begehrt,
   und erfülle alles, was du vorhast!
6 Dann wollen wir jubeln, weil er dir hilft; /
im Namen unsres Gottes erheben wir das Banner.
   Der HERR gewähre dir alle deine Bitten!

*L*ieber Vater im Himmel, ich danke dir dafür, dass du
mein Leben vollständig im Blick hast. Du kennst alle
meine kleinen Herausforderungen im Alltag. Auch alle meine
großen Sorgen sind dir bekannt. Danke, Vater, dass ich jetzt
in deiner Gegenwart verweilen darf. Du bist hier und möchtest dich um mich kümmern. Darum lege ich alle meine Sorgen, Nöte, Ängste und Zweifel in deine Hände. Ich lasse alles
los bei dir und möchte dir mit offenem Herzen begegnen.

Ich bitte dich von Herzen um Wegweisung, Stärkung und
eine wohltuende Kommunikation mit dir. Bitte sprich in
mein Herz und zeige mir deinen Weg. Ich brauche deine
Hilfe, und ich möchte deine Liebe, deine Freundlichkeit und
deinen Beistand tief in meinem Herzen empfangen. Danke
für deine Kraft, die jetzt in mein Leben fließt. Ich bitte dich,
stell im Namen Jesu eine dicke Schutzmauer um mein Herz
und um meine Familie. An dir, Vater im Himmel, halte ich
fest und vertraue dir. Denn du bist ein liebender Gott. Amen.

7 Nun weiß ich, dass der HERR seinem Gesalbten hilft /
und ihn erhört von seinem heiligen Himmel,
   seine rechte Hand hilft mit Macht.
8 Jene verlassen sich auf Wagen und Rosse;
   wir aber denken an den Namen des HERRN, unsres Gottes.
9 Sie sind niedergestürzt und gefallen,
   wir aber stehen und halten stand.

10 Hilf, HERR, du König!
   Er wird uns erhören, wenn wir rufen.

Allmächtiger Gott, wie leicht verlasse ich mich auf menschliche Kraft, setze mein Vertrauen auf die „Wagen und Rosse" dieser Welt! Aber nur dein Name rettet, Herr!

Nein, ich bin nicht stark genug für diese Aufgabe. Die Herausforderung übersteigt meine Kraft. Oft fühle ich mich verängstigt, erschöpft, bedrückt … Aber niemals will ich deine Kraft unterschätzen! Du bist der Gott, der mir geben kann, was ich brauche. Der alles erfüllen kann, was ich vorhabe. Deshalb verlasse ich mich auf dich. So oft hast du mir schon geholfen und mich durchgetragen. Ich erinnere mich daran und weiß: Auch heute ist dir nichts zu schwer.

Eines Tages werden alle meine Kämpfe die Flagge deines Sieges schmücken. Manchmal fällt es mir schwer, das zu glauben. Trotzdem vertraue ich dir. Ohne dich würde ich jeden Kampf verlieren. Doch mit dir kann ich den guten Kampf des Glaubens kämpfen, bis du wiederkommst.

Psalm 21

Gottes Hilfe für den König

1 EIN PSALM DAVIDS, VORZUSINGEN.

2 HERR, der König freut sich in deiner Kraft,
  und wie sehr fröhlich ist er über deine Hilfe!

3 Du erfüllst ihm seines Herzens Wunsch
  und verweigerst nicht, was sein Mund bittet. SELA.

4 Denn du überschüttest ihn mit gutem Segen,
  du setzest eine goldene Krone auf sein Haupt.

5 Er bittet dich um Leben; du gibst es ihm,
  langes Leben für immer und ewig.

6 Er hat große Herrlichkeit durch deine Hilfe;
  Pracht und Hoheit legst du auf ihn.

7 Denn du setzest ihn zum Segen ewiglich,
  du erfreust ihn mit Freude vor deinem Antlitz.

8 Denn der König hofft auf den HERRN
  und wird durch die Güte des Höchsten festbleiben.

9 Deine Hand wird finden alle deine Feinde,
  deine Rechte wird finden, die dich hassen.

10 Du wirst es mit ihnen machen wie im Feuerofen,
  wenn du erscheinen wirst.
  Der HERR wird sie verschlingen in seinem Zorn;
  Feuer wird sie fressen.

11 Ihre Nachkommen wirst du tilgen vom Erdboden
  und ihre Kinder aus der Zahl der Menschen.

12 Denn sie gedachten dir Übles zu tun,
  und machten Anschläge, die sie nicht ausführen konnten.

13 Denn du wirst machen, dass sie den Rücken kehren;
  mit deinem Bogen wirst du auf ihr Antlitz zielen.

14 HERR, erhebe dich in deiner Kraft,
  so wollen wir singen und loben deine Macht.

*L*ieber Gott, du hast mein Herz gefüllt. Satt und voll von Glück schaue ich auf einen erfüllten Tag zurück. Du bist ein Gott, der Wunder tut. Du hast mir geholfen. Wie habe ich deine Nähe gespürt! Wie glücklich hast du mich gemacht mit deiner Anwesenheit! Wenn ich daran denke, wie gut du es mit mir meinst, fühle ich deine Liebe noch immer wie wärmende Sonnenstrahlen auf meiner Haut. Ja, du hast mein Herz gefüllt.

Mein Gott, keiner ist wie du. Niemand sonst berührt mein Herz so wie du! Es sprudelt vor Freude über, wenn ich daran denke, wie liebevoll du mir heute begegnet bist, wie aufmerksam du dich auch um meine kleinsten Angelegenheiten gekümmert hast. Nichts bleibt dir verborgen. Nichts ist dir zu klein und nichts zu groß.

Dankend blicke ich zu dir. Ja, du bist mein ganzes Glück. Du bist auch jetzt bei mir, während ich mich schlafen lege. Mit einem Herzen voller Dank schließe ich die Augen. Du bist da. Du liebst mich. Und ich liebe dich.

Mach mich zu einem Werkzeug deines Friedens

Herr, mach mich zu einem Werkzeug deines Friedens.
Wo Hass ist, lass mich Liebe säen.
Wo man beleidigt, lass mich vergeben.
Wo man streitet, hilf mir zu verbinden.
Wo Verwirrung ist, lass mich Wahrheit sagen.
Wo Zweifel plagen, lass mich Glauben entfachen.
Wo Verzweiflung droht, lass mich Hoffnung wecken.
Wo Finsternis ist, lass mich dein Licht entzünden.
Wo Kummer ist, lass mich Freude entfachen.

O Herr, lass mich trachten:
nicht, dass ich getröstet werde, sondern dass ich tröste,
nicht, dass ich verstanden werde, sondern dass ich verstehe,
nicht, dass ich geliebt werde, sondern dass ich liebe.
Denn wer gibt, der empfängt. Wer sich selbst vergisst,
der findet.
Wer verzeiht, dem wird verziehen,
und wer stirbt, erwacht zum ewigen Leben.

Franz von Assisi

Jesus, unser Vorbild

„Denkt nicht an euren eigenen Vorteil, sondern
habt das Wohl der anderen im Auge. Seht auf Jesus
Christus: Obwohl er in göttlicher Gestalt war, hielt
er nicht selbstsüchtig daran fest, Gott gleich zu sein.
Nein, er verzichtete darauf und wurde einem Sklaven
gleich: Er nahm menschliche Gestalt an und wurde
wie jeder andere Mensch geboren. Er erniedrigte
sich selbst und war Gott gehorsam bis zum Tod,
ja, bis zum schändlichen Tod am Kreuz."

Philipper 2,4–8 (Hfa)

„Wie ich, euer Meister und Herr, euch jetzt die Füße
gewaschen habe, so sollt auch ihr euch gegenseitig
die Füße waschen. Ich habe euch damit ein Beispiel
gegeben, dem ihr folgen sollt. Handelt ebenso!"

Johannes 13,14–15 (Hfa)

„Wer groß sein will, der soll den anderen dienen,
und wer der Erste sein will, der soll sich allen
unterordnen. Auch der Menschensohn ist nicht
gekommen, um sich bedienen zu lassen. Er kam, um
zu dienen und sein Leben hinzugeben, damit viele
Menschen aus der Gewalt des Bösen befreit werden."

Markus 10,43–45 (Hfa)

Psalm 22

Leiden und Herrlichkeit des Gerechten

(Jesu Leidenspsalm; vgl. Jesaja 53,1–12; Matthäus 27,35–46)

1 EIN PSALM DAVIDS, VORZUSINGEN, NACH DER WEISE »DIE
   HIRSCHKUH, DIE FRÜH GEJAGT WIRD«.

2 **Mein Gott, mein Gott, warum hast du mich verlassen?**
      Ich schreie, aber meine Hilfe ist ferne.

3 Mein Gott, des Tages rufe ich, doch antwortest du nicht,
      und des Nachts, doch finde ich keine Ruhe.

4 Du aber bist heilig,
      der du thronst über den Lobgesängen Israels.

5 Unsere Väter hofften auf dich;
      und da sie hofften, halfst du ihnen heraus.

6 Zu dir schrien sie und wurden errettet,
      sie hofften auf dich und wurden nicht zuschanden.

7 Ich aber bin ein Wurm und kein Mensch,
      ein Spott der Leute und verachtet vom Volke.

8 Alle, die mich sehen, verspotten mich,
      sperren das Maul auf und schütteln den Kopf:

9 »Er klage es dem HERRN, der helfe ihm heraus
      und rette ihn, hat er Gefallen an ihm.«

10 Du hast mich aus meiner Mutter Leibe gezogen;
      du ließest mich geborgen sein an der Brust meiner Mutter.

11 Auf dich bin ich geworfen von Mutterleib an,
      du bist mein Gott von meiner Mutter Schoß an.

12 Sei nicht ferne von mir, denn Angst ist nahe;
      denn es ist hier kein Helfer.

13 Gewaltige Stiere haben mich umgeben,
    mächtige Büffel haben mich umringt.

14 Ihren Rachen sperren sie gegen mich auf
    wie ein brüllender und reißender Löwe.

15 Ich bin ausgeschüttet wie Wasser, /
    alle meine Knochen haben sich voneinander gelöst;
        mein Herz ist in meinem Leibe wie zerschmolzenes Wachs.

16 Meine Kräfte sind vertrocknet wie eine Scherbe, /
    und meine Zunge klebt mir am Gaumen,
        und du legst mich in des Todes Staub.

17 Denn Hunde haben mich umgeben, /
    und der Bösen Rotte hat mich umringt;
        sie haben meine Hände und Füße durchgraben.

18 Ich kann alle meine Knochen zählen;
    sie aber schauen zu und sehen auf mich herab.

19 Sie teilen meine Kleider unter sich
    und werfen das Los um mein Gewand.

20 Aber du, HERR, sei nicht ferne;
    meine Stärke, eile, mir zu helfen!

21 Errette meine Seele vom Schwert,
    mein Leben von den Hunden!

22 Hilf mir aus dem Rachen des Löwen /
    und vor den Hörnern wilder Stiere –
        du hast mich erhört!

Gott, wo bist du? Ich rufe, ich schreie, ich flehe dich an – aber ich höre keine Antwort. Ich schreie meine Verzweiflung heraus, ich bin am Ende meiner Kraft – doch da ist nichts, nichts kommt zurück! Hörst du mich überhaupt? Bist du überhaupt da?

*In mir breitet sich eine große Leere aus. Ich habe das Gefühl,
durch ein großes, unbewohntes, verlassenes Gebäude zu
laufen. Meine Schritte verhallen ungehört. Ich irre umher,
meine Suche findet kein Ziel. Gott, wo bist du? Ich fühle mich
ganz klein und verlassen. Am liebsten würde ich in mich
hineinkriechen oder ganz von der Bildfläche verschwinden.
Mit heiserer Stimme, mit letzter Kraft flüstere ich: „Gott,
hilf mir!"*

*Und plötzlich geschieht etwas. Du kommst mir entgegen.
Ein leichter Windhauch streicht über meine Wange und
bewegt eine Haarsträhne. Ich entdecke ein Staubkorn, das in
einem Lichtstrahl tanzt. Eine Wolke bekommt einen silbernen Rand. Eine Lerche singt ihr schönes Lied. Ganz leise
bewegst du etwas in meiner Seele. Könnte es Hoffnung sein?*

23 Ich will deinen Namen kundtun meinen Brüdern,
    ich will dich in der Gemeinde rühmen:
24 Rühmet den HERRN, die ihr ihn fürchtet;
    ehret ihn, ihr alle vom Hause Jakob,
  und vor ihm scheuet euch,
    ihr alle vom Hause Israel!
25 Denn er hat nicht verachtet noch verschmäht
    das Elend des Armen
  und sein Antlitz vor ihm nicht verborgen;
    und als er zu ihm schrie, hörte er's.

26 Dich will ich preisen in der großen Gemeinde,
    ich will mein Gelübde erfüllen vor denen, die ihn
    fürchten.
27 Die Elenden sollen essen, dass sie satt werden; /
  und die nach dem HERRN fragen, werden ihn preisen;
    euer Herz soll ewiglich leben.

28 Es werden gedenken und sich zum HERRN bekehren
   aller Welt Enden
      und vor ihm anbeten alle Geschlechter der Heiden.
29 Denn des HERRN ist das Reich,
      und er herrscht unter den Heiden.
30 Ihn allein werden anbeten alle,
      die in der Erde schlafen;
   vor ihm werden die Knie beugen alle, /
   die zum Staube hinabfuhren
      und ihr Leben nicht konnten erhalten.
31 Er wird Nachkommen haben, die ihm dienen;
      vom Herrn wird man verkündigen Kind und Kindeskind.
32 Sie werden kommen und seine Gerechtigkeit predigen
      dem Volk, das geboren wird. Denn er hat's getan.

Herr, ich kann unmöglich schweigen, weil mein Herz so voll ist! Alle sollen wissen, was ich mit dir erlebt habe! Am liebsten würde ich alle meine Freundinnen anrufen und bei meinen Nachbarn klingeln. Oder sogar auf der Straße die Leute anhalten und allen erzählen, dass ich dir begegnet bin! Wahrscheinlich würden sie mich für verrückt halten – aber das macht nichts. Denn es gibt nichts Vergleichbares.

Als ich weder ein noch aus wusste, als ich mich völlig verlassen fühlte und nahe dran war aufzugeben – da warst du plötzlich da! Du hast mich sanft berührt – das ist nicht zu beschreiben! Du hast so zärtlich und liebevoll zu mir gesprochen, dass meine Seele aufhörte zu zittern. Deine Freundlichkeit war überwältigend und hat mir unendlich gutgetan! Das sollen alle wissen – du bist ein unvergleichlicher, wunderbarer Wohltäter. Ich fühle mich befreit, ich könnte springen und tanzen und lachen und singen! Danke. Danke für dieses Geschenk: Du bist mir begegnet.

Psalm 23

Der gute Hirte
1   EIN PSALM DAVIDS.
    Der HERR ist mein Hirte,
    mir wird nichts mangeln.
2   Er weidet mich auf einer grünen Aue
    und führet mich zum frischen Wasser.
3   Er erquicket meine Seele.
    Er führet mich auf rechter Straße um seines Namens
    willen.

Ach, Herr! Wie lange habe ich dich gesucht! Und dann bist du mir begegnet! Ich habe nach Hause gefunden. Endlich weiß ich, wohin ich gehöre. Zu dir, Herr! Ich habe mich dir anvertraut, ohne nach einer Rückversicherung zu fragen. Glücklich laufe ich hinter dir her, wie ein Schaf, das seinem Hirten folgt. Du hast die Verantwortung für mich übernommen. Ich weiß, du meinst es gut mit mir.

Du kennst meinen Namen – als ob es nur mich allein gäbe unter den Millionen, die auf dieser Welt leben. Du hörst mich, wenn ich dich rufe wie ein Lamm, das nach seiner Mutter schreit. Bei dir finde ich Entspannung und Frieden, den es sonst nirgends gibt. Es ist, als ob meine Seele aufatmet. Und weiß ich nicht, wohin, leitest du mich. Wo du bist, da ist der richtige Weg.

4   Und ob ich schon wanderte im finstern Tal,
        fürchte ich kein Unglück;
    denn du bist bei mir,
        dein Stecken und Stab trösten mich.
5   Du bereitest vor mir einen Tisch
        im Angesicht meiner Feinde.
    Du salbest mein Haupt mit Öl
        und schenkest mir voll ein.
6   Gutes und Barmherzigkeit werden mir folgen mein
    Leben lang,
        und ich werde bleiben im Hause des HERRN immerdar.

Wie ein Dieb in der Nacht hat mich die Krankheit überfallen. Ganz plötzlich war sie da. Dunkelheit legte sich über mich wie eine schwarze Wolke.

Aber da war deine Hand, Herr! Ich habe mich daran geklammert. Wo du bist, ist helles Licht. Ich folge dir blindlings, ohne lange darüber nachzudenken. Ich richte meinen Blick fest auf dich und spüre, wie die Angst langsam weicht. Dein Hirtenstab ist wie ein Wegweiser. Er leitet mich Schritt für Schritt.

Täglich versorgst du mich mit allem, was ich brauche. Wer das sieht, staunt. „Wie kann es dir so gut gehen?", fragen sie. Neid erfüllt sie. Besonders die, die dich, Herr, nicht kennen und auch nicht haben wollen. Die gegen mich sind, weil ich für dich bin.

Du hast versprochen, dass du mich in die Ewigkeit mitnehmen wirst. Dort wird mir eine Vollkommenheit begegnen, die ich mir in meinen kühnsten Träumen nicht vorstellen kann. Es gibt weder Leid noch Tod. Wenn ich darüber nachdenke, erscheint jedes Problem, jede Krankheit heute in einem neuen Licht. Ich will nur da sein, wo du bist, Herr. Dann geht es mir gut.

Psalm 24

Einzug in das Heiligtum

1 EIN PSALM DAVIDS.
Die Erde ist des HERRN und was darinnen ist,
der Erdkreis und die darauf wohnen.

2 Denn er hat ihn über den Meeren gegründet
und über den Wassern bereitet.

3 Wer darf auf des HERRN Berg gehen,
und wer darf stehen an seiner heiligen Stätte?

4 Wer unschuldige Hände hat
und reinen Herzens ist,
wer nicht bedacht ist auf Lug und Trug
und nicht falsche Eide schwört:

5 der wird den Segen vom HERRN empfangen
und Gerechtigkeit von dem Gott seines Heiles.

6 Das ist das Geschlecht, das nach ihm fragt,
das da sucht dein Antlitz, Gott Jakobs. SELA.

7 Machet die Tore weit und die Türen in der Welt* hoch,
dass der König der Ehre einziehe!

8 Wer ist der König der Ehre?
Es ist der HERR, stark und mächtig, der HERR,
mächtig im Streit.

9 Machet die Tore weit und die Türen in der Welt hoch,
dass der König der Ehre einziehe!

10 Wer ist der König der Ehre?
Es ist der HERR Zebaoth; er ist der König der Ehre. SELA.

---

* Gemeint sind die Tore des Tempels – vielleicht: uralte Pforten.

er ist der König der Ehre? Es ist der Herr Zebaoth – der Herr, stark und mächtig!" Herr Jesus Christus, du bist der starke Herr. Am Ende dieses Tages bitte ich dich von Herzen: Zieh ein bei mir. Zieh ein mit deiner Stärke. Zieh ein in meine Schwäche.

Komm mit deinem Licht. Vertreibe du alle Dunkelheit in mir und alle Angst.

Komm mit deinem Feuer. Verbrenne alles, was dir in mir nicht gefällt. Lass meine Liebe zu dir wieder neu brennen.

Komm mit deiner Liebe. Wenn du, mein König, bei mir einziehst, mache ich mein Herz ganz weit. Du bringst nur gute Gaben. Ich vertraue dir. Eine Bitte habe ich: Komm nicht nur in die „Vorzeigezimmer" meines Herzens. Du weißt, was heute meinen Tag beschwert hat. Du weißt um die traurigen und mühsamen Momente. Komm mit deinem starken Frieden. Mein König Jesus, ich gehöre dir. Ich vertraue dir. Heute und für immer. Amen.

Der Gott des Friedens

Ich bete dafür, dass der Gott des Friedens,
der unseren Herrn und wunderbaren Hirten Jesus
aus dem Tod herausgeführt hat,
nachdem dieser den neuen, ewigen Bund mit
seinem Blut besiegelt hatte,
euch die Kraft gibt,
das Gute zu tun.
Nur so seid ihr fähig,
seinen Willen zu erfüllen.
Tut alles in der Kraft unseres Herrn Jesus Christus,
den wir bis in alle Ewigkeit loben und ehren wollen.
Amen.

Hebräer 13,20–21 (WD)

Gegen Zweifel

„Treu ist er, der euch ruft; er wird's auch tun."

1. Thessalonicher 5,24

„Siehe, des HERRN Arm ist nicht zu kurz,
dass er nicht helfen könnte, und seine Ohren sind
nicht hart geworden, sodass er nicht hören könnte."

Jesaja 59,1

„Was ich beschlossen habe, geschieht,
und alles, was ich mir vorgenommen habe,
das tue ich."

Jesaja 46,10

„Denn gleichwie der Regen und Schnee vom Himmel fällt und nicht wieder dahin zurückkehrt, sondern feuchtet die Erde und macht sie fruchtbar und
lässt wachsen, dass sie gibt Samen zu säen und Brot
zu essen, so soll das Wort, das aus meinem Munde
geht, auch sein: Es wird nicht wieder leer zu mir
zurückkommen, sondern wird tun, was mir gefällt,
und ihm wird gelingen, wozu ich es sende."

Jesaja 55,10–11

Psalm 25

Gebet um Gottes Vergebung und Leitung

1 VON DAVID.

Nach dir, HERR, verlanget mich.

2 Mein Gott, ich hoffe auf dich;
lass mich nicht zuschanden werden,
dass meine Feinde nicht frohlocken über mich.

3 Denn keiner wird zuschanden, der auf dich harret;
aber zuschanden werden die leichtfertigen Verächter.

4 HERR, zeige mir deine Wege
und lehre mich deine Steige!

5 Leite mich in deiner Wahrheit und lehre mich!
Denn du bist der Gott, der mir hilft;
täglich harre ich auf dich.

6 Gedenke, HERR, an deine Barmherzigkeit und an deine Güte,
die von Ewigkeit her gewesen sind.

7 Gedenke nicht der Sünden meiner Jugend
und meiner Übertretungen,
gedenke aber meiner nach deiner Barmherzigkeit,
HERR, um deiner Güte willen!

8 Der HERR ist gut und gerecht;
darum weist er Sündern den Weg.

9 Er leitet die Elenden recht
und lehrt die Elenden seinen Weg.

10 Die Wege des HERRN sind lauter Güte und Treue
für alle, die seinen Bund und seine Gebote halten.

11 Um deines Namens willen, HERR,
vergib mir meine Schuld, die so groß ist!

*H*err, manchmal habe ich das Gefühl, mit dem Rücken zur Wand zu stehen. Nicht einmal den nächsten Schritt kann ich sehen auf meinem Weg. Du scheinst weit weg zu sein.

Dabei bist du da – ganz nah bei mir! Du wartest geduldig, bis ich dich wieder vor Augen habe. Und dann erkenne ich: Du willst, dass mein Lebensweg und deine Gegenwart unauflöslich miteinander verknüpft sind. Immer wieder suche ich Sicherheit nach den Regeln dieser Welt und wünsche mir, dass die Zukunft klar vor mir liegt. Doch wo du gegenwärtig bist, da öffnet sich dein Weg für mich. Nur wo du bist, ist Leben.

Herr, je mehr ich dich auf diesem Weg kennenlerne, umso mehr erfahre ich, wer ich bin und was du von mir willst. Nah bei dir zu sein – darauf will ich immer mehr achten. Ich will mir deine Gegenwart bewusst machen und dir immer mehr vertrauen. Bitte hilf mir dabei!

12 Wer ist der Mann, der den HERRN fürchtet?
   Er wird ihm den Weg weisen, den er wählen soll.
13 Er wird im Guten wohnen,
   und sein Geschlecht wird das Land besitzen.
14 Der HERR ist denen Freund, die ihn fürchten;
   und seinen Bund lässt er sie wissen.
15 Meine Augen sehen stets auf den HERRN;
   denn er wird meinen Fuß aus dem Netze ziehen.

16 Wende dich zu mir und sei mir gnädig;
   denn ich bin einsam und elend.
17 Die Angst meines Herzens ist groß;
   führe mich aus meinen Nöten!

18 Sieh an meinen Jammer und mein Elend
 und vergib mir alle meine Sünden!
19 Sieh, wie meiner Feinde so viel sind
 und zu Unrecht mich hassen.
20 Bewahre meine Seele und errette mich;
 lass mich nicht zuschanden werden, denn ich traue auf dich!
21 Unschuld und Redlichkeit mögen mich behüten;
 denn ich harre auf dich.
22 Gott, erlöse Israel
 aus aller seiner Not!

Manchmal, Gott, fühle ich mich dir so nahe. Ich lese in deinem Wort, ich höre Musik und mein Herz tanzt vor Freude. Ich spüre, dass du ganz nah bei mir bist, und ich weiß, du meinst es gut mit mir. Doch auch in den schweren Zeiten kann ich dich wahrnehmen – im Lächeln eines anderen Menschen, in der Schönheit der Natur, im Trost deiner Verheißungen.

Mein Herz sehnt sich danach, Herr, dich immer mehr zu kennen, zu erkennen. Ich will so vertraut mit dir sein, dass alles andere um mich her verblasst. Deine Worte will ich in meinem Ohr wahrnehmen, deine Liebe in meinem Herzen spüren. Danke, dass du ein so treuer Freund für mich bist. Ich weiß: Auch wenn meine Welt ins Wanken gerät, bist du mein starker Halt! Auch wenn alle mich verlassen, bleibst du an meiner Seite! Selbst wenn ich untreu bin, stehst du zu mir! Ich lobe dich und juble über dein gewaltiges Ja zu mir!

Psalm 26

Bekenntnis und Bitte eines Unschuldigen

1 VON DAVID.

HERR, schaffe mir Recht, denn ich bin unschuldig!
Ich hoffe auf den HERRN, darum werde ich nicht fallen.

2 Prüfe mich, HERR, und erprobe mich,
erforsche meine Nieren und mein Herz!

3 Denn deine Güte ist mir vor Augen,
und ich wandle in deiner Wahrheit.

4 Ich sitze nicht bei heillosen Leuten
und habe nicht Gemeinschaft mit den Falschen.

5 Ich hasse die Versammlung der Boshaften
und sitze nicht bei den Gottlosen.

Lieber himmlischer Vater, ich wünsche mir so sehr Freunde! Menschen, mit denen ich Gemeinschaft haben kann. Jemanden, der mich versteht, der Freud und Leid mit mir teilt. Menschen, die dich kennen und lieben, die mir helfen, dir näherzukommen und die Werte zu leben, die du uns vorgelebt hast.

Hilf mir bitte, solche Freunde zu finden! Hilf mir, der Versuchung zu widerstehen, Kompromisse einzugehen, um dazuzugehören. Bewahre mich davor, in schlechte Gesellschaft zu geraten. Danke für die Weisheit, dies zu erkennen und danach zu handeln.

Ich vertraue dir, dass du mich führst um deines Namens willen, weil du mein Bestes willst. Ich wende mich ab von Heuchlern und Menschen, die dich nicht ehren. Denn ich weiß, dass solche Menschen mir schaden. Danke, Jesus, dass du mein bester Freund bist!

6 Ich wasche meine Hände in Unschuld
    und halte mich, HERR, zu deinem Altar,
7 dir zu danken mit lauter Stimme
    und zu verkündigen alle deine Wunder.
8 **HERR, ich habe lieb die Stätte deines Hauses**
    und den Ort, da deine Ehre wohnt.

9 Raffe meine Seele nicht hin mit den Sündern
    noch mein Leben mit den Blutdürstigen,
10 an deren Händen Schandtat klebt
    und die gern Geschenke nehmen.
11 Ich aber gehe meinen Weg in Unschuld.
    Erlöse mich und sei mir gnädig!
12 Mein Fuß steht fest auf rechtem Grund.
    Ich will den HERRN loben in den Versammlungen.

Mein Vater im Himmel, ich danke dir für den Tag, der nun hinter mir liegt. Ich nehme ihn aus deiner Hand. Bei allem, was ich erlebt habe, warst du mit dabei. Wie gerne hätte ich mich in jeder Situation so verhalten, dass du stolz auf mich hättest sein können! Leider ist mir dies nicht immer gelungen. Bitte vergib mir. Ich sehne mich danach, dir mit meinem ganzen Leben Freude zu bereiten. Und doch stoße ich immer wieder an meine Grenzen.

Danke, Vater, dass du darüber nicht enttäuscht bist. Du kennst meine Schwächen genau und weißt, was mir schwerfällt. Danke, dass dein Sohn Jesus am Kreuz die Schuld für meine Fehler auf sich genommen hat. Weil ich Jesus mein Leben anvertraut habe, bin ich in deinen Augen nicht mehr schuldig, sondern unschuldig. Du nennst mich dein Kind, und das macht mich glücklich: Ich bin ein Königskind! Wenn ich hinfalle, stehe ich wieder auf, rücke mir die Krone zurecht und gehe weiter – so wie heute. Ich lobe dich dafür und lege diesen Tag zurück in deine Hand.

Psalm 27

Gemeinschaft mit Gott

1 VON DAVID.

Der HERR ist mein Licht und mein Heil;
   vor wem sollte ich mich fürchten?
Der HERR ist meines Lebens Kraft;
   vor wem sollte mir grauen?

2 Wenn die Übeltäter an mich wollen,
   um mich zu verschlingen,
meine Widersacher und Feinde,
   sollen sie selber straucheln und fallen.

3 Wenn sich auch ein Heer wider mich lagert,
   so fürchtet sich dennoch mein Herz nicht;
wenn sich Krieg wider mich erhebt,
   so verlasse ich mich auf **ihn.**

4 Eines bitte ich vom HERRN, das hätte ich gerne:
      dass ich im Hause des HERRN bleiben könne mein
      Leben lang,
   zu schauen die schönen Gottesdienste des HERRN*
      und seinen Tempel zu betrachten.
5 Denn er deckt mich in seiner Hütte zur bösen Zeit, /
   er birgt mich im Schutz seines Zeltes
      und erhöht mich auf einen Felsen.
6 Und nun erhebt sich mein Haupt
      über meine Feinde, die um mich her sind;
   darum will ich Lob opfern in seinem Zelt,
      ich will singen und Lob sagen dem HERRN.

*D*u, Herr, bist das Licht meines Lebens! Du erhellst das bedrückende Dunkel meiner Vergangenheit und lichtest den Nebel meiner Zukunft.

Du befreist mich von den Fesseln alter Prägungen und Gewohnheiten. Du erhellst meine finsteren, ängstlichen Gedanken. Du gibst deine belebenden Worte und deine heilende Gnade in mein Herz, dass ich mich getrost und erwartungsvoll auf deine neuen Wege für mich begebe.

Deine beständige, unverrückbare Liebe zu mir überwindet jede Welle der Angst und lässt die alte Lebensunsicherheit in mir schmelzen.

Deine Erlöserkraft nimmt mir die Angst zu gleiten und zu fallen und stellt meine Füße auf festen Grund, sodass ich mutig vorangehen kann.

---

* Wörtlich: zu schauen die Freundlichkeit des HERRN.

Alles in mir ist dir vertraut und nichts in mir schreckt dich ab. Danke, dass du mich liebst und annimmst, wie ich auch geprägt und verletzt sein mag.

Du hast mich erlöst, und in deiner Gegenwart wirst du mich aus Liebe von allem befreien, was mich noch bedrückt. Du, mein Gott und König, mein Erlöser und Helfer, mein Retter und Heiland!

Wer Gott besitzt, dem mangelt nichts

Gott, hilf mir,
immer daran zu denken:
Nichts verwirre dich,
nichts erschrecke dich,
alles geht vorüber.
Gott ändert sich nicht.
Die Geduld erreicht alles.
Wer Gott besitzt,
dem mangelt nichts.
Gott allein genügt.

Teresa von Avila

Klare Gedanken und ein ruhiges Herz

„Erforsche mich, Gott, und erkenne mein Herz;
prüfe mich und erkenne, wie ich's meine. Und sieh,
ob ich auf bösem Wege bin, und leite mich auf
ewigem Wege."

Psalm 139,23–24

„Er aber, der Gott des Friedens, heilige euch durch
und durch und bewahre euren Geist samt Seele und
Leib unversehrt, untadelig für die Ankunft unseres
Herrn Jesus Christus."

1. Thessalonicher 5,23

„Denn Gott hat uns keinen Geist der Furcht gegeben,
sondern sein Geist erfüllt uns mit Kraft, Liebe und
Besonnenheit."

2. Timotheus 1,7 (Hfa)

„Verlass dich nicht auf deine eigene Urteilskraft,
sondern vertraue voll und ganz dem Herrn! Denke
bei jedem Schritt an ihn; er zeigt dir den richtigen
Weg und krönt dein Handeln mit Erfolg. Halte dich
nicht selbst für klug; gehorche Gott und meide das
Böse! Das heilt und belebt deinen ganzen Körper,
du fühlst dich wohl und gesund."

Sprüche 3,5–8 (Hfa)

7   Herr, höre meine Stimme, wenn ich rufe;
      sei mir gnädig und erhöre mich!
8   **Mein Herz hält dir vor dein Wort: /**
      »Ihr sollt mein Antlitz suchen.«
      Darum suche ich auch, Herr, dein Antlitz.
9   Verbirg dein Antlitz nicht vor mir,
      verstoße nicht im Zorn deinen Knecht!
   Denn du bist meine Hilfe; verlass mich nicht
      und tu die Hand nicht von mir ab, Gott, mein Heil!
10 Denn mein Vater und meine Mutter verlassen mich,
      aber der Herr nimmt mich auf.

11 Herr, weise mir deinen Weg
      und leite mich auf ebener Bahn um meiner Feinde willen.
12 Gib mich nicht preis dem Willen meiner Feinde!
      Denn es stehen falsche Zeugen wider mich auf und
      tun mir Unrecht ohne Scheu.
13 Ich glaube aber doch, dass ich sehen werde
      die Güte des Herrn im Lande der Lebendigen.
14 Harre des Herrn!
      Sei getrost und unverzagt und harre des Herrn!

Herr, deine Worte sind wie ein weiches Kissen, auf das ich meinen müden Kopf betten kann. Denn du forderst mich auf, mich ganz auf dich zu verlassen. Mich nicht erschrecken und einschüchtern zu lassen. Sondern auf dich zu harren und zuversichtlich abzuwarten, was du für mich tun wirst.

Danke, dass du dich für mich und meine Belange einsetzt – auch in dieser Nacht. Dein Wort gilt auch für das, was mich heute bewegt und umgetrieben hat, was mich angegriffen und verunsichert hat. So kann ich nun ausruhen von den

Kämpfen des Tages und gespannt darauf warten, wie du
alles zu einem guten Ende führst. Bei dir kommen meine
Gedanken zur Ruhe. So bette ich mich in deinen Frieden und
schlüpfe unter die warme Decke deiner Fürsorge und Liebe.
Amen.

Psalm 28

Bitte um Verschonung –
Dank für Errettung

1 VON DAVID.
   Wenn ich rufe zu dir, HERR, mein Fels,
      so schweige doch nicht,
   dass ich nicht, wenn du schweigst,
      gleich werde denen, die in die Grube fahren.
2 Höre die Stimme meines Flehens, wenn ich zu dir schreie,
      wenn ich meine Hände aufhebe
      zu deinem heiligen Tempel.
3 Raffe mich nicht hin mit den Gottlosen
      und mit den Übeltätern,
   die freundlich reden mit ihrem Nächsten
      und haben Böses im Herzen.
4 Gib ihnen nach ihrem Tun
      und nach ihren bösen Taten;
   gib ihnen nach den Werken ihrer Hände;
      vergilt ihnen, wie sie es verdienen.
5 Denn sie wollen nicht achten auf das Tun des HERRN
      noch auf die Werke seiner Hände;
   darum wird er sie niederreißen
      und nicht wieder aufbauen.

6 Gelobt sei der HERR; denn er hat erhört
   die Stimme meines Flehens.
7 Der HERR ist meine Stärke und mein Schild;
   auf ihn hofft mein Herz und mir ist geholfen.
   Nun ist mein Herz fröhlich,
   und ich will ihm danken mit meinem Lied.
8 Der HERR ist seines Volkes Stärke,
   Hilfe und Stärke für seinen Gesalbten.
9 Hilf deinem Volk und segne dein Erbe
   und weide und trage sie ewiglich!

Vater, ich danke dir für diesen Tag und für alles, was mir heute mit deiner Hilfe gelungen ist. Danke für deinen Schutz. Vielleicht ist mir manche Gefahr gar nicht bewusst gewesen, weil du sie schon abgewendet hast, ehe ich sie bemerkte.

Vater, du schützt mich auch vor Menschen, die mir nicht wohlgesonnen sind – die freundlich mit mir reden, aber im Herzen Böses planen. Hilf mir, nicht naiv zu sein – aber auch nicht überall eine böse Absicht zu vermuten. Hilf mir zu tun, was richtig ist, und dir zu vertrauen, dass du dich um die Menschen kümmern wirst, die Böses im Sinn haben.

Mein Herz ist voller Freude, weil du mein Schutz bist. Ich will mich ganz auf dich verlassen. Du bist mein Hirte und wirst mich sicher leiten.

Psalm 29

Der große Lobpreis
der Herrlichkeit Gottes

1 EIN PSALM DAVIDS.
Bringet dar dem HERRN, ihr Himmlischen,
bringet dar dem HERRN Ehre und Stärke!

2 Bringet dar dem HERRN die Ehre seines Namens,
betet an den HERRN in heiligem Schmuck!

3 Die Stimme des HERRN erschallt über den Wassern,
der Gott der Ehre donnert, der HERR,
über großen Wassern.

4 Die Stimme des HERRN ergeht mit Macht,
die Stimme des HERRN ergeht herrlich.

5 Die Stimme des HERRN zerbricht die Zedern,
der HERR zerbricht die Zedern des Libanon.

6 Er lässt hüpfen wie ein Kalb den Libanon,
den Sirjon wie einen jungen Wildstier.

7 Die Stimme des HERRN sprüht Feuerflammen; /

8 die Stimme des HERRN lässt die Wüste erbeben;
der HERR lässt erbeben die Wüste Kadesch.

9 Die Stimme des HERRN lässt Eichen wirbeln /
und reißt Wälder kahl.
In seinem Tempel ruft alles: »Ehre!«

10 Der HERR hat seinen Thron über der Flut;
der HERR bleibt ein König in Ewigkeit.

11 Der HERR wird seinem Volk Kraft geben;
der HERR wird sein Volk segnen mit Frieden.

Ich bin keine starke Frau – aber ich habe einen starken Gott!

Du lässt die Wüste erbeben. Du zerbrichst die Zedern des Libanon. Du sprühst Feuerflammen. Deine Stimme, die über den Wassern donnert, ist mir oft fremd. Aber ich weiß, dass du es bist – der Allgegenwärtige. Lass mich deine Stimme erkennen! Ich verstehe dich nicht, aber ich kenne dich doch. Du gibst dich mir zu erkennen in Jesus. Ich will dir darbringen die Ehre deines Namens – Jesus, Immanuel, Gott mit uns.

Ich spüre meine Vergänglichkeit – du bist der König in Ewigkeit. Ich bin kraftlos – du gibst mir neue Kraft. Wie du dem Volk Israel Kraft und Frieden inmitten ständiger Bedrohung schenkst, so willst du auch mich und meine Lieben mit deiner Kraft und deinem Frieden segnen.

Psalm 30

Dank für Rettung aus Todesnot

1 EIN PSALM DAVIDS, EIN LIED ZUR EINWEIHUNG DES TEMPELS.
2 Ich preise dich, HERR; denn du hast mich aus der Tiefe gezogen
und lässest meine Feinde sich nicht über mich freuen.
3 HERR, mein Gott, als ich schrie zu dir,
da machtest du mich gesund.
4 HERR, du hast mich von den Toten heraufgeholt;
du hast mich am Leben erhalten,
aber sie mussten in die Grube fahren.

5 Lobsinget dem HERRN, ihr seine Heiligen,
   und preiset seinen heiligen Namen!
6 Denn sein Zorn währet einen Augenblick
   und lebenslang seine Gnade.
Den Abend lang währet das Weinen,
   aber des Morgens ist Freude.

Lieber Herr, wieder liegt ein langer Tag hinter mir. Für meine Seele war er manchmal anstrengend. Besonders herausfordernd waren die Zeiten, in denen ich das Gefühl hatte, dass ich alles alleine machen muss.

Aber wie war dieser Tag eigentlich für dich, Herr? Bist du traurig darüber, wie schnell ich heute manche Entscheidungen ohne dich getroffen habe? Bist du wütend, weil ich einem Menschen wieder einmal lieblos begegnet bin? Manchmal könnte ich verstehen, wenn du den Himmel zuklappen und mich mein Leben alleine gestalten lassen würdest – ohne deine Hilfe.

Was für ein unfassbares Glück, dass du mich nie, nie, nie aufgibst! Immer wieder von Neuem wendest du dich mir zu. Du zeigst mir, was es heißt, dich als Vater zu haben – ein Vater, der mir nachgeht und mir vergibt.

Lieber Herr, ich habe das Gefühl, dass tief in mir drin die Sonne aufgeht; deine Liebe erfüllt mich mit riesengroßer Freude und Erleichterung. Hab von Herzen Dank!

7 Ich aber sprach, als es mir gut ging:
  Ich werde nimmermehr wanken.
8 Denn, HERR, durch dein Wohlgefallen /
  hattest du mich auf einen hohen Fels gestellt.
    Aber als du dein Antlitz verbargest, erschrak ich.
9 Zu dir, HERR, rief ich,
    und zum Herrn flehte ich:
10 Was nützt dir mein Blut, wenn ich zur Grube fahre?
    Wird dir auch der Staub danken und deine Treue
    verkündigen?
11 HERR, höre und sei mir gnädig!
    HERR, sei mein Helfer!

12 Du hast mir meine Klage verwandelt in einen Reigen,
    du hast mir den Sack der Trauer ausgezogen und
    mich mit Freude gegürtet,
13 dass ich dir lobsinge und nicht stille werde.
    HERR, mein Gott, ich will dir danken in Ewigkeit.

*L*ieber Gott, ich war so glücklich, als ich dir dienen konnte! So oft habe ich anderen von deiner Treue erzählt. Ich dachte, es würde immer so weitergehen. Aber dann hat diese Krankheit allem ein Ende gesetzt. Oh Gott, erhöre mich! Hilf mir wieder auf die Beine, damit ich deine Arbeit tun kann! Denn im Grab kann ich dich nicht preisen!

Lieber Gott, ich weiß, du hast einen guten Plan für mein Leben. Ich will diese Krankheit als Chance betrachten, dich besser kennenzulernen. Ich will meine Wurzeln tief in dein Wort senken und noch mehr von deiner Treue entdecken. Ich will mich daran erinnern, wie du in der Vergangenheit gnädig in meinem Leben gehandelt hast. Ich will daran denken, dass Zeiten des Weinens begrenzt sind: Sie dauern nur einen Augenblick, doch deine Gnade ein Leben lang. Du spielst das Lied meines Lebens! Du wirst meine Klage in einen Reigen verwandeln. Mein Herz wird wieder singen vor Freude. Oh Herr, mein Gott, ich will dir ewig danken. Auch jetzt, da ich meine Augen schließe und einschlafe, will ich dir Danke sagen.

Das Gebet des Jabez

Jabez war angesehener als seine Brüder. Seine Mutter hatte ihm den Namen Jabez („Er bereitet Schmerzen") gegeben, weil seine Geburt sehr schwer gewesen war. Aber Jabez betete zum Gott Israels: „Bitte segne mich, und lass mein Gebiet größer werden! Beschütze mich, und bewahre mich vor Unglück! Möge kein Leid mich treffen!" Gott erhörte sein Gebet.

1. Chronik 4,9–10 (Hfa)

Gott, unser Versorger

„Der HERR ist mein Hirte, mir wird nichts mangeln."
Psalm 23,1

„Ich bin jung gewesen und alt geworden und habe
noch nie den Gerechten verlassen gesehen und seine
Kinder um Brot betteln."
Psalm 37,25

„Darum sollt ihr nicht sorgen und sagen: Was
werden wir essen? Was werden wir trinken? Womit
werden wir uns kleiden? Nach dem allen trachten die
Heiden. Denn euer himmlischer Vater weiß, dass ihr
all dessen bedürft. Trachtet zuerst nach dem Reich
Gottes und nach seiner Gerechtigkeit, so wird euch
das alles zufallen."
Matthäus 6,31–33

„Sorgt euch um nichts, sondern in allen Dingen lasst
eure Bitten in Gebet und Flehen mit Danksagung vor
Gott kundwerden!"
Philipper 4,6

Psalm 31

In Gottes Händen geborgen

1 EIN PSALM DAVIDS, VORZUSINGEN.

2 HERR, auf dich traue ich, /
lass mich nimmermehr zuschanden werden,
    errette mich durch deine Gerechtigkeit!

3 Neige deine Ohren zu mir, hilf mir eilends!
    Sei mir ein starker Fels und eine Burg, dass du mir
    helfest!

4 Denn du bist mein Fels und meine Burg,
    und um deines Namens willen wollest du mich leiten
    und führen.

5 Du wollest mich aus dem Netze ziehen, /
das sie mir heimlich stellten;
    denn du bist meine Stärke.

6 **In deine Hände befehle ich meinen Geist;**
    du hast mich erlöst, HERR, du treuer Gott.

7 Ich hasse, die sich halten an nichtige Götzen;
    ich aber hoffe auf den HERRN.

8 Ich freue mich und bin fröhlich über deine Güte,
    dass du mein Elend ansiehst und nimmst dich meiner an
    in Not

9 und übergibst mich nicht in die Hände des Feindes;
    du stellst meine Füße auf weiten Raum.

10 HERR, sei mir gnädig, denn mir ist angst!
    Mein Auge ist trübe geworden vor Gram,
    matt meine Seele und mein Leib.

11 Denn mein Leben ist hingeschwunden in Kummer
    und meine Jahre in Seufzen.

Meine Kraft ist verfallen durch meine Missetat,
und meine Gebeine sind verschmachtet.

12 Vor all meinen Bedrängern bin ich ein Spott geworden,
eine Last meinen Nachbarn
und ein Schrecken meinen Bekannten.
Die mich sehen auf der Gasse,
fliehen vor mir.

13 Ich bin vergessen in ihrem Herzen wie ein Toter;
ich bin geworden wie ein zerbrochenes Gefäß.

14 Denn ich höre, wie viele über mich lästern:
Schrecken ist um und um!
Sie halten Rat miteinander über mich
und trachten danach, mir das Leben zu nehmen.

*Mein Vater, ich weiß, dass du mich liebst! Immer
wieder habe ich deine Hilfe in meinem Leben
erfahren. Du bist treu. Du hast mir so viele Verheißungen
in deinem Wort gegeben und sie auch erfüllt. Du bist mir in
deiner Liebe begegnet.*

*Aber jetzt scheint alles gegen mich zu stehen. Ich bin in gro-
ßen Schwierigkeiten und sehe keinen Ausweg. Ich weiß, deine
Gedanken sind viel höher als meine. Aber warum muss ich so
leiden, weil andere Menschen falsche Entscheidungen treffen?
Ihnen geht es gut – und ich muss die Konsequenzen tragen.
Es ist so ungerecht!*

*Vater, hilf mir! Sei mir ein starker Fels und eine Burg, in
der ich Zuflucht und Frieden finde. Du hast mich erlöst.
Ich bin dein Kind. Du treuer Gott, errette mich aus diesen
Schwierigkeiten! Auf dich hoffe ich. Dir will ich vertrauen,
egal, wie schwierig meine Situation ist. Du siehst mein Elend
und nimmst mich an in meiner Not. Darum will ich fröhlich*

sein in dir. Denn du sagst: „Ich weiß wohl, welche Gedanken
ich über dich habe: Gedanken des Friedens und nicht des
Leides." Danke, himmlischer Vater. Amen.

15 Ich aber, HERR, hoffe auf dich
    und spreche: Du bist mein Gott!
16 **Meine Zeit steht in deinen Händen.**
    Errette mich von der Hand meiner Feinde und von denen,
    die mich verfolgen.
17 Lass leuchten dein Antlitz über deinem Knecht;
    hilf mir durch deine Güte!
18 HERR, lass mich nicht zuschanden werden;
    denn ich rufe dich an.
    Die Gottlosen sollen zuschanden werden
    und hinabfahren zu den Toten und schweigen.
19 Verstummen sollen die Lügenmäuler,
    die da reden wider den Gerechten frech, stolz und höhnisch.

20 Wie groß ist deine Güte, HERR,
    die du bewahrt hast denen, die dich fürchten,
  und erweisest vor den Leuten
    denen, die auf dich trauen!
21 Du birgst sie in deinem Schutz vor den Rotten der Leute,
    du deckst sie in der Hütte vor den zänkischen Zungen.

22 Gelobt sei der HERR; denn er hat seine wunderbare Güte
    mir erwiesen in einer festen Stadt.
23 Ich sprach wohl in meinem Zagen:
    Ich bin von deinen Augen verstoßen.
  Doch du hörtest die Stimme meines Flehens,
    als ich zu dir schrie.

24 Liebet den HERRN, alle seine Heiligen!
   Die Gläubigen behütet der HERR
   und vergilt reichlich dem, der Hochmut übt.
25 Seid getrost und unverzagt alle,
   die ihr des HERRN harret!

Herr, mein Glaube an dich soll wachsen, meine Erfahrungen deiner Rettung und Hilfe zunehmen. Deine Segnungen, deine Güte und Hilfe werden sichtbar in meinem Leben. Wer mir Unrecht tut, schadet sich selbst, mich aber wirst du segnen. Wenn ich leiden muss, dann leide ich geliebt und getröstet – am Ende bin ich reicher als zuvor!

Du bist mein Notverwandler! Dein Wort, dein Reden, deine Liebe bringen Heilung in mein Leben. Kraft und Zuversicht, das Gute zu erwarten und das Schwere zu ertragen. Du hast Möglichkeiten, die ich mir nicht vorstellen kann. Anstatt mich zu fürchten und mir mein Scheitern auszumalen, blicke ich auf dich, den Unwandelbaren, der nur darauf wartet, einzugreifen und zu handeln. Mein Gott, der jetzt schon lächelt, weil er sich eine wunderbare Rettung ausgedacht hat. Mein Zittern verwandelt sich in Zuversicht im Aufblick zu dir. Wie du mir helfen wirst, weiß ich noch nicht, aber dass du es tust, sagt mir dein Wort! Alle werden sehen, wie gut du zu mir bist, dafür danke ich dir schon jetzt!

Psalm 32

Vom Segen der Sündenvergebung
(Der zweite Bußpsalm)

1 EINE UNTERWEISUNG DAVIDS.
   Wohl dem, dem die Übertretungen vergeben sind,
      dem die Sünde bedeckt ist!
2 **Wohl dem Menschen, dem der HERR die Schuld nicht**
   zurechnet,
      in dessen Geist kein Trug ist!

3 Denn als ich es wollte verschweigen,
      verschmachteten meine Gebeine durch mein tägliches
      Klagen.
4 Denn deine Hand lag Tag und Nacht schwer auf mir,
      dass mein Saft vertrocknete, wie es im Sommer dürre wird.
   SELA.
5 Darum bekannte ich dir meine Sünde,
      und meine Schuld verhehlte ich nicht.
   Ich sprach: Ich will dem HERRN meine Übertretungen bekennen.
   Da vergabst du mir die Schuld meiner Sünde. SELA.

Vater im Himmel, heute bin ich schuldig geworden an dir und an meinen Mitmenschen. Meine Schuld steht mir wie eine schwarze Wand vor Augen. Ich fühle mich elend und würdelos. Ich bin traurig, dass es so passiert ist.

Danke, dass du mich nicht verurteilst, sondern mir Umkehr anbietest. Danke, dass ich nicht bleiben muss, wie ich bin, sondern von dir verändert werden kann. Herr, ich bitte dich um Vergebung für meine Schuld. Du siehst auch das

Verborgene. Du weißt, wo ich Menschen verletzt habe, ohne es zu wissen oder zu wollen. Auch dafür bitte ich dich um Vergebung.

Danke, dass es bei dir immer die Möglichkeit zum Neuanfang gibt. Danke, dass du mich frei machen willst von allen Lasten meines Herzens und mich von innen her neu gestalten willst.

6 Deshalb werden alle Heiligen zu dir beten
    zur Zeit der Angst.
  Darum, wenn große Wasserfluten kommen,
    werden sie nicht an sie gelangen.
7 Du bist mein Schirm, du wirst mich vor Angst behüten,
    dass ich errettet gar fröhlich rühmen kann. SELA.
8 »Ich will dich unterweisen und dir den Weg zeigen, /
  den du gehen sollst;
    ich will dich mit meinen Augen leiten.«
9 Seid nicht wie Rosse und Maultiere,
    die ohne Verstand sind,
  denen man Zaum und Gebiss anlegen muss;
    sie werden sonst nicht zu dir kommen.
10 Der Gottlose hat viel Plage;
    wer aber auf den HERRN hofft, den wird die Güte
    umfangen.
11 Freuet euch des HERRN und seid fröhlich, ihr Gerechten,
    und jauchzet, alle ihr Frommen.

*L*ieber Vater, wie oft wünsche ich mir deine Führung! Wie sehne ich mich nach jemandem, der mir einfach zeigt, wo's langgeht – jemand, der wirklich weiß, was er tut! Und doch bin ich dann „störrisch wie ein Maultier": Ich vertraue lieber auf meinen eigenen Verstand und will, dass alles nach meinem Kopf geht, statt auf deinen vollkommenen Plan zu achten!

Ja, es stimmt: Nicht immer verstehe ich deine Wege. Aber das ist eigentlich klar – schließlich sind deine Gedanken so viel höher als meine! Hilf mir, meinen eigenen Willen loszulassen und immer mehr auf dich zu vertrauen. So lange, bis es mir ganz selbstverständlich wird und du mich mit deinen Augen leiten kannst. Denn ich möchte ganz nahe bei dir sein und deine Wege gehen, die so viel besser sind als alles, was ich selbst mir ausdenken könnte. Danke, dass du es immer wieder mit mir versuchst.

Psalm 33

Ein Loblied auf Gottes Allmacht und Hilfe

1 Freuet euch des HERRN, ihr Gerechten;
   die Frommen sollen ihn recht preisen.

2 Danket dem HERRN mit Harfen;
   lobsinget ihm zum Psalter von zehn Saiten!

3 Singet ihm ein neues Lied;
   spielt schön auf den Saiten mit fröhlichem Schall!

4 **Denn des HERRN Wort ist wahrhaftig,**
   und was er zusagt, das hält er gewiss.

5 Er liebt Gerechtigkeit und Recht;
   die Erde ist voll der Güte des HERRN.

6 Der Himmel ist durch das Wort des HERRN gemacht
   und all sein Heer durch den Hauch seines Mundes.
7 Er hält die Wasser des Meeres zusammen wie in einem
   Schlauch
   und sammelt in Kammern die Fluten.
8 Alle Welt fürchte den HERRN,
   und vor ihm scheue sich alles, was auf dem Erdboden
   wohnet.
9 Denn **wenn er spricht, so geschieht's;**
   wenn er gebietet, so steht's da.
10 Der HERR macht zunichte der Heiden Rat
   und wehrt den Gedanken der Völker.
11 Aber der Ratschluss des HERRN bleibt ewiglich,
   seines Herzens Gedanken für und für.
12 Wohl dem Volk, dessen Gott der HERR ist,
   dem Volk, das er zum Erbe erwählt hat!

Herr, ich gebe zu: Manchmal sieht es für mich so aus, als wären meine Umstände dem Zufall überlassen. Nicht wirklich linear, nicht zielführend.

Doch wenn ich darüber nachdenke, wie genial die Schöpfung durchdacht ist und wie du mit einem Hauch oder einem Wort Leben hervorrufen kannst, bin ich beschämt. Wieder einmal bin ich von mir ausgegangen und habe dich für kleiner gehalten, als du bist. Du bist eben nicht wie wir Menschen. Uns kann so leicht etwas entgehen. Wir kommen so schnell an unsere Grenzen. Ich habe heute längst nicht alles geschafft, was ich mir vorgenommen hatte. Aber ich möchte mich daran erinnern, dass ich einen Gott habe, für den nichts unmöglich ist. Bin ich froh, dass ich einen so mächtigen, genialen Gott meinen Vater nennen darf! Jetzt lege ich mich in deine Arme, um mich in Frieden auszuruhen.

Gott, gebe mir die Gelassenheit

Gott, gebe mir die Gelassenheit, Dinge hinzunehmen,
die ich nicht ändern kann.
Den Mut, Dinge zu ändern, die ich ändern kann.
Und die Weisheit, das eine vom andern zu unterscheiden.

Friedrich Christoph Oetinger

Geduld

„Dagegen bringt der Geist Gottes in unserem Leben nur Gutes hervor: Liebe und Freude, Frieden und Geduld, Freundlichkeit, Güte und Treue."

Galater 5,22 (Hfa)

„Das eine aber wissen wir: Wer Gott liebt, dem dient alles, was geschieht, zum Guten. Dies gilt für alle, die Gott nach seinem Plan und Willen zum neuen Leben erwählt hat."

Römer 8,28 (Hfa)

„Sei geduldig und warte darauf, dass der Herr eingreift! Entrüste dich nicht, wenn Menschen böse Pläne schmieden und ihnen dabei alles gelingt!"

Psalm 37,7 (Hfa)

„Werft nun euer Vertrauen nicht weg!
Es wird sich erfüllen, worauf ihr hofft.
Aber ihr müsst standhaft bleiben und tun,
was Gott von euch erwartet."

Hebräer 10,35–36 (Hfa)

„Nur bei Gott komme ich zur Ruhe;
geduldig warte ich auf seine Hilfe."

Psalm 62,2 (Hfa)

13 Der HERR schaut vom Himmel
   und sieht alle Menschenkinder.
14 Von seinem festen Thron sieht er auf alle,
   die auf Erden wohnen.
15 Er lenkt ihnen allen das Herz,
   er gibt Acht auf alle ihre Werke.
16 Einem König hilft nicht seine große Macht;
   ein Held kann sich nicht retten durch seine große
   Kraft.
17 Rosse helfen auch nicht; da wäre man betrogen;
   und ihre große Stärke errettet nicht.
18 Siehe, des HERRN Auge achtet auf alle, die ihn fürchten,
   die auf seine Güte hoffen,
19 dass er sie errette vom Tode
   und sie am Leben erhalte in Hungersnot.

20 Unsre Seele harrt auf den HERRN;
   er ist uns Hilfe und Schild.
21 Denn unser Herz freut sich seiner,
   und wir trauen auf seinen heiligen Namen.
22 Deine Güte, HERR, sei über uns,
   wie wir auf dich hoffen.

*Oh Gott, ich war mir so sicher, dass mir endlich ge-
holfen würde – und nun sind alle meine Hoffnungen
zerschlagen! Wieder einmal bin ich tief enttäuscht von
menschlicher Hilfe. Sogar die einflussreichsten Menschen
können anscheinend nichts für mich tun!*

*Vater, du bist der Einzige, der mir jetzt noch helfen kann.
Ich weiß, dass du mich liebst, und vertraue darauf, dass du
mir helfen wirst. Ich will festhalten an deiner Güte. Ich will
dir danken, Vater, denn du bist gut und du tust Gutes. Du*

*hast dich in der Vergangenheit um mich gekümmert, und ich
weiß, dass ich dir auch jetzt vertrauen kann.*

*Um nichts brauche ich mich zu sorgen. Du wirkst sogar,
während ich schlafe. So wie meine Decke mich jetzt bedeckt,
so bedecken mich deine Güte und deine unfehlbare Liebe.
In dieser Liebe will ich ruhen und in Frieden schlafen.*

Psalm 34

Unter Gottes Schutz

1 VON DAVID, ALS ER SICH WAHNSINNIG STELLTE VOR
ABIMELECH UND DIESER IHN VON SICH TRIEB UND ER
WEGGING.

2 **Ich will den HERRN loben allezeit;
   sein Lob soll immerdar in meinem Munde sein.**

3 Meine Seele soll sich rühmen des HERRN,
   dass es die Elenden hören und sich freuen.

4 Preiset mit mir den HERRN
   und lasst uns miteinander seinen Namen erhöhen!

5 **Als ich den HERRN suchte, antwortete er mir
   und errettete mich aus aller meiner Furcht.**

6 Die auf ihn sehen, werden strahlen vor Freude,
   und ihr Angesicht soll nicht schamrot werden.

7 Als einer im Elend rief, hörte der HERR
   und half ihm aus allen seinen Nöten.

8 Der Engel des HERRN lagert sich um die her,
   die ihn fürchten, und hilft ihnen heraus.

Lieber Gott, ich danke dir, dass du uns deine Engel zur Seite stellst. Du hast sie beauftragt, uns zu beschützen und zu behüten. Sie sind deine Diener und unsere Helfer. Oftmals sehen wir gar nicht, was sie für uns tun, weil unser Leben gut verläuft und wir keine Not erleiden. Dass die Engel dabei Unglück verhindert und Wege geebnet haben, bleibt uns verborgen.

Allerdings schmerzt es mich, dass manchen Menschen Engel wichtiger sind als du. Sie kümmern sich nicht um dich, sondern verehren dein Dienstpersonal. Bitte zeige ihnen, dass du sie liebst und sie eine persönliche Beziehung mit dir haben können. Hilf ihnen, sich direkt an dich, den Schöpfer des Himmels und der Erde, zu wenden.

Hilf auch mir, Vater, mich gleich an dich zu wenden, wenn ich in Not bin. Und wenn du mir dann deine „dienstbaren Geister" (Hebräer 1,14) zur Hilfe schickst, will ich dich dafür loben und preisen.

9 Schmecket und sehet, wie freundlich der HERR ist.
   Wohl dem, der auf ihn trauet!
10 Fürchtet den HERRN, ihr seine Heiligen!
   Denn die ihn fürchten, haben keinen Mangel.
11 Reiche müssen darben und hungern;
   aber die den HERRN suchen, haben keinen Mangel an
   irgendeinem Gut.

12 Kommt her, ihr Kinder, höret mir zu!
   Ich will euch die Furcht des HERRN lehren.
13 Wer möchte gern gut leben
   und schöne Tage sehen?

14 Behüte deine Zunge vor Bösem
   und deine Lippen, dass sie nicht Trug reden.
15 Lass ab vom Bösen und tu Gutes;
   suche Frieden und jage ihm nach!

*Lieber Vater, wie wunderbar bist du! Ich danke dir für
alles, was du im Kleinen und Großen in diesen Tag
hineingelegt hast: Du hast mir Kraft gegeben und mich immer
wieder erfrischt. Du hast mich mit Begegnungen herausgefordert, beschenkt und auch Traurigkeit mit mir ausgehalten.
Du bist eine reich sprudelnde Quelle des Lebens. Du gibst mir
zur rechten Zeit alles, was ich brauche. Verzeih die Momente, in
denen ich heute unzufrieden war und mir Sorgen gemacht habe.
Momente, in denen ich nur danach geschaut habe, wie manche
Situationen mit rein menschlichen Möglichkeiten zu lösen sind.*

*Danke, dass du größer bist als mein menschlicher Verstand.
Du bringst neue Wege, neue Möglichkeiten ins Spiel. Deine
Möglichkeiten, die unbegrenzt sind! Du bist größer als jeder
ängstliche Gedanke, wie wohl der morgige Tag werden wird.
Du bringst meine unruhige Seele zur Ruhe und zeigst dich als
treuer und vertrauenswürdiger Versorger.*

*Dir will ich vertrauen, dir befehle ich mich an – auch in dieser
Nacht.*

16 Die Augen des HERRN merken auf die Gerechten
   und seine Ohren auf ihr Schreien.
17 Das Angesicht des HERRN steht wider alle, die Böses tun,
   dass er ihren Namen ausrotte von der Erde.
18 Wenn die Gerechten schreien, so hört der HERR
   und errettet sie aus all ihrer Not.

19 Der HERR ist nahe denen, die zerbrochenen Herzens sind,
   und hilft denen, die ein zerschlagenes Gemüt haben.
20 Der Gerechte muss viel erleiden,
   aber aus alledem hilft ihm der HERR.
21 Er bewahrt ihm alle seine Gebeine,
   dass nicht eines zerbrochen wird.
22 Den Gottlosen wird das Unglück töten,
   und die den Gerechten hassen, fallen in Schuld.
23 Der HERR erlöst das Leben seiner Knechte,
   und alle, die auf ihn trauen, werden frei von Schuld.

D anke, lieber Vater, für dein Versprechen, dass du uns hörst, wenn wir zu dir rufen, und uns hilfst, wenn wir in Not sind.

Ich will dich loben, egal, wie es mir geht, weil ich weiß, dass du dafür sorgen wirst, dass mir alle Dinge zum Besten dienen. Schon jetzt bist du mir nahe, wenn ich zerbrochenen Herzens bin. Wie ermutigend ist es für mich, Jesus, dass du in deinem Dienst auf der Erde immer da warst, wenn die Menschen Hilfe brauchten. Egal, ob sie Hunger hatten, krank waren oder unter ihrer Schuld litten – du warst da. Voller Liebe. Voller Mitgefühl. Und heute bist du derselbe. Die einzige Voraussetzung für deine Hilfe ist, dass ich in Not bin. Der Grund spielt keine Rolle. Ob es meine eigene Schuld ist oder die eines anderen – egal.

Danke, dass du aus allen Schwierigkeiten etwas Gutes machen kannst. Und danke, dass du hier bist – bereit, mein zerbrochenes Herz zu heilen.

Psalm 35

***Gebet um Errettung
von boshaften Feinden***

1 VON DAVID.
HERR, führe meine Sache wider meine Widersacher,
  bekämpfe, die mich bekämpfen!
2 Ergreife Schild und Waffen
  und mache dich auf, mir zu helfen!
3 Zücke Speer und Streitaxt wider meine Verfolger!
  Sprich zu mir: Ich bin deine Hilfe!
4 Es sollen sich schämen und zum Spott werden,
  die mir nach dem Leben trachten;
es sollen zurückweichen und zuschanden werden,
  die mein Unglück wollen.
5 Sie sollen werden wie Spreu vor dem Winde,
  und der Engel des HERRN stoße sie weg.
6 Ihr Weg soll finster und schlüpfrig werden,
  und der Engel des HERRN verfolge sie.
7 Denn ohne Grund haben sie mir ihr Netz gestellt,
  ohne Grund mir eine Grube gegraben.

8 Unversehens soll ihn Unheil überfallen; /
sein Netz, das er gestellt hat, fange ihn selber,
  zum eigenen Unheil stürze er hinein.
9 Aber meine Seele soll sich freuen des HERRN
  und fröhlich sein über seine Hilfe.
10 Alle meine Gebeine sollen sagen:
  HERR, wer ist dir gleich?
Der du den Elenden rettest /
vor dem, der ihm zu stark ist,
  und den Elenden und Armen vor seinen Räubern.

11 Es treten falsche Zeugen auf;
   sie fordern von mir, wovon ich nichts weiß.
12 Sie vergelten mir Gutes mit Bösem,
   um mich in Herzeleid zu bringen.
13 Ich aber zog einen Sack an, wenn sie krank waren, /
   tat mir wehe mit Fasten
      und betete immer wieder von Herzen.
14 Als wäre es mein Freund und Bruder,
   so ging ich einher;
   wie einer Leid trägt über seine Mutter,
      so beugte ich mich in Trauer.
15 Sie aber freuen sich, wenn ich wanke,
   und rotten sich zusammen;
   sie rotten sich heimlich zum Schlag wider mich,
      sie lästern und hören nicht auf.
16 Sie lästern und spotten immerfort
   und knirschen wider mich mit ihren Zähnen.

Herr, du weißt, wer mich so sehr verletzt hat! So eine unfreundliche Behandlung habe ich wirklich nicht verdient, nachdem ich so freundlich war. Aber bitte hilf mir, jetzt nicht in Selbstmitleid zu verfallen und es nicht mit gleicher Münze heimzuzahlen. Ich überlasse diese Sache dir und will dieser Person mit Liebe begegnen.

Schenke mir heute Abend deine Liebe! Wie gut zu wissen: Du wirst dich um alles kümmern. Du wirst handeln. Und auch wenn ich verletzt und wütend bin, weiß ich doch: Ich selbst bin auch schon unfreundlich gewesen. Ich habe andere Menschen verletzt. Und du hast mir vergeben. So bitte ich dich: Sei gnädig mit dieser Person! Wie du auch mit mir gnädig bist. Danke, dass ich diese Sache jetzt in deine Hände legen darf. Ja, ich will mich freuen über dich und fröhlich sein über deine Hilfe!

Daniels Bußgebet

Da flehte ich zum Herrn, meinem Gott, ich fastete, zog ein Trauergewand aus Sacktuch an und streute Asche auf meinen Kopf. Ich bekannte dem Herrn die Schuld unseres Volkes:
„Ach Herr, du mächtiger und ehrfurchtgebietender Gott! Du hältst deinen Bund mit uns und erweist Gnade denen, die dich lieben und nach deinen Geboten leben. Doch wir haben gegen dich gesündigt und großes Unrecht begangen! Was du wolltest, war uns gleichgültig! Ja, wir haben uns gegen dich aufgelehnt und deine Gebote und Weisungen umgangen … Herr, wir haben schwere Schuld auf uns geladen: unsere Könige, die führenden Männer und auch unsere Vorfahren. Dafür schämen wir uns in Grund und Boden. Doch du, Herr, unser Gott, bist barmherzig und vergibst uns, obwohl wir von dir nichts mehr wissen wollten."

Daniel 9,3–9 (Hfa)

Vergebung finden bei Gott

„Wenn wir aber unsre Sünden bekennen,
so ist er treu und gerecht,
dass er uns die Sünden vergibt und reinigt uns
von aller Ungerechtigkeit."

1. Johannes 1,9

„Meine Kinder, dies schreibe ich euch,
damit ihr nicht sündigt. Und wenn jemand sündigt,
so haben wir einen Fürsprecher bei dem Vater,
Jesus Christus, der gerecht ist."

1. Johannes 2,1

„Ist jemand in Christus, so ist er eine neue Kreatur;
das Alte ist vergangen, siehe, Neues ist geworden."

2. Korinther 5,17

„So fern der Morgen ist vom Abend,
lässt er unsre Übertretungen von uns sein."

Psalm 103,12

„Wie der Herr euch vergeben hat,
so vergebt auch ihr!"

Kolosser 3,13

17 Herr, wie lange willst du zusehen?
   Errette doch meine Seele vor ihrem Unheil,
   mein Leben vor den jungen Löwen!
18 Ich will dir danken in großer Gemeinde;
   unter vielem Volk will ich dich rühmen.
19 Lass sich nicht über mich freuen, die mir zu Unrecht Feind sind;
   lass nicht mit den Augen spotten, die mich ohne Grund
   hassen!
20 Denn sie reden nicht, was zum Frieden dient,
   und ersinnen falsche Anklagen wider die Stillen im Lande.
21 Sie sperren das Maul weit auf wider mich
   und sprechen: »Da, da, wir haben es gesehen!«
22 HERR, du hast es gesehen, schweige nicht;
   HERR, sei nicht ferne von mir!
23 Wache auf, werde wach, mir Recht zu schaffen
   und meine Sache zu führen,
   mein Gott und Herr!
24 HERR, mein Gott, verhilf mir zum Recht nach deiner
   Gerechtigkeit,
   dass sie sich nicht über mich freuen.
25 Lass sie nicht sagen in ihrem Herzen: »Da, da! Das wollten wir.«
   Lass sie nicht sagen:
   »Wir haben ihn verschlungen.«

26 Sie sollen sich schämen und zuschanden werden,
   alle, die sich meines Unglücks freuen;
   sie sollen in Schmach und Schande sich kleiden,
   die sich wider mich rühmen.
27 Jubeln und freuen sollen sich,
   die mir gönnen, dass ich Recht behalte,
   und immer sagen: Der HERR sei hoch gelobt,
   der seinem Knecht so wohl will!
28 Und meine Zunge soll reden von deiner Gerechtigkeit
   und dich täglich preisen.

Herr, es gibt Menschen, die mir nicht wohlgesonnen sind. Menschen, die schlecht über mich reden. Sie freuen sich, wenn sie etwas bei mir finden, worüber sie sich das Maul zerreißen können. Vater, ich bitte dich, dass du mich davor bewahrst, sie zu hassen oder es ihnen mit gleicher Münze zurückzuzahlen. Bitte hilf mir dabei, diese Menschen mit deinen Augen zu sehen. Du bist der ewige Richter. Du selbst schaffst mir Recht, und du bist der, der meine Seele von Verletzungen heilen kann. Deshalb will ich dir meine Schmerzen bringen.

Danke, dass ich in deiner Nähe Trost und Zuspruch finde, wenn ich mich von anderen angegriffen fühle. Und vielen Dank, dass du mir Freunde zur Seite gestellt hast, die es gut mit mir meinen und die mir aufrichtig Glück, Gelingen und Segen wünschen. Danke für alle ihre Unterstützung in schwierigen Situationen. Hilf mir, dass ich für andere auch solch eine gute Begleiterin bin.

Psalm 36

Der Reichtum der Güte Gottes

1 VON DAVID, DEM KNECHT DES HERRN, VORZUSINGEN.
2 Es sinnen die Übertreter auf gottloses Treiben /
   im Grund ihres Herzens.
      Es ist keine Gottesfurcht bei ihnen.
3 Und doch hat Gott den Weg vor ihnen geebnet,
      um ihre Schuld aufzufinden und zu hassen.
4 Alle ihre Worte sind falsch und erlogen,
      verständig und gut handeln sie nicht mehr.

5 Sie trachten auf ihrem Lager nach Schaden
    und stehen fest auf dem bösen Weg und scheuen kein
    Arges.

6 **HERR, deine Güte reicht, so weit der Himmel ist,**
    und deine Wahrheit, so weit die Wolken gehen.
7 Deine Gerechtigkeit steht wie die Berge Gottes /
    und dein Recht wie die große Tiefe.
    HERR, du hilfst Menschen und Tieren.
8 Wie köstlich ist deine Güte, Gott,
    dass Menschenkinder unter dem Schatten deiner Flügel
    Zuflucht haben!
9 Sie werden satt von den reichen Gütern deines Hauses,
    und du tränkst sie mit Wonne wie mit einem Strom.
10 **Denn bei dir ist die Quelle des Lebens,**
    und in deinem Lichte sehen wir das Licht.

11 Breite deine Güte über die, die dich kennen,
    und deine Gerechtigkeit über die Frommen.
12 Lass mich nicht kommen unter den Fuß der Stolzen,
    und die Hand der Gottlosen vertreibe mich nicht!
13 Sieh da, sie sind gefallen, die Übeltäter,
    sind gestürzt und können nicht wieder aufstehen.

Mein Auge sieht den Himmel, die Wolken und Berge – mein Herz sieht dich, dahinter und davor – real. Deine Wirklichkeit ist stärker als das Sichtbare. Stell sie mir vor Augen heute, Herr! Wie oft hatte ich Angst, wenn Nöte sich vor mir auftürmten und sich in ihrem Schrecken vor meine Augen stellten! Oft habe ich mich geschämt für meinen Kleinglauben und meine Angst, nachdem du mir in Güte entgegenkamst. Jeden Schritt meines Weges hast du gesehen, in der Absicht, mich zu beschenken. Deine Wahrheit

kam durch dein Wort in meine Gedanken, hat mich vor dem
Verzweifeln bewahrt. Du bist gnädig und gerecht. Wer dich
liebt, für den mobilisierst du Segen und Rettung.

Meine Erfahrungen mit dir sind wie Perlen in einem
Schmuckkästchen. Sie sind kostbar, wunderschön und
machen mich reich. Ich war arm, hatte Angst, kannte
kein Recht. Jetzt bin ich reich, voller Vertrauen auf deine
Gnade und Gerechtigkeit. Du hast mein Leben verwandelt.
Dafür danke ich dir jeden Tag.

Psalm 37

Das scheinbare Glück der Gottlosen

1 VON DAVID.
> Entrüste dich nicht über die Bösen,
>> sei nicht neidisch auf die Übeltäter.

2 Denn wie das Gras werden sie bald verdorren,
>> und wie das grüne Kraut werden sie verwelken.

3 Hoffe auf den HERRN und tu Gutes,
>> bleibe im Lande und nähre dich redlich.

4 Habe deine Lust am HERRN;
>> der wird dir geben, was dein Herz wünscht.

5 **Befiehl dem HERRN deine Wege**
>> **und hoffe auf ihn, er wird's wohlmachen**

6 und wird deine Gerechtigkeit heraufführen wie das Licht
>> und dein Recht wie den Mittag.

7 **Sei stille dem HERRN und warte auf ihn.**
> Entrüste dich nicht über den,
>> dem es gut geht,
>> der seinen Mutwillen treibt.

8 Steh ab vom Zorn und lass den Grimm,
  entrüste dich nicht, damit du nicht Unrecht tust.

9 Denn die Bösen werden ausgerottet;
  die aber des HERRN harren, werden das Land erben.

10 Noch eine kleine Zeit, so ist der Gottlose nicht mehr da;
  und wenn du nach seiner Stätte siehst, ist er weg.

11 Aber die Elenden werden das Land erben
  und ihre Freude haben an großem Frieden.

12 Der Gottlose droht dem Gerechten
  und knirscht mit seinen Zähnen wider ihn.

13 Aber der Herr lacht seiner;
  denn er sieht, dass sein Tag kommt.

14 Die Gottlosen ziehen das Schwert
  und spannen ihren Bogen,
 dass sie fällen den Elenden und Armen
  und morden die Frommen.

15 Aber ihr Schwert wird in ihr eigenes Herz dringen,
  und ihr Bogen wird zerbrechen.

16 Das Wenige, das ein Gerechter hat,
  ist besser als der Überfluss vieler Gottloser.

17 Denn der Gottlosen Arm wird zerbrechen,
  aber der HERR erhält die Gerechten.

18 Der HERR kennt die Tage der Frommen,
  und ihr Gut wird ewiglich bleiben.

19 Sie werden nicht zuschanden in böser Zeit,
  und in der Hungersnot werden sie genug haben.

20 Denn die Gottlosen werden umkommen;
  und die Feinde des HERRN,
 wenn sie auch sind wie prächtige Auen,
  werden sie doch vergehen, wie der Rauch vergeht.

21 Der Gottlose muss borgen und bezahlt nicht,
>   aber der Gerechte ist barmherzig und kann geben.
22 Denn die Gesegneten des HERRN erben das Land;
>   aber die er verflucht, werden ausgerottet.
23 Von dem HERRN kommt es, wenn eines Mannes Schritte
fest werden,
>   und er hat Gefallen an seinem Wege.
24 Fällt er, so stürzt er doch nicht;
>   denn der HERR hält ihn fest an der Hand.

Lieber Vater im Himmel, ich bin so froh und dankbar, dass ich dir meine Wege und mein ganzes Leben anbefehlen darf. Denn du bist der allmächtige Gott, der die ganze Welt geschaffen hat und mich unendlich liebt.

Wie oft habe ich es schon erlebt, dass du es gut gemacht hast mit mir, mit meinem Leben! Ja, manchmal war es anders, als ich es mir vorgestellt hatte. Aber selbst dann konnte ich oft im Nachhinein erkennen, dass du viel besser wusstest, was dein Kind braucht.

Trotzdem fällt es mir oft so schwer, still zu sein und auf dein Eingreifen zu warten. Ich möchte dir „nachhelfen", weil ich das Gefühl habe, es dauert zu lange, bis du handelst.

Vergib mir, Vater. Bitte hilf mir, geduldig zu sein und mein ganzes Leben in deiner guten Hand zu lassen. Wie es so wunderbar heißt in dem alten Kirchenlied: „Wie die zarten Blumen willig sich entfalten, lass mich so, still und froh, deine Strahlen fassen und dich wirken lassen."

25 Ich bin jung gewesen und alt geworden
  und habe noch nie den Gerechten verlassen gesehen
  und seine Kinder um Brot betteln.
26 Er ist allezeit barmherzig und leiht gerne,
  und sein Geschlecht wird zum Segen sein.
27 Lass ab vom Bösen und tu Gutes,
  so bleibst du wohnen immerdar.
28 Denn der HERR hat das Recht lieb
  und verlässt seine Heiligen nicht.
  Ewiglich werden sie bewahrt,
  aber das Geschlecht der Gottlosen wird ausgerottet.
29 Die Gerechten werden das Land ererben
  und darin wohnen allezeit.

30 Der Mund des Gerechten redet Weisheit,
  und seine Zunge lehrt das Recht.
31 Das Gesetz seines Gottes ist in seinem Herzen;
  seine Tritte gleiten nicht.
32 Der Gottlose lauert dem Gerechten auf
  und gedenkt, ihn zu töten.
33 Aber der HERR lässt ihn nicht in seinen Händen
  und lässt ihn vor Gericht nicht zum Schuldigen werden.
34 Harre auf den HERRN und halte dich auf seinem Weg, /
  so wird er dich erhöhen,
  dass du das Land erbest;
  du wirst es sehen, dass die Gottlosen ausgerottet werden.

35 Ich sah einen Gottlosen, der pochte auf Gewalt
  und machte sich breit und grünte wie eine Zeder.
36 Dann kam ich wieder vorbei; siehe, da war er dahin.
  Ich fragte nach ihm; doch ward er nirgends gefunden.
37 **Bleibe fromm und halte dich recht;**
  denn einem solchen wird es zuletzt gut gehen.

38 Die Übertreter aber werden miteinander vertilgt,
   und die Gottlosen werden zuletzt ausgerottet.
39 Aber der HERR hilft den Gerechten,
   er ist ihre Stärke in der Not.
40 Und der HERR wird ihnen beistehen und sie erretten;
   er wird sie von den Gottlosen erretten und ihnen helfen;
   denn sie trauen auf ihn.

Herr, an diesem Abend komme ich zu dir mit dankbarem Herzen. Ich danke dir für diesen Tag. Alles, was er mir gebracht hat an Gutem und weniger Gutem, an Arbeit und Mühe – ich weiß, du bist da gewesen, du hast mich gesehen, und du weißt, wie es mir geht. Das macht mich ganz still.

Wenn ich auf mein Leben zurückschaue, so staune ich über deine Güte und deine Fürsorge. Ich ging durch manche Schwierigkeiten, aber du hast mir geholfen. Du warst da, wenn ich krank war; du warst da, wenn ich weder ein noch aus wusste. Du hast mich nie im Stich gelassen, hast mir bittere Armut erspart. Ja, du stehst zu deinen Kindern und hilfst ihnen!

Herr, ich bete für die Armen und Hungernden in der Welt, für die Kranken und Verlassenen, für die Verfolgten: Erbarme dich und hilf auch ihnen! Ich weiß, du vergisst sie nicht. Ich danke dir für so viele sichtbare Zeichen deiner Liebe und Gnade in meinem Leben. Darum lobe ich deinen heiligen Namen. Du bist ewig gut. Du bist ewig treu, heilig und gerecht. Und ich darf für immer dein Kind sein.

Psalm 38

In schwerer Heimsuchung
(Der dritte Bußpsalm)

1 EIN PSALM DAVIDS, ZUM GEDENKOPFER.
2 HERR, strafe mich nicht in deinem Zorn
   und züchtige mich nicht in deinem Grimm!
3 Denn deine Pfeile stecken in mir,
   und deine Hand drückt mich.

4 Es ist nichts Gesundes an meinem Leibe wegen deines
Drohens
   und ist nichts Heiles an meinen Gebeinen wegen
   meiner Sünde.
5 Denn meine Sünden gehen über mein Haupt;
   wie eine schwere Last sind sie mir zu schwer geworden.
6 Meine Wunden stinken und eitern
   um meiner Torheit willen.
7 Ich gehe krumm und sehr gebückt;
   den ganzen Tag gehe ich traurig einher.
8 Denn meine Lenden sind ganz verdorrt;
   es ist nichts Gesundes an meinem Leibe.
9 Ich bin matt geworden und ganz zerschlagen;
   ich schreie vor Unruhe meines Herzens.

10 Herr, du kennst all mein Begehren,
   und mein Seufzen ist dir nicht verborgen.
11 Mein Herz erbebt, meine Kraft hat mich verlassen,
   und das Licht meiner Augen ist auch dahin.
12 Meine Lieben und Freunde scheuen zurück vor meiner Plage,
   und meine Nächsten halten sich ferne.

13 Die mir nach dem Leben trachten, stellen mir nach; /
    und die mein Unglück suchen, bereden, wie sie mir schaden;
       sie sinnen auf Trug den ganzen Tag.
14 Ich bin wie taub und höre nicht,
    und wie ein Stummer, der seinen Mund nicht auftut.
15 Ich muss sein wie einer, der nicht hört
    und keine Widerrede in seinem Munde hat.
16 Aber ich harre, HERR, auf dich;
    du, Herr, mein Gott, wirst erhören.
17 Denn ich denke: Dass sie sich ja nicht über mich freuen!
    Wenn mein Fuß wankte, würden sie sich hoch rühmen
    wider mich.
18 Denn ich bin dem Fallen nahe,
    und mein Schmerz ist immer vor mir.

19 So bekenne ich denn meine Missetat
    und sorge mich wegen meiner Sünde.
20 Aber meine Feinde leben und sind mächtig;
    die mich zu Unrecht hassen, derer sind viele.
21 Die mir Gutes mit Bösem vergelten, feinden mich an,
    weil ich mich an das Gute halte.
22 Verlass mich nicht, HERR,
    mein Gott, sei nicht ferne von mir!
23 Eile, mir beizustehen,
    Herr, du meine Hilfe!

*V*ater, ich verstehe, wie David sich gefühlt hat! Ich bin auch schon in seiner Situation gewesen. Aber im Laufe der Zeit habe ich gelernt: Egal, mit was für einer Vergangenheit ich zu dir komme, du fragst niemals: „Was hast du getan?" Oder: „Hast du deine Fehler auch genügend bereut?" Oder: „Verdienst du es vielleicht, krank zu sein?"

Nein, immer wenn ich zu dir kam, verletzt und innerlich gebrochen, schautest du mich voller Mitgefühl an. Du wolltest mich einfach heilen. Du wolltest, dass ich frei bin vom Schmerz und von der Schuld.

Danke, dass du so barmherzig bist, so voller Mitgefühl! Du hast uns nicht gerettet, weil wir es verdient hätten, sondern weil du Erbarmen mit uns hattest. Du hast uns unsere Sünden vergeben und uns durch die Kraft des Heiligen Geistes zu neuen Menschen gemacht. Dafür danke ich dir von Herzen. Amen.

Lehre uns

Lehre uns zu tun, was dir wohlgefällig ist,
denn du bist Gott.
Gib uns das rechte Urteil in Bezug auf alle Dinge,
dass wir solches erbitten, was du gerne gibst
und was gut für uns ist zu empfangen.
Nimm alles von uns fort, was uns schadet,
und gib uns Dinge, die gut für uns sind.

Oh gepriesener Arzt, wir bitten dich,
die Wunden unserer Seele zu heilen.
Lehre unser Herz, dich zu fürchten,
damit wir dich nicht verlassen.

Augustinus

In Krankheit

„Heile du mich, HERR, so werde ich heil;
hilf du mir, so ist mir geholfen; denn du bist
mein Ruhm.“

Jeremia 17,14

„Aber dich will ich wieder gesund machen
und deine Wunden heilen, spricht der HERR.“

Jeremia 30,17

„Aber dem HERRN, eurem Gott, sollt ihr dienen,
so wird er dein Brot und dein Wasser segnen,
und ich will alle Krankheit von dir wenden.“

2. Mose 23,25

„Aber er ist um unsrer Missetat willen verwundet
und um unsrer Sünde willen zerschlagen.
Die Strafe liegt auf ihm, auf dass wir Frieden hätten,
und durch seine Wunden sind wir geheilt.“

Jesaja 53,5

„Der unsre Sünde selbst hinaufgetragen hat an
seinem Leibe auf das Holz,
damit wir, der Sünde abgestorben, der Gerechtigkeit
leben.
Durch seine Wunden seid ihr heil geworden.“

1. Petrus 2,24

Psalm 39

Bittruf angesichts der menschlichen Vergänglichkeit

1 EIN PSALM DAVIDS, VORZUSINGEN, FÜR JEDUTUN.

2 Ich habe mir vorgenommen: Ich will mich hüten,
  dass ich nicht sündige mit meiner Zunge;
ich will meinem Mund einen Zaum anlegen,
  solange ich den Gottlosen vor mir sehen muss.

3 Ich bin verstummt und still und schweige fern der Freude
  und muss mein Leid in mich fressen.

4 Mein Herz ist entbrannt in meinem Leibe; /
wenn ich daran denke, brennt es wie Feuer.
  So rede ich denn mit meiner Zunge:

5 »HERR, lehre mich doch, /
dass es ein Ende mit mir haben muss
  und mein Leben ein Ziel hat und ich davonmuss.

6 Siehe, meine Tage sind eine Handbreit bei dir,
  und mein Leben ist wie nichts vor dir.
WIE GAR NICHTS SIND ALLE MENSCHEN,
  DIE DOCH SO SICHER LEBEN! SELA.

7 Sie gehen daher wie ein Schatten /
und machen sich viel vergebliche Unruhe;
  sie sammeln und wissen nicht, wer es einbringen wird.«

Gott, ich bin so verletzt und wütend! Was sie über mich gesagt hat, war gemein und eine Lüge! Was soll ich jetzt tun? Da ist so viel Zorn und Groll in meinem Herzen! Wenn ich nichts sage, wird sie daraus schließen, dass es wahr ist. Trotzdem – was werde ich erreichen, wenn ich ihr aufgebrachte Worte an den Kopf werfe?

Danke, dass du zu meinem Herzen flüsterst: „Beachte ihre
Worte nicht. Zornige Worte sind in den Wind gesprochen.
Lass sie los. Halte nicht daran fest. Sei gnädig mit ihr, so wie
ich immer wieder gnädig mit dir bin."

Ja, Herr, ich will Gnade zeigen, keinen Groll hegen! Ich will
diese hässlichen Worte loslassen. Ich will ihr vergeben und
mit Liebe begegnen. Ich lasse meinen Ärger heute Abend los
und werde in Frieden einschlafen.

8 Nun, Herr, wessen soll ich mich trösten?
　Ich hoffe auf dich.
9 Errette mich aus aller meiner Sünde
　und lass mich nicht den Narren zum Spott werden.
10 Ich will schweigen und meinen Mund nicht auftun;
　denn du hast es getan.
11 Wende deine Plage von mir;
　ich vergehe, weil deine Hand nach mir greift.
12 Wenn du den Menschen züchtigst um der Sünde willen, /
　so verzehrst du seine Schönheit wie Motten ein Kleid.
　WIE GAR NICHTS SIND DOCH ALLE MENSCHEN. SELA.

13 Höre mein Gebet, HERR, und vernimm mein Schreien,
　schweige nicht zu meinen Tränen;
　denn ich bin ein Gast bei dir,
　　ein Fremdling wie alle meine Väter.
14 Lass ab von mir, dass ich mich erquicke,
　ehe ich dahinfahre und nicht mehr bin.

Herr, ich danke dir, dass du bei deiner Größe auch noch ein offenes Ohr für meine Klagen hast. Du bist ein geduldiger Vater und nimmst mich bedingungslos an – obwohl du weißt, wie vergänglich mein Leben auf dieser Erde ist. Bitte bleib ganz nah bei mir! Nimm die Unruhe fort. Mach meine Seele ruhig, Vater, mein Leben ist ja in deiner Hand.

Ich erinnere dich an deine Verheißungen, die jedem gelten, der dir vertraut. Ich vertraue dir, Herr! Du allein bist meine Zuflucht. Du bist der Fels, auf den ich traue. Ich preise deinen heiligen Namen und danke dir, dass du über meinen begrenzten Horizont hinaussiehst. Du siehst nicht nur dieses vergängliche Leben; du siehst die wunderbare Ewigkeit, die du für deine Kinder bereitet hast.

Vater, auch wenn mein Herz vor Schmerz wie Feuer brennt, will ich dir ein Loblied singen. Ich sehne mich nach deiner Gegenwart, denn du bist gut! Höre mein Gebet und eile mir zu Hilfe. Danke, Herr, dass du mich erhört hast. Halleluja!

Psalm 40

Dank und Bitte

1 EIN PSALM DAVIDS, VORZUSINGEN.

2 Ich harrte des HERRN,
   und er neigte sich zu mir und hörte mein Schreien.

3 Er zog mich aus der grausigen Grube,
   aus lauter Schmutz und Schlamm,
   und stellte meine Füße auf einen Fels,
   dass ich sicher treten kann;

4 er hat mir ein neues Lied in meinen Mund gegeben,
    zu loben unsern Gott.
Das werden viele sehen und sich fürchten
    und auf den HERRN hoffen.
5 Wohl dem, der seine Hoffnung setzt auf den HERRN
    und sich nicht wendet zu den Hoffärtigen und denen,
    die mit Lügen umgehen!

6 HERR, mein Gott, groß sind deine Wunder /
und deine Gedanken, die du an uns beweisest;
    dir ist nichts gleich!
Ich will sie verkündigen und davon sagen,
    wiewohl sie nicht zu zählen sind.
7 Schlachtopfer und Speisopfer gefallen dir nicht, /
aber die Ohren hast du mir aufgetan.
    Du willst weder Brandopfer noch Sündopfer.
8 Da sprach ich: Siehe, ich komme;
    im Buch ist von mir geschrieben:
9 Deinen Willen, mein Gott, tue ich gern,
    und dein Gesetz hab ich in meinem Herzen.
10 Ich verkündige Gerechtigkeit in der großen Gemeinde.
    Siehe, ich will mir meinen Mund nicht stopfen lassen;
    HERR, das weißt du.
11 Deine Gerechtigkeit verberge ich nicht in meinem Herzen;
    von deiner Wahrheit und von deinem Heil rede ich.
Ich verhehle deine Güte und Treue nicht
    vor der großen Gemeinde.

*D*u bist das Lied meines Lebens, das du selbst in mir singst. Lass es mich hören, dass ich in dir gefunden werde! Du lässt mich deine Gegenwart spüren und beruhigst meine unruhigen Gedanken. So ruhe ich in dir, deiner Gnade gewiss. Du hast meinen Namen in deine Hand geschrieben. Deshalb bin ich sicher in deiner Obhut, geborgen an deinem Herzen.

Ja, du bist und bleibst der Gegenwärtige, der Gott meines Lebens, dessen Liebe nie versiegt und der allezeit für mich da ist. Du kennst meine geheimsten Gedanken, Zweifel und leisesten Unsicherheiten. Doch du betrachtest mich nicht mit der Sachlichkeit eines Wissenschaftlers oder dem verurteilenden Blick eines Staatsanwalts. Nein, du bist mein Vater, der mich liebt. Du siehst mich an, um mir zu helfen, um deine Hand auszustrecken, mich an dein Herz zu ziehen und zu heilen. Danke, lieber Vater, wunderbarer Heiland meiner Seele! Von dir und deiner Gnade will ich erzählen mein Leben lang.

12 Du aber, HERR, wollest deine Barmherzigkeit nicht von mir wenden;
　　lass deine Güte und Treue allewege mich behüten.
13 Denn es haben mich umgeben Leiden ohne Zahl.
　　Meine Sünden haben mich ereilt;
　　ich kann sie nicht überblicken.
　Ihrer sind mehr als Haare auf meinem Haupt,
　　und mein Herz ist verzagt.
14 Lass dir's gefallen, HERR, mich zu erretten;
　　eile, HERR, mir zu helfen!
15 Schämen sollen sich und zuschanden werden,
　　die mir nach dem Leben trachten, mich umzubringen.
　Es sollen zurückweichen und zuschanden werden,
　　die mir mein Unglück gönnen.

16 Sie sollen in ihrer Schande erschrecken,
    die über mich schreien: Da, da!
17 Lass deiner sich freuen und fröhlich sein
    alle, die nach dir fragen;
  und die dein Heil lieben, lass allewege sagen:
    Der HERR sei hoch gelobt!
18 Denn ich bin arm und elend;
    der Herr aber sorgt für mich.
  Du bist mein Helfer und Erretter;
    mein Gott, säume doch nicht!

Vater im Himmel, ich danke dir, dass du mir heute Wegbegleiter warst.

Bitte begleite mich auch weiterhin, wohin mein Weg auch geht.

Begleite mich mit deiner Vergebung, wenn mir Schuld bewusst wird.

Begleite mich mit deiner Güte und Treue, wenn ich untreu bin.

Begleite mich mit deiner Barmherzigkeit, wenn Menschen unbarmherzig sind.

Begleite mich mit deiner Hilfe, wenn ich selbst keinen Ausweg sehe.

Begleite mich mit deiner Freude, wenn mein Herz sich in der Dunkelheit verirrt.

Begleite mich mit deinem Heil, denn dir vertraue ich.

*Hülle mich ein mit deiner Gegenwart wie in einen
warmen Mantel.*

*Danke, dass niemand und nichts mir etwas antun kann,
wenn du es nicht zulässt. Denn du bist und bleibst mein
Schutz. Amen.*

Psalm 41

Gebet in Krankheit

1 EIN PSALM DAVIDS, VORZUSINGEN.

2 Wohl dem, der sich des Schwachen annimmt!
  Den wird der HERR erretten zur bösen Zeit.

3 Der HERR wird ihn bewahren und beim Leben erhalten /
  und es ihm lassen wohlgehen auf Erden
  und ihn nicht preisgeben dem Willen seiner Feinde.

4 Der HERR wird ihn erquicken auf seinem Lager;
  du hilfst ihm auf von aller seiner Krankheit.

5 Ich sprach: HERR, sei mir gnädig! Heile mich;
  denn ich habe an dir gesündigt.

6 Meine Feinde reden Arges wider mich:
  »Wann wird er sterben und sein Name vergehen?«

7 Sie kommen, nach mir zu schauen,
  und meinen's doch nicht von Herzen;
  sondern sie suchen etwas, dass sie lästern können,
  gehen hin und tragen's hinaus auf die Gasse.

8 Alle, die mich hassen, flüstern miteinander über mich
  und denken Böses über mich:

9 »Unheil ist über ihn ausgegossen;
  wer so daliegt, wird nicht wieder aufstehen.«

10 Auch mein Freund, dem ich vertraute,
   der mein Brot aß, tritt mich mit Füßen.
11 Du aber, HERR, sei mir gnädig und hilf mir auf,
   so will ich ihnen vergelten.

12 Daran merke ich, dass du Gefallen an mir hast,
   dass mein Feind über mich nicht frohlocken wird.
13 Mich aber hältst du um meiner Frömmigkeit willen
   und stellst mich vor dein Angesicht für ewig.
14 Gelobt sei der HERR, der Gott Israels,
   von Ewigkeit zu Ewigkeit! Amen! Amen!

Tief in mir weiß ich: Wenn dieser Kampf siegreich zu Ende gehen soll, dann musst du den Sieg erringen, Herr! Ich bin nicht stark genug. Meine Krankheit erinnert mich daran, dass mein jetziger Körper nicht ewig bestehen wird.

Bitte heile mich! Wie oft bist du schon mein Arzt gewesen. Wie du in deinem Wort versprochen hast: „Ich bin der Herr, dein Arzt" (2. Mose 15,26). Du gabst mir Kraft, wieder aufzustehen, obwohl es aus menschlicher Sicht keine Hoffnung mehr gab.

Bitte tu das noch einmal. Ich warte auf dich.

Ja, ich möchte gerne für alle Ewigkeit vor deinem Angesicht sein. Doch könnte ich nicht noch etwas länger hier auf der Erde bleiben und von dir erzählen?

Aarons Segen

Der Herr segne dich und bewahre dich!
Der Herr wende sich dir in Liebe zu
und zeige dir sein Erbarmen!
Der Herr sei dir nah und gebe dir Frieden!

4. Mose 6,24–26 (Hfa)

Bei Depressionen

„Warum nur bin ich so traurig? Warum ist mein Herz
so schwer? Auf Gott will ich hoffen, denn ich weiß:
ich werde ihm wieder danken. Er ist mein Gott, er
wird mir beistehen!"

Psalm 42,6 (Hfa)

„Der Herr ist nahe denen, die zerbrochenen
Herzens sind, und hilft denen, die ein zerschlagenes
Gemüt haben."

Psalm 34,19

„Die Güte des Herrn hat kein Ende, sein Erbarmen hört
niemals auf, es ist jeden Morgen neu! Groß ist deine Treue,
o Herr! Darum sage ich: Herr, ich brauche nur dich!
Auf dich will ich hoffen. Denn der Herr ist gut zu dem,
der ihm vertraut und ihn von ganzem Herzen sucht."

Klagelieder 3,22–25 (Hfa)

„Fürchte dich nicht, ich bin mit dir; weiche nicht,
denn ich bin dein Gott.
Ich stärke dich, ich helfe dir auch, ich halte dich
durch die rechte Hand meiner Gerechtigkeit."

Jesaja 41,10

„Ja, alle, die der Herr befreit hat, werden jubelnd
aus der Gefangenschaft zum Berg Zion heimkehren.
Dann sind Trauer und Sorge für immer vorbei,
Glück und Frieden halten Einzug, und die Freude
hört niemals auf."

Jesaja 51,11 (Hfa)

ZWEITES BUCH

Psalm 42

Verlangen nach Gott aus fremdem Land

1 EINE UNTERWEISUNG DER SÖHNE KORACH, VORZUSINGEN.

2 **Wie der Hirsch lechzt nach frischem Wasser,**
   so schreit meine Seele, Gott, zu dir.

3 **Meine Seele dürstet nach Gott,**
   nach dem lebendigen Gott.
   Wann werde ich dahin kommen,
   dass ich Gottes Angesicht schaue?

4 Meine Tränen sind meine Speise Tag und Nacht,
   weil man täglich zu mir sagt: Wo ist nun dein Gott?

5 Daran will ich denken
   und ausschütten mein Herz bei mir selbst:
   wie ich einherzog in großer Schar,
   mit ihnen zu wallen zum Hause Gottes
   mit Frohlocken und Danken
   in der Schar derer, die da feiern.

Vater, ich fühle mich allein! Du scheinst so fern zu sein! Ich fühle mich wie ein Reh, das aus einem brennenden Waldstück geflohen ist, durch Hitze, durch Rauch, mit ausgedörrter Kehle. Wie dieses Reh nach Wasser dürstet, so dürstet meine Seele nach dir!

Jedes Reh, jedes Tier des Waldes weiß, dass es völlig von dir abhängig ist. Du tust deine Hand auf und gibst ihnen Speise zur rechten Zeit. Ziehst du deine Hand zurück, so sterben sie.

*Vater, auch ich bin völlig von dir abhängig! Deshalb sei mir
nicht fern, gib mir die Gewissheit deiner Gegenwart! Vater,
ich erinnere mich, wie ich dir voller Freude und Dank Lobpreislieder sang. Alles, was ich dir heute Abend bringen kann,
ist ein leeres Herz. Dürstend nach dir. Nimm es an, Vater.
Es ist mein Geschenk an dich.*

6 WAS BETRÜBST DU DICH, MEINE SEELE,
   UND BIST SO UNRUHIG IN MIR?
   HARRE AUF GOTT; DENN ICH WERDE IHM NOCH DANKEN,
   DASS ER MEINES ANGESICHTS HILFE UND MEIN GOTT IST.

7 Mein Gott, betrübt ist meine Seele in mir, /
   darum gedenke ich an dich
      aus dem Land am Jordan und Hermon, vom Berge Misar.
8 Deine Fluten rauschen daher, /
   und eine Tiefe ruft die andere;
      alle deine Wasserwogen und Wellen gehen über mich.
9 Am Tage sendet der HERR seine Güte,
      und des Nachts singe ich ihm und bete zu dem Gott
      meines Lebens.
10 Ich sage zu Gott, meinem Fels:
      Warum hast du mich vergessen?
   Warum muss ich so traurig gehen,
      wenn mein Feind mich dränget?
11 Es ist wie Mord in meinen Gebeinen, /
   wenn mich meine Feinde schmähen
      und täglich zu mir sagen: Wo ist nun dein Gott?
12 WAS BETRÜBST DU DICH, MEINE SEELE,
      UND BIST SO UNRUHIG IN MIR?
   HARRE AUF GOTT; DENN ICH WERDE IHM NOCH DANKEN,
      DASS ER MEINES ANGESICHTS HILFE UND MEIN GOTT IST.

o bist du, Gott? Wie lange muss ich noch war-ten? Tränen sind mein tägliches Brot. Andere fragen mich: „Wo ist denn dein Gott? Warum hilft er dir nicht?"

Schmerz und Hoffnungslosigkeit stürzen mich in eine tiefe Grube. Doch das Schlimmste ist: Du scheinst so weit weg. Ich erlebe, was der Psalmist beschreibt: Mein Herz verdurstet. Meine Tränen kommen gegen die Wüste meiner Seele nicht an.

Jesus, du weißt genau, wie es ist, tieftraurig zu sein, erdrückt von Lasten, überwältigt von Angst. Auch du hast einmal gesagt: „Meine Seele ist zu Tode betrübt."

Deshalb weiß ich: Du kennst den Ort, an dem mir das Herz brach. Du wirst mich trösten. Und du wirst mich durchtragen bis zur Freude des Auferstehungsmorgens! Deshalb will ich mich nicht in der Trauer verlieren.

Warte auf Gott, meine Seele. Vertrau ihm ganz!

Psalm 43

1 Gott, schaffe mir Recht /
    und führe meine Sache wider das unheilige Volk
        und errette mich von den falschen und bösen Leuten!
2 Denn du bist der Gott meiner Stärke:
        Warum hast du mich verstoßen?
    Warum muss ich so traurig gehen,
        wenn mein Feind mich dränget?

3 Sende dein Licht und deine Wahrheit, dass sie mich leiten
   und bringen zu deinem heiligen Berg und zu deiner
   Wohnung,
4 dass ich hineingehe zum Altar Gottes, /
   zu dem Gott, der meine Freude und Wonne ist,
   und dir, Gott, auf der Harfe danke, mein Gott.
5 Was betrübst du dich, meine Seele,
   und bist so unruhig in mir?
   Harre auf Gott; denn ich werde ihm noch danken,
   dass er meines Angesichts Hilfe und mein Gott ist.

*Jesus, manchmal wird mir alles zu viel. Ich habe das
Gefühl, jeder will etwas von mir. Manches davon ist
berechtigt, vieles andere aber nicht. Manche Menschen stellen
zu hohe Erwartungen an mich, am meisten sogar ich selbst.
Herr, lass diese Lügen über mich – etwa, dass ich alles schaffen muss! – nicht in meinem Herzen festwachsen. Ich bringe
sie und diesen Nebel an Erwartungen zu dir und vertraue sie
dir an. Auf dass dein Licht dies alles erhelle und mir zeige,
was wirklich wichtig ist. Danke, dass ich bei dir ausruhen
kann. Dass du mir neben der Klarheit auch Freude gibst, dich
zu treffen, mit dir zu sprechen und gemeinsam zu überlegen,
was in meinem Leben gerade Priorität hat und was nicht.*

*Wenn wir gemeinsam diesen Strudel an Gefühlen und
Gedanken geordnet haben, weiß ich, ich kann wieder lächeln
und dir mit Lust und Laune danken, dass du mir so treu
zur Seite stehst. Du hast keine Erwartungen an mich, außer
dass ich mich dir anvertraue und dich liebe. Das tut so gut.
Danke.*

Psalm 44

Hat Gott sein Volk verstoßen?

1 EINE UNTERWEISUNG DER SÖHNE KORACH, VORZUSINGEN.

2 Gott, wir haben mit unsern Ohren gehört, /
unsre Väter haben's uns erzählt,
    was du getan hast zu ihren Zeiten, in alten Tagen.

3 Du hast mit deiner Hand die Heiden vertrieben,
    sie aber hast du eingesetzt;
du hast die Völker zerschlagen,
    sie aber hast du ausgebreitet.

4 Denn sie haben das Land nicht eingenommen durch ihr
Schwert,
    und ihr Arm half ihnen nicht,
sondern deine Rechte, dein Arm und das Licht deines
Angesichts;
    denn du hattest Wohlgefallen an ihnen.

5 Du bist es, mein König und mein Gott,
    der du Jakob Hilfe verheißest.

6 Durch dich wollen wir unsre Feinde zu Boden stoßen,
    in deinem Namen niedertreten, die sich gegen uns erheben.

7 Denn ich verlasse mich nicht auf meinen Bogen,
    und mein Schwert kann mir nicht helfen;

8 sondern du hilfst uns von unsern Feinden
    und machst zuschanden, die uns hassen.

9 Täglich rühmen wir uns Gottes
    und preisen deinen Namen ewiglich. SELA.

Herr, es tut mir gut, heute zu dir zu kommen. Schon lange bin ich mit dir unterwegs. Mit dir an meiner Seite bin ich immer in Sicherheit. Du beschützt mich vor allem Bösen. Danke, dass du treu bist. Danke, dass du mich nie im Stich gelassen hast. Ich bin durch schwere Zeiten gegangen und habe mit deiner Hilfe Herausforderungen gemeistert. Aber ich kenne auch Zeiten der Freude und des Erfolgs. Du warst immer für mich da.

Danke, dass ich mir nicht mit falschen Mitteln selbst mein Recht verschaffen muss, wenn ich in Schwierigkeiten bin. Du bist mein Rechtsanwalt. Ich verlasse mich nicht auf meine eigene Klugheit und Kraft. Auch verlasse ich mich nicht auf die Fürsprache und Hilfe von Menschen. Ich verlasse mich ganz auf dich. Du bist mein Fels in der Brandung. Du bist der Fels, auf dem ich sicher stehe. Danke, dass du mir bis hierher geholfen hast. Danke für deine Treue und deine Hilfe für morgen.

10 Warum verstößest du uns denn nun /
    und lässest uns zuschanden werden
        und ziehst nicht aus mit unserm Heer?
11 Du lässest uns fliehen vor unserm Feind,
        dass uns berauben, die uns hassen.
12 Du gibst uns dahin wie Schlachtschafe
        und zerstreust uns unter die Heiden.
13 Du verkaufst dein Volk um ein Nichts
        und hast mit ihrem Kaufgeld nichts gewonnen.
14 Du machst uns zur Schmach bei unsern Nachbarn,
        zu Spott und Hohn bei denen, die um uns her sind.
15 Du machst uns zum Sprichwort unter den Heiden,
        lässt die Völker das Haupt über uns schütteln.

16 Täglich ist meine Schmach mir vor Augen,
    und mein Antlitz ist voller Scham,
17 weil ich sie höhnen und lästern höre
    und muss die Feinde und Rachgierigen sehen.

18 Dies alles ist über uns gekommen;
    und wir haben doch dich nicht vergessen,
    an deinem Bund nicht untreu gehandelt.
19 Unser Herz ist nicht abgefallen
    noch unser Schritt gewichen von deinem Weg,
20 dass du uns so zerschlägst am Ort der Schakale
    und bedeckst uns mit Finsternis.
21 Wenn wir den Namen unsres Gottes vergessen hätten
    und unsre Hände aufgehoben zum fremden Gott:
22 würde das Gott nicht erforschen?
    Er kennt ja unsres Herzens Grund.
23 Doch um deinetwillen werden wir täglich getötet
    und sind geachtet wie Schlachtschafe.

24 Wache auf, Herr! Warum schläfst du?
    Werde wach und verstoß uns nicht für immer!
25 Warum verbirgst du dein Antlitz,
    vergissest unser Elend und unsre Drangsal?
26 Denn unsre Seele ist gebeugt zum Staube,
    unser Leib liegt am Boden.
27 Mache dich auf, hilf uns
    und erlöse uns um deiner Güte willen!

erlieren war noch nie meine Stärke. Ich fühle mich so hilflos und leer. Ich bin traurig über diesen Verlust! Ist da niemand, der mich hört und mir hilft?

Herr, in der Tiefe meines Herzens weiß ich, dass du mich in meinem Verlust und meinem unbeschreiblichen Schmerz nicht alleine lässt. Bei dir bin ich stets sicher und bewahrt. Stärke mich auch jetzt und hilf mir, dies nie zu vergessen! Denn ohne dich wäre mein Leben verloren. So darf ich sicher in dem Bewusstsein ruhen: Du hast das letzte Wort. Du liebst mich und möchtest stets das Beste für dein Kind. Du bist mein Helfer und Tröster, auch jetzt.

Ich will dir vertrauen, dass du mich sicher ans Ziel führst und meinem Herzen Ruhe schenkst. Deinen Frieden, der allen Verstand und alle Vorstellung übersteigt. Amen.

Jesus

Herr Jesus, je schwächer ich in diesem Rollstuhl bin,
desto mehr stütze ich mich auf dich.
Und je mehr ich mich auf dich stütze, desto mehr
entdecke ich, wie stark du bist.
Halte mein Herz stark, meine Seele bewegt,
meinen Blick klar und meine Begeisterung frisch,
um anderen zu helfen, dich auf diese Art zu kennen.
Hilf mir, mich meiner Schwachheit zu rühmen,
damit andere sich über ihre Schwachheit freuen.
Deine Kraft und dein Frieden ist dies alles wert;
deine Ehre noch viel mehr.
Jesus, ich möchte lieber in diesem Rollstuhl sitzen und
dich auf diese Art kennen,
als auf meinen Füßen stehen und ohne dich sein.
Und möge ich am Ende der Reise noch einmal bezeugen,
dass deine Gnade genug war. Amen.

Joni Eareckson Tada

Neue Kraft

„Aber die auf den HERRN harren, kriegen neue Kraft, dass sie auffahren mit Flügeln wie Adler, dass sie laufen und nicht matt werden, dass sie wandeln und nicht müde werden."

Jesaja 40,31

„Gott stärkt mich mit Kraft und weist mir den rechten Weg."

2. Samuel 22,33

„Glücklich sind alle, die ihre Stärke in dir suchen, die gerne und voll Freude zu deinem Tempel ziehen … So wandern sie mit stets neuer Kraft, bis sie vor Gott auf dem Berg Zion stehen."

Psalm 84,6–8 (Hfa)

„Wir haben aber diesen Schatz in irdenen Gefäßen, damit die überschwängliche Kraft von Gott sei und nicht von uns."

2. Korinther 4,7

„Fürchte dich nicht, ich bin mit dir; weiche nicht, denn ich bin dein Gott. Ich stärke dich, ich helfe dir auch, ich halte dich durch die rechte Hand meiner Gerechtigkeit."

Jesaja 41,10

Psalm 45

Lied zur Hochzeit des Königs

1 EINE UNTERWEISUNG DER SÖHNE KORACH, VORZUSINGEN,
NACH DER WEISE »LILIEN«, EIN BRAUTLIED.

2 Mein Herz dichtet ein feines Lied, /
einem König will ich es singen;
    meine Zunge ist ein Griffel eines guten Schreibers:

3 Du bist der Schönste unter den Menschenkindern, /
voller Huld sind deine Lippen;
    wahrlich, Gott hat dich gesegnet für ewig.

4 Gürte dein Schwert an die Seite, du Held, /
und schmücke dich herrlich!
    5 Es möge dir gelingen in deiner Herrlichkeit.
Zieh einher für die Wahrheit /
in Sanftmut und Gerechtigkeit,
    so wird deine rechte Hand Wunder vollbringen.

6 Scharf sind deine Pfeile, dass Völker vor dir fallen;
    sie dringen ins Herz der Feinde des Königs.

7 Gott, dein Thron bleibt immer und ewig;
    das Zepter deines Reichs ist ein gerechtes Zepter.

8 Du liebst Gerechtigkeit
    und hassest gottloses Treiben;
darum hat dich der Herr, dein Gott, gesalbt
    mit Freudenöl wie keinen deinesgleichen.

9 Deine Kleider sind lauter Myrrhe, Aloe und Kassia;
    aus Elfenbeinpalästen erfreut dich Saitenspiel.

10 In deinem Schmuck gehen Töchter von Königen;
    die Braut steht zu deiner Rechten in Goldschmuck aus Ofir.

11 Höre, Tochter, sieh und neige dein Ohr:
   Vergiss dein Volk und dein Vaterhaus!
12 Den König verlangt nach deiner Schönheit;
   denn er ist dein Herr und du sollst ihm huldigen.
13 Die Tochter Tyrus kommt mit Geschenken;
   die Reichen im Volk suchen deine Gunst.

14 Die Königstochter ist mit Perlen geschmückt;
   sie ist mit goldenen Gewändern bekleidet.
15 Man führt sie in gestickten Kleidern zum König;
   Jungfrauen folgen ihr, ihre Gespielinnen führt man zu dir.
16 Man führt sie hin mit Freude und Jubel;
   sie ziehen ein in des Königs Palast.

17 An deiner Väter statt werden deine Söhne sein;
   die wirst du zu Fürsten setzen in aller Welt.
18 Ich will deinen Namen kundmachen von Kind zu Kindeskind;
   darum werden dir danken die Völker immer und ewig.

Lieber Vater im Himmel! Du bist König über die ganze Erde. Heute Abend knie ich vor dir nieder und gebe dir Lob, Anbetung und Ehre. Deine Majestät strahlt eine vollständige Perfektion aus und ich kann in deinem Wesen deine großartige Liebe erkennen. Ich verehre deinen Namen und begegne dir mit großem Respekt. Du bist ein mächtiger König, der sich nicht zu schade ist, einem einfachen Menschen wie mir persönlich zu begegnen. Du siehst mich als wunderschöne und einzigartige Persönlichkeit auf dieser Welt. Danke, Vater, für dieses wunderschöne Kompliment.

Auch erkenne ich, dass du eine tiefe Sehnsucht nach einer persönlichen Beziehung mit mir hast. Ich freue mich, dass ich jetzt in deiner Gegenwart verweilen und die Zeit mit

dir genießen darf. Ich schenke dir mein Herz und gebe dir
damit eine Antwort auf deine wertvolle Liebe. Du bist hier,
hörst mir zu und schenkst mir Einblicke in die Tiefe deines
Herzens. Danke, Vater, für diese königliche Gemeinschaft!
Amen.

Psalm 46

Ein feste Burg ist unser Gott

1 EIN LIED DER SÖHNE KORACH, VORZUSINGEN,
  NACH DER WEISE »JUNGFRAUEN«.

2 **Gott ist unsre Zuversicht und Stärke,**
  eine Hilfe in den großen Nöten,
  die uns getroffen haben.

3 Darum fürchten wir uns nicht, wenngleich die Welt unterginge
  und die Berge mitten ins Meer sänken,

4 wenngleich das Meer wütete und wallte
  und von seinem Ungestüm die Berge einfielen. SELA.*

*V*ater, eigentlich kann ich gar nicht viel sagen. Die
Probleme rauben mir die Luft zum Atmen, mir bleibt
nur noch ein Hauch. Aber mit nur einem Hauch hast du dem
Menschen Leben gegeben. Bitte gib jetzt auch mir Lebens-
mut. Ich weiß nicht mehr, wie ich mit diesen Existenzängsten
umgehen soll. Sie fressen mich auf. Ständig kämpfe ich ums
Überleben, und doch bleibt immer dieses Minus. Dazu die
körperlichen Einschränkungen. Diese Demut, immer um
Hilfe bitten zu müssen. Auf andere angewiesen zu sein.

---

* Vermutlich stand der Kehrvers von Vers 8 und 12 auch an dieser Stelle.

Wenn dann noch etwas Erschwerendes dazukommt, kann
ich nicht mehr. Alles kommt zum Erliegen. Meine Kraft
reicht nicht mehr, um es zu bewältigen. Doch du kannst es.
Du bleibst immer derselbe, an dich kann ich mich anlehnen.
Bitte hauche du mir Leben ein, beatme mich, hilf mir.

5 Dennoch soll die Stadt Gottes fein lustig bleiben
  mit ihren Brünnlein, da die heiligen Wohnungen des
  Höchsten sind.*
6 Gott ist bei ihr drinnen, darum wird sie festbleiben;
  Gott hilft ihr früh am Morgen.
7 Die Heiden müssen verzagen und die Königreiche fallen,
  das Erdreich muss vergehen, wenn er sich hören lässt.
8 DER HERR ZEBAOTH IST MIT UNS,
  DER GOTT JAKOBS IST UNSER SCHUTZ. SELA.

9 Kommt her und schauet die Werke des HERRN,
  der auf Erden solch ein Zerstören anrichtet,
10 der den Kriegen steuert in aller Welt,
   der Bogen zerbricht, Spieße zerschlägt und Wagen
   mit Feuer verbrennt.
11 Seid stille und erkennet, dass ich Gott bin!
   Ich will der Höchste sein unter den Heiden,
   der Höchste auf Erden.
12 DER HERR ZEBAOTH IST MIT UNS,
   DER GOTT JAKOBS IST UNSER SCHUTZ. SELA.

---

* Luther übersetzte ursprünglich wörtlicher: »Der Strom mit seinen Bächen erfreut
  die Stadt Gottes, die heiligen Wohnungen des Höchsten.«

Mein Herr und mein Gott, wie sehr freue ich mich darüber, dass du allezeit bei mir bist! Nie verlässt du mich. Wenn ich mir abends schon Sorgen um den kommenden Tag mache, so bist du doch hier mit deiner Stärke und Kraft! Dort, wo du bist, ist Hoffnung. Darum lege ich meine Sorgen in deine Hand.

Umgeben von deinen Mauern bin ich sicher und geborgen. Wie gut es doch tut, dich zu kennen! Niemals wollte ich es mehr missen, deinen Rat für mein Leben zu hören. Deine Wege sind die besten für mich. Ich möchte auf dein Reden achten und deinen Willen tun. Du bist mein Gott, niemand ist dir gleich. Das erkenne ich. Dir vertraue ich! Mein Herz findet Ruhe in dir, denn du bist mit mir!

Psalm 47

Gott ist König über alle Völker

1 EIN PSALM DER SÖHNE KORACH, VORZUSINGEN.

2 Schlagt froh in die Hände, alle Völker,
   und jauchzet Gott mit fröhlichem Schall!

3 Denn der HERR, der Allerhöchste, ist heilig,
   ein großer König über die ganze Erde.

4 Er beugt die Völker unter uns
   und Völkerschaften unter unsere Füße.

5 Er erwählt uns unser Erbteil,
   die Herrlichkeit Jakobs, den er lieb hat. SELA.

6 Gott fährt auf unter Jauchzen,
   der HERR beim Hall der Posaune.
7 Lobsinget, lobsinget Gott,
   lobsinget, lobsinget unserm Könige!
8 Denn Gott ist König über die ganze Erde;
   lobsinget ihm mit Psalmen!

9 Gott ist König über die Völker,
   Gott sitzt auf seinem heiligen Thron.
10 Die Fürsten der Völker sind versammelt
   als Volk des Gottes Abrahams;
   denn Gott gehören die Starken auf Erden;
   er ist hoch erhaben.

Wie wunderbar, wie heilig und herrlich bist du!

Deine Allmacht, deine Größe sind einfach unfassbar für mich. Ich kann es nicht begreifen, dass du, der allmächtige Gott, mein Schöpfer, sich freut, wenn ich dich suche, wenn ich mich danach sehne, dir ganz nah zu sein! Wunderbar bist du für mich in diesem Augenblick. Du, der große König, der Herr über die ganze Welt, sehnst dich danach, dass ich dir das Lied meines Herzens singe! Darum will ich meine Hände zu dir erheben, um dir Dank zu sagen – weil du der bist, der du bist.

Heilig und heilend ist deine Gegenwart. Sie zieht mich zu dir hin und lässt jeden Glanz dieser Welt, alles, was mir wichtig ist, blass und grau erscheinen. Alles wird von deiner Herrlichkeit erfüllt und durchdrungen sein, wenn du wiederkommst, um die Deinen zu dir zu holen.

Psalm 48

Gottes Stadt

1 EIN PSALMLIED DER SÖHNE KORACH.

2 Groß ist der HERR und hoch zu rühmen
    in der Stadt unsres Gottes, auf seinem heiligen Berge.

3 Schön ragt empor der Berg Zion,
    daran sich freut die ganze Welt,
der Gottesberg fern im Norden,
    die Stadt des großen Königs.

4 Gott ist in ihren Palästen,
    er ist bekannt als Schutz.

5 Denn siehe, Könige waren versammelt
    und miteinander herangezogen.

6 Sie haben sich verwundert, als sie solches sahen;
    sie haben sich entsetzt und sind davongestürzt.

7 Zittern hat sie da erfasst,
    Angst wie eine Gebärende.

8 Du zerbrichst die großen Schiffe
    durch den Sturm vom Osten.

9 Wie wir es gehört haben, so sehen wir es
    an der Stadt des HERRN Zebaoth,
an der Stadt unsres Gottes:
    Gott erhält sie ewiglich. SELA.

10 Gott, wir gedenken deiner Güte
    in deinem Tempel.

11 Gott, wie dein Name, so ist auch dein Ruhm
    bis an der Welt Enden.
    Deine Rechte ist voll Gerechtigkeit.

12 Dessen freue sich der Berg Zion,
   und die Töchter Juda seien fröhlich,
      weil du recht richtest.

13 Ziehet um Zion herum und umschreitet es,
      zählt seine Türme;
14 habt gut Acht auf seine Mauern, /
   durchwandert seine Paläste,
      dass ihr den Nachkommen davon erzählt:
15 Wahrlich, das ist Gott, unser Gott für immer und ewig.
      Er ist's, der uns führet.

*W*as muss das für eine wunderbare Zeit gewesen sein, als du dich damals in Jerusalem im Tempel offenbart hast! Wie gern wäre ich dabei gewesen und hätte dort den wunderbaren Klängen und Worten der Anbetung gelauscht! Herr, du freust dich darüber, wenn Menschen dich rühmen und wegen dir fröhlich sind. Gerne offenbarst du an solchen Orten deine Gegenwart.*

Jesus, ich bin so froh, dass ich durch dich ein Tempel des großen, wunderbaren Gottes sein darf. Du wohnst in mir, Herr! Dafür will ich dir danken, solange ich lebe. Du hast das für mich möglich gemacht. Weil du in mir lebst, bin ich sicher und geborgen. Hilf mir, dass ich auch so lebe, wie es für einen heiligen Tempel Gottes passend ist. Ich möchte schnell mitbekommen, wenn du nicht mehr im Zentrum meiner Aufmerksamkeit bist. Gleich möchte ich mein Herz dann wieder auf dich ausrichten: auf deine Güte, deine Gerechtigkeit, deine Leitung und auf das, was du mir an Gutem geschenkt hast.

Von ihm kommt alles

Gott möchte sich aller Menschen erbarmen
und ihnen seine Liebe schenken.
Wie unendlich reich und tief ist doch die Weisheit
und die Erkenntnis unseres Gottes!
Wie unerforschlich und verborgen seine Wege!
Nennt mir einen Menschen, der die Gedanken Gottes
lesen könnte.
Oder sagt mir, wer sein Ratgeber gewesen ist.
Gibt es jemanden, der ihm etwas gegeben hat
und dem Gott dafür jetzt etwas schuldet?
Denn von ihm kommt alles und durch ihn existiert alles
und zu ihm wird alles zurückkehren.
Ihm sei die Ehre in alle Ewigkeit! Amen.

Paulus, Römer 11,32–36 (WD)

Wenn etwas schwer zu verstehen ist

„Gottes Friede, der all unser Verstehen übersteigt,
wird eure Herzen und Gedanken im Glauben an Jesus
Christus bewahren."

Philipper 4,7 (Hfa)

„Denn meine Gedanken sind nicht eure Gedanken,
und eure Wege sind nicht meine Wege, spricht der HERR,
sondern so viel der Himmel höher ist als die Erde, so
sind auch meine Wege höher als eure Wege und meine
Gedanken als eure Gedanken."

Jesaja 55,8–9

„Wir wissen aber, dass denen, die Gott lieben,
alle Dinge zum Besten dienen,
denen, die nach seinem Ratschluss berufen sind."

Römer 8,28

„Verlass dich nicht auf deine eigene Urteilskraft,
sondern vertraue voll und ganz dem Herrn!
Denke bei jedem Schritt an ihn;
er zeigt dir den richtigen Weg
und krönt dein Handeln mit Erfolg."

Sprüche 3,5–6 (Hfa)

Psalm 49

Die Herrlichkeit der Reichen
ist Trug und Schein

1 EIN PSALM DER SÖHNE KORACH, VORZUSINGEN,
NACH DER WEISE »JUGEND«.

2 Höret zu, alle Völker;
  merket auf, alle, die in dieser Zeit leben,

3 einfache Leute und Herren,
  Reich und Arm, miteinander!

4 Mein Mund soll Weisheit reden,
  und was mein Herz sagt, soll verständig sein.

5 Ich will einem Spruch mein Ohr neigen
  und mein Rätselwort kundtun
  beim Klang der Harfe.

6 Warum sollte ich mich fürchten in bösen Tagen,
  wenn mich die Missetat meiner Widersacher umgibt,

7 die sich verlassen auf Hab und Gut
  und pochen auf ihren großen Reichtum?

8 Kann doch keiner einen andern auslösen
  oder für ihn an Gott ein Sühnegeld geben

9 – denn es kostet zu viel, ihr Leben auszulösen;
  er muss davon abstehen ewiglich –,

10 damit er immer weiterlebe
  und die Grube nicht sehe.

11 Nein, er wird sehen: Auch die Weisen sterben, /
  so wie die Toren und Narren umkommen;
  sie müssen ihr Gut andern lassen.

12 Gräber sind ihr Haus immerdar, ihre Wohnung für und für,
  und doch hatten sie große Ehre auf Erden.

13 Ein Mensch in seiner Herrlichkeit kann nicht bleiben, sondern muss davon wie das Vieh.

Herr Jesus Christus, manchmal beneide ich Menschen, denen es scheinbar besser geht als mir. Ich sehe ihre Häuser und Autos, ihre Gärten und ihren Erfolg im Beruf, ihre Gaben und Stärken. Dann rutsche ich in Neid und Missgunst.

Herr, schenk mir den Blick auf dich und deine Ewigkeit! Mach mir neu bewusst, dass wir nichts von dieser Erde in die Ewigkeit mitnehmen können, sei es Hab und Gut, seien es Auszeichnungen und Ehrungen. Schenk mir neu das Bewusstsein, dass Glück nicht von äußeren Gütern oder Leistungen abhängig ist, sondern davon, dass du im Herzen wohnst.

Begegne den Menschen, deren Herz am Reichtum hängt, und lass sie erkennen, dass du allein ein erfülltes, zufriedenes Leben schenken kannst. Und hilf mir, dankbar zu sein für alles Gute, das ich schon von dir empfangen habe.

14 Dies ist der Weg derer, die so voll Torheit sind,
   und das Ende aller, denen ihr Gerede so wohl gefällt. SELA.
15 Sie liegen bei den Toten wie Schafe, der Tod weidet sie;
   aber die Frommen werden gar bald über sie herrschen,
und ihr Trotz muss vergehen;
   bei den Toten müssen sie bleiben.
16 Aber Gott wird mich erlösen aus des Todes Gewalt;
   denn er nimmt mich auf. SELA.

17 Lass es dich nicht anfechten, wenn einer reich wird,
   wenn die Herrlichkeit seines Hauses groß wird.
18 Denn er wird nichts bei seinem Sterben mitnehmen,
   und seine Herrlichkeit wird ihm nicht nachfahren.
19 Er freut sich wohl dieses guten Lebens,
   und man preist dich, wenn es dir gut geht.
20 Aber doch fahren sie ihren Vätern nach
   und sehen das Licht nimmermehr.
21 EIN MENSCH IN SEINER HERRLICHKEIT KANN NICHT BLEIBEN,
   SONDERN MUSS DAVON WIE DAS VIEH.

Lieber Vater, manchmal sehe ich Menschen, die erfolgreicher sind und mehr haben als ich. Und dann schleicht sich der Neid in mein Herz – aber viel mehr noch die Angst. Ich blicke in die Zukunft und frage mich voller Sorge, ob das, was ich besitze, für mein Leben reichen wird. Und auch, ob du in dunklen Zeiten für mich da sein wirst. Und ich spüre, Herr, dass mir plötzlich vieles andere sicherer erscheint als dein Versprechen, mich nicht zu verlassen und niemals fallen zu lassen.

Darum bitte ich dich, lieber Vater: Fülle mein Herz immer wieder mit deiner Wahrheit. Lass mich erkennen, dass nichts von dem, an das ich mich so oft klammere, mir Halt geben kann – nur du allein. Öffne meine Augen dafür, dass Geld und Besitz mir keine wirkliche Sicherheit bieten können – nur du allein. Und lass mich neu verstehen, dass nichts und niemand mein Leben vom Tod erlösen kann – nur du allein.

Darum will ich mich und mein Leben allein in deinen Verheißungen bergen. Denn in deinen guten Händen, Herr, bin ich in Zeit und Ewigkeit sicher und geborgen.

Psalm 50

Der rechte Gottesdienst

1 EIN PSALM ASAFS.
   Gott, der HERR, der Mächtige, redet und ruft der Welt zu
   vom Aufgang der Sonne bis zu ihrem Niedergang.
2 **Aus Zion bricht an der schöne Glanz Gottes.**
3 **Unser Gott kommt und schweiget nicht.**
   Fressendes Feuer geht vor ihm her
   und um ihn her ein mächtiges Wetter.
4 Er ruft Himmel und Erde zu,
   dass er sein Volk richten wolle:
5 »Versammelt mir meine Heiligen,
   die den Bund mit mir schlossen beim Opfer.«
6 Und die Himmel werden seine Gerechtigkeit verkünden;
   denn Gott selbst ist Richter. SELA.

7 »Höre, mein Volk, lass mich reden; /
   Israel, ich will wider dich zeugen:
   Ich, Gott, bin dein Gott.
8 Nicht deiner Opfer wegen klage ich dich an
   – sind doch deine Brandopfer täglich vor mir.
9 Ich will von deinem Hause Stiere nicht nehmen
   noch Böcke aus deinen Ställen.
10 Denn alles Wild im Walde ist mein
   und die Tiere auf den Bergen zu Tausenden.

undervoller Gott, du bist so unermesslich groß. Du hast alles geschaffen: die Welt, die Tiere, die Pflanzen, die Menschen ... Niemand ist dir gleich. Du bist ein Gott, der Wasserbäche lenkt, der nur ein Wort spricht und es muss geschehen.

Ich knie vor dir nieder und bete dich an! Du hast auch mich gemacht, du kennst mich durch und durch. Du weißt, welche Herausforderungen ich habe. Wie gut tut es, zu wissen, dass dir nichts unmöglich ist! Dein Arm ist nicht zu kurz, um mir zu helfen. Du hast unbegrenzte Möglichkeiten und Ressourcen. Ich danke dir, dass du ein Gott bist, der gerne hilft.

Die ganze Schöpfung verkündet deine Herrlichkeit und Größe. Auch mein Leben soll ein Zeugnis für dich, mein Gott, sein. Die Welt soll sehen und erkennen, dass du ein guter und treuer Gott bist. Dir sei alle Ehre!

11 Ich kenne alle Vögel auf den Bergen;
  und was sich regt auf dem Felde, ist mein.
12 Wenn mich hungerte, wollte ich dir nicht davon sagen;
  denn der Erdkreis ist mein und alles, was darauf ist.
13 Meinst du, dass ich Fleisch von Stieren essen wolle
  oder Blut von Böcken trinken?
14 Opfere Gott Dank
  und erfülle dem Höchsten deine Gelübde,
15 und **rufe mich an in der Not,**
  so will ich dich erretten und du sollst mich preisen.«

16 Aber zum Gottlosen spricht Gott: /
  »Was hast du von meinen Geboten zu reden
  und nimmst meinen Bund in deinen Mund,

17 da du doch Zucht hassest
   und wirfst meine Worte hinter dich?
18 Wenn du einen Dieb siehst, so läufst du mit ihm
   und hast Gemeinschaft mit den Ehebrechern.
19 Deinen Mund lässest du Böses reden,
   und deine Zunge treibt Falschheit.
20 Du sitzest und redest wider deinen Bruder;
   deiner Mutter Sohn verleumdest du.
21 Das tust du und ich schweige;
   da meinst du, ich sei so wie du.
   Aber ich will dich zurechtweisen
   und es dir vor Augen stellen.

22 Begreift es doch, die ihr Gott vergesset,
   damit ich nicht hinraffe, und kein Retter ist da!
23 Wer Dank opfert, der preiset mich,
   und da ist der Weg, dass ich ihm zeige das Heil Gottes.«

Mein lieber Vater im Himmel, heute Abend möchte ich dir danken: für alles Gute, das mir heute begegnet ist. Für alles, worüber ich schmunzeln konnte, worüber ich mich gefreut habe. Für das Essen, für die Kleidung und meine Wohnung. Für Freunde und Familie. Für jedes Gespräch. Ich erinnere meine Seele: Es ist gut, dir, meinem Vater, Danke zu sagen! Für Kleines und Großes. Auch heute habe ich in vielen Dingen deine Treue erlebt. Was du versprichst, das hältst du auch. Danke, dass du mir den Heiligen Geist geschenkt hast. Durch seine Kraft werde ich dir ähnlicher. Durch seine Kraft kann auch ich in kleinen und großen Dingen treu sein. Ich möchte zuverlässig sein und mein Wort halten. Ich möchte mir selbst und anderen Menschen gnädig sein – so wie du. Danke, dass du mich an deine Treue erinnerst. Das Wissen um deine Kraft lässt mich gut schlafen. Amen.

Psalm 51

Gott, sei mir Sünder gnädig!
(Der vierte Bußpsalm)

1 EIN PSALM DAVIDS, VORZUSINGEN,
2 ALS DER PROPHET NATHAN ZU IHM KAM, NACHDEM ER ZU
   BATSEBA EINGEGANGEN WAR.
3 Gott, sei mir gnädig nach deiner Güte,
   und tilge meine Sünden nach deiner großen Barmherzigkeit.
4 Wasche mich rein von meiner Missetat,
   und reinige mich von meiner Sünde;
5 denn ich erkenne meine Missetat,
   und meine Sünde ist immer vor mir.
6 An dir allein habe ich gesündigt
   und übel vor dir getan,
   auf dass du Recht behaltest in deinen Worten
   und rein dastehst, wenn du richtest.
7 Siehe, ich bin als Sünder geboren,
   und meine Mutter hat mich in Sünden empfangen.
8 Siehe, dir gefällt Wahrheit, die im Verborgenen liegt,
   und im Geheimen tust du mir Weisheit kund.

9 Entsündige mich mit Ysop, dass ich rein werde;
   wasche mich, dass ich schneeweiß werde.
10 Lass mich hören Freude und Wonne,
   dass die Gebeine fröhlich werden, die du zerschlagen hast.
11 Verbirg dein Antlitz vor meinen Sünden,
   und tilge alle meine Missetat.
12 **Schaffe in mir, Gott, ein reines Herz,**
   und gib mir einen neuen, beständigen Geist.
13 Verwirf mich nicht von deinem Angesicht,
   und nimm deinen Heiligen Geist nicht von mir.

14 **Erfreue mich wieder mit deiner Hilfe,**
   und mit einem willigen Geist rüste mich aus.
15 Ich will die Übertreter deine Wege lehren,
   dass sich die Sünder zu dir bekehren.

16 Errette mich von Blutschuld, /
   Gott, der du mein Gott und Heiland bist,
      dass meine Zunge deine Gerechtigkeit rühme.
17 Herr, tu meine Lippen auf,
   dass mein Mund deinen Ruhm verkündige.
18 Denn Schlachtopfer willst du nicht, /
   ich wollte sie dir sonst geben,
      und Brandopfer gefallen dir nicht.
19 Die Opfer, die Gott gefallen, sind ein geängsteter Geist,
   ein geängstetes, zerschlagenes Herz wirst du, Gott,
   nicht verachten.

20 Tu wohl an Zion nach deiner Gnade,
   baue die Mauern zu Jerusalem.
21 Dann werden dir gefallen rechte Opfer, /
   Brandopfer und Ganzopfer;
      dann wird man Stiere auf deinem Altar opfern.

Vater, bitte gib mir ein Herz, wie David es hatte: feinfühlig für Sünde, leidenschaftlich im Gebet und übersprudelnd im Lobpreis! Er war ein Mann nach deinem Herzen. Nicht, weil er nicht gesündigt hätte, sondern weil er seine Sünde bereut hat.

Während ich hier sitze in der Stille des Abends, bitte ich dich: Zeig mir meine Sünde! Führ sie mir genauso deutlich vor Augen, wie Nathan sie David offenbart hat. Und gib mir ein ebenso weiches, einsichtiges Herz.

Vater, ich bin dankbar für den „Nathan" in meinem Leben. Es ist nicht immer angenehm, wenn diese Person mir meine blinden Flecke zeigt. Ich muss zugeben, es tut weh. Trotzdem ist sie ein Geschenk für mich, denn wenn ich von dir oder deinem Weg abkomme, zeigt sie mir die richtige Richtung zurück zu dir.

Ja, Vater, bei dir will ich sein. Bei dir bin ich zu Hause. So danke ich dir, dass ich einen „Nathan" in meinem Leben habe.

Du bist bei mir, mein Gott

Ich traue deiner Gnade
und gebe mein Leben ganz in deine Hand.
Mach du mit mir,
wie es dir gefällt und wie es gut für mich ist.
Ob ich lebe oder sterbe,
ich bin bei dir, und du bist bei mir, mein Gott.
Herr, ich warte auf dein Heil und auf dein Reich.
Amen.

Dietrich Bonhoeffer

Neuer Mut

„Der HERR ist mit mir, darum fürchte ich mich nicht;
was können mir Menschen tun?"

Psalm 118,6

„Der Herr selbst geht vor dir her. Er steht dir zur Seite
und verlässt dich nicht.
Immer hält er zu dir. Hab keine Angst, und lass dich
von niemandem einschüchtern!"

5. Mose 31,8 (Hfa)

„Siehe, Gott ist mein Heil, ich bin sicher und fürchte
mich nicht; denn Gott der HERR ist meine Stärke und
mein Psalm und ist mein Heil."

Jesaja 12,2

„Fürchte dich nicht vor ihnen; denn ich bin bei dir
und will dich erretten, spricht der HERR."

Jeremia 1,8

„Lass dich nicht einschüchtern, und hab keine Angst!
Denn ich, der Herr, dein Gott, bin bei dir, wohin du
auch gehst."

Josua 1,9 (Hfa)

Psalm 52

Trostpsalm gegen einen Gewalttäter

1 EINE UNTERWEISUNG DAVIDS, VORZUSINGEN,

2 ALS DOËG, DER EDOMITER, KAM UND ZEIGTE ES SAUL AN UND
SPRACH: DAVID IST IN AHIMELECHS HAUS GEKOMMEN.

3 Was rühmst du dich der Bosheit, du Tyrann,
    da doch Gottes Güte noch täglich währt?

4 Deine Zunge trachtet nach Schaden
    wie ein scharfes Schermesser, du Betrüger!

5 Du liebst das Böse mehr als das Gute
    und redest lieber Falsches als Rechtes. SELA.

6 Du redest gern alles, was zum Verderben dient,
    mit falscher Zunge.

7 Darum wird dich auch Gott für immer zerstören, /
dich zerschlagen und aus deinem Zelte reißen
    und aus dem Lande der Lebendigen ausrotten. SELA.

8 Und die Gerechten werden es sehen und sich fürchten
    und werden seiner lachen:

9 »Siehe, das ist der Mann,
    der nicht auf Gott sein Vertrauen setzte,
sondern verließ sich auf seinen großen Reichtum
    und war mächtig, Schaden zu tun.«

10 Ich aber werde bleiben wie ein grünender Ölbaum
im Hause Gottes;
    ich verlasse mich auf Gottes Güte immer und ewig.

11 Ich will dir danken ewiglich,
    denn du hast es getan.
Ich will harren auf deinen Namen vor deinen Heiligen,
    denn du bist gütig.

*W*enn mir Ungerechtigkeit widerfährt, vergesse ich so schnell, dass du, Herr, das letzte Wort haben wirst. Manchmal mache ich mir Vorwürfe, obwohl der größte Teil des Problems woanders liegt. Manchmal schiebe ich die Schuld auch auf andere und gebe nicht zu, dass auch ich ein Teil des Problems bin.

Gib mir Weisheit, Herr, und hilf mir, eine gute Balance zu finden!

Doëg hat anderen Menschen geschadet mit betrügerischen, zerstörerischen Worten. Seine Zukunft war nicht gut. Hilf mir, nicht so zu sein wie er! Hilf mir, für meine Fehler Verantwortung zu übernehmen, und für das Leid, das ich anderen zugefügt habe, um Vergebung zu bitten. Ich will mich nicht auf meine Stärken oder meine Klugheit verlassen, sondern stattdessen mein Vertrauen auf dich setzen. Dann werde ich eine gute Zukunft haben in deinem Haus!

Psalm 53

Die Torheit der Gottlosen
(vgl. Psalm 14,1–7)

1 EINE UNTERWEISUNG DAVIDS, VORZUSINGEN, ZUM REIGENTANZ.
2 Die Toren sprechen in ihrem Herzen:
     »Es ist kein Gott.«
   Sie taugen nichts; ihr Freveln ist ein Gräuel;
     da ist keiner, der Gutes tut.
3 Gott schaut vom Himmel auf die Menschenkinder,
     dass er sehe, ob jemand klug sei und nach Gott frage.
4 Aber sie sind alle abgefallen und allesamt verdorben;
     da ist keiner, der Gutes tut, auch nicht **einer**.

5 Wollen denn die Übeltäter sich nichts sagen lassen,
   die mein Volk fressen, dass sie sich nähren,
   Gott aber rufen sie nicht an?
6 Sie fürchten sich da,
   wo nichts zu fürchten ist;
   doch Gott zerstreut die Gebeine derer,
   die dich bedrängen.
   Du machst sie zuschanden,
   denn Gott hat sie verworfen.
7 Ach dass die Hilfe aus Zion über Israel käme /
   und Gott sein gefangenes Volk erlöste!
   So würde Jakob sich freuen und Israel fröhlich sein.

err, ich danke dir für diesen Tag. Danke für deine unermessliche Liebe und Geduld mit mir, du liebender Vater! Danke, dass ich bei dir geborgen bin. Ich bin dein geliebtes Kind, angenommen und vorbehaltlos geliebt, wie ich bin.

Ich bin froh und dankbar, dass du mir immer wieder Dinge in meinem Leben zeigst, die dir nicht gefallen, weil du weißt, dass sie mir schaden. Ich will nicht störrisch sein, wenn du mich auf diese Dinge hinweist. Ich will nicht weise in meinen eigenen Augen sein, sondern deiner Weisheit vertrauen. Nimm mich bei der Hand und leite mich mit deinen Augen. Führe mich in deine Wahrheit, wo ich im Irrtum bin. Danke, dass du mir alles vergibst, was ich heute falsch gemacht habe. Nichts trennt mich von dir. Ich lege mich in deine Arme und schlafe friedlich ein.

Psalm 54

Hilferuf eines Bedrohten

1 EINE UNTERWEISUNG DAVIDS, VORZUSINGEN, BEIM SAITENSPIEL,

2 ALS DIE MÄNNER VON SIF KAMEN UND ZU SAUL SPRACHEN:
DAVID HÄLT SICH BEI UNS VERBORGEN.

3 Hilf mir, Gott, durch deinen Namen
und schaffe mir Recht durch deine Kraft.

4 Gott, erhöre mein Gebet,
vernimm die Rede meines Mundes.

5 Denn Stolze erheben sich gegen mich, /
und Gewalttäter trachten mir nach dem Leben;
sie haben Gott nicht vor Augen. SELA.

6 Siehe, Gott steht mir bei,
der Herr erhält mein Leben.

7 Er wird die Bosheit meinen Feinden vergelten.
Vertilge sie um deiner Treue willen!

8 So will ich dir ein Freudenopfer bringen
und deinen Namen, HERR, preisen, dass er so tröstlich ist.

9 Denn du errettest mich aus aller meiner Not,
dass mein Auge auf meine Feinde herabsieht.

Himmlischer Vater, danke, dass ich dein Kind bin! Die letzten Tage waren fast unerträglich. Menschen, denen ich vertraut habe, haben sich plötzlich gegen mich gestellt. Sie verbreiten Dinge über mich, die nicht wahr sind. Und was fast noch mehr wehtut: Man glaubt ihnen. Jetzt stehe ich alleine da. Niemandem kann ich beweisen, dass vieles von dem, was über mich verbreitet wird, nur Lügen sind. Vater, hilf mir! Sei mein Schutz! Früher haben

*die Menschen mich respektiert und geliebt. Ich war ein
Vorbild für sie. Das hat sich nun geändert.*

*Du bist mein Zufluchtsort, bei dir bin ich sicher! Hilf mir
zu vergeben. Du hast diese Dinge in meinem Leben zugelassen. Zeig mir, was ich daraus lernen kann! Auch ich
bin in meinem Leben schuldig geworden, als ich Gerüchten
Glauben geschenkt habe. Jetzt, da ich selbst Opfer bin, will
ich mich daran erinnern und nicht richten. Gib mir Geduld
und bewahre mich davor, bitter zu werden. Danke für deine
Zusicherung, dass du mich aus all meiner Not erretten willst.
Ich will deinen Namen preisen, der so tröstlich ist.*

Psalm 55

Klage über falsche Brüder

1 EINE UNTERWEISUNG DAVIDS, VORZUSINGEN,
  BEIM SAITENSPIEL.

2 Gott, höre mein Gebet
    und verbirg dich nicht vor meinem Flehen.

3 Merke auf mich und erhöre mich,
    wie ich so ruhelos klage und heule,

4 da der Feind so schreit
    und der Gottlose mich bedrängt;
  denn sie wollen Unheil über mich bringen
    und sind mir heftig gram.

5 Mein Herz ängstet sich in meinem Leibe,
    und Todesfurcht ist auf mich gefallen.

6 Furcht und Zittern ist über mich gekommen,
    und Grauen hat mich überfallen.

7 Ich sprach: O hätte ich Flügel wie Tauben,
    dass ich wegflöge und Ruhe fände!
8 Siehe, so wollte ich in die Ferne fliehen
    und in der Wüste bleiben. SELA.
9 Ich wollte eilen, dass ich entrinne
    vor dem Sturmwind und Wetter.

10 Mache ihre Zunge uneins, Herr, und verwirre sie;
    denn ich sehe Frevel und Hader in der Stadt.
11 Das geht Tag und Nacht um auf ihren Mauern,
    und Mühsal und Unheil ist drinnen.
12 Verderbnis regiert darin,
    Lügen und Trügen weicht nicht aus ihren Gassen.
13 Wenn mein **Feind** mich schmähte,
    wollte ich es ertragen;
 wenn einer, der mich hasst, großtut wider mich,
    wollte ich mich vor ihm verbergen.
14 Aber nun bist du es, mein Gefährte,
    mein Freund und mein Vertrauter,
15 die wir freundlich miteinander waren,
    die wir in Gottes Haus gingen inmitten der Menge!
16 Der Tod übereile sie, dass sie lebendig zu den Toten fahren;
    denn es ist lauter Bosheit bei ihnen.

Großer Gott! Angst, namenlose Angst, greift nach mir. Sie legt sich auf meine Schulter, sitzt mir im Nacken und drückt mich nieder. Mit jeder Faser meines Körpers spüre ich die Angst. Mir beben die Knie, mir zittern die Hände, mein Herz schlägt schneller. Mein Brustkorb wird eng, ich fühle mich gefangen in meiner Angst.

Großer Gott, ich sehne mich nach einem Ort der Ruhe.
Könnte ich doch meiner Angst gebieten, sie in ihre Schranken
weisen! Könnte ich doch aus dem Schatten meiner Todes-
angst treten, meine Flügel ausbreiten, Vertrauen fassen
und mich wie ein Vogel in die Luft schwingen, die Weite
des Himmels gewinnen! Alles loslassen, was mich hält und
niederdrückt!

Großer Gott, ich möchte dir vertrauen. Du bist bei mir mit-
ten in meiner Angst – du bist das Auge im Sturm. Du bist mir
nahe. Zitternd und tastend fasse ich Vertrauen – und dann
erlebe ich es: Ich kann mich aufschwingen. Ich kann loslassen.
Ich kann Ruhe finden. Mit dir.

Mein Gott, ich vertraue mich dir an.

17 Ich aber will zu Gott rufen
    und der HERR wird mir helfen.
18 Abends und morgens und mittags will ich klagen und heulen;
    so wird er meine Stimme hören.
19 Er erlöst mich von denen, die an mich wollen,
    und schafft mir Ruhe; denn ihrer sind viele wider mich.
20 Gott wird hören und sie demütigen,
    der allewege bleibet. SELA.
Denn sie werden nicht anders
    und wollen Gott nicht fürchten.
21 Sie legen ihre Hände an ihre Freunde
    und entheiligen ihren Bund.
22 Ihr Mund ist glatter als Butter
    und haben doch Krieg im Sinn;
ihre Worte sind linder als Öl
    und sind doch gezückte Schwerter.

23 **Wirf dein Anliegen auf den HERRN; /**
der wird dich versorgen
   und wird den Gerechten in Ewigkeit nicht wanken lassen.
24 Und du, Gott, wirst sie hinunterstoßen in die tiefe Grube. /
Die Blutgierigen und Falschen werden ihr Leben nicht bis zur
Hälfte bringen.
   Ich aber hoffe auf dich.

*Lieber Vater, am Ende dieses Tages darf ich zu dir
kommen und alles vor dir ausbreiten, was ich erlebt
habe. Vieles hat mich heute traurig gemacht und mein Herz
ist schwer und bedrückt. Es ist mir, als würden die Sorgen
und die Angst wie finstere Gestalten um mein Bett stehen.
Deshalb komme ich jetzt zu dir. Wirst du mir helfen? Du
forderst mich auf in deinem Wort: „Wirf dein Anliegen auf
den Herrn, der wird dich versorgen."*

*Herr, wie soll das gehen? Meine Last ist so schwer! Ich kann
sie nicht wie einen Kieselstein in die Hand nehmen und auf
dich werfen! Weißt du was? Ich werde sie auf dich wälzen.
Wie einen großen Felsen. Ja, das geht!*

*So wälze ich vor meinem inneren Auge die bedrückenden
Lasten dieses Tages auf dich. Ich spüre, wie der große Stein
von meinem Herzen rollt. Stück für Stück. Auf einmal
sind die Sorgen sind nicht mehr bei mir, sondern bei dir,
Vater. Du wirst sorgen und ich kann unbesorgt einschlafen.
Vielen Dank.*

Gottes treue Güte

O Gottes treue Güte!
In dir möge aufjauchzen meine Seele,
durch dich möge wie beim Adler sich erneuern
meine Jugend,
zu dir möge sich wenden mein Leben.
Jesus mein, durch deine treue Güte
tilge alle meine Unrechtstaten gänzlich aus;
durch deine innige Liebe
decke alle meine Sünden zu und verdecke sie;
durch deine liebende Zuneigung
mache meine Versäumnisse wieder gut;
durch deine Liebe richte mich zur Freiheit
des lebendigen Geistes wieder auf.

Gertrud von Helfta

Jesus macht frei

„Wenn euch nun der Sohn frei macht,
so seid ihr wirklich frei."

Johannes 8,36

„Der Geist des Herrn ist auf mir, weil er mich gesalbt hat,
zu verkündigen das Evangelium den Armen; er hat mich
gesandt, zu predigen den Gefangenen, dass sie frei sein
sollen, und den Blinden, dass sie sehen sollen, und den
Zerschlagenen, dass sie frei und ledig sein sollen."

Lukas 4,18

„Wenn ihr bleiben werdet an meinem Wort, so seid
ihr wahrhaftig meine Jünger und werdet die Wahrheit
erkennen, und die Wahrheit wird euch frei machen."

Johannes 8,31–32

„Das Gesetz des Geistes, der lebendig macht in Christus
Jesus, hat dich frei gemacht von dem Gesetz der Sünde
und des Todes."

Römer 8,2

Psalm 56

Getrostes Vertrauen in schwerer Not

1 EIN GÜLDENES KLEINOD DAVIDS, VORZUSINGEN,
NACH DER WEISE »DIE STUMME TAUBE UNTER DEN FREMDEN«,
ALS IHN DIE PHILISTER IN GAT ERGRIFFEN HATTEN.

2 Gott, sei mir gnädig, denn Menschen stellen mir nach;
   täglich bekämpfen und bedrängen sie mich.

3 Meine Feinde stellen mir täglich nach;
   denn viele kämpfen gegen mich voll Hochmut.

4 Wenn ich mich fürchte,
   so hoffe ich auf dich.

5 ICH WILL GOTTES WORT RÜHMEN; /
AUF GOTT WILL ICH HOFFEN UND MICH NICHT FÜRCHTEN.
WAS KÖNNEN MIR MENSCHEN TUN?

6 Täglich fechten sie meine Sache an;
   alle ihre Gedanken suchen mir Böses zu tun.

7 Sie rotten sich zusammen, sie lauern /
und haben Acht auf meine Schritte,
   wie sie mir nach dem Leben trachten.

8 Sollten sie mit ihrer Bosheit entrinnen?
   Gott, stoß diese Leute ohne alle Gnade hinunter!

Herr, du bist mein Zufluchtsort! Immer wenn ich zu dir komme, spüre ich deine tröstende Nähe. Alle Furcht schwindet. Mein Alltag ist voll mit tückischen Fallen. Wenn ich ans Telefon gehe, habe ich oftmals Angst und befürchte neue Vorwürfe. Böse Blicke auf der Straße verunsichern mich. Du aber bist mein Ruheort. Bei dir allein weiß ich mich absolut sicher. Du allein bist gut.

*Dein Wesen ist Liebe, Güte, Treue, Kraft, Hoffnung und
Vertrauen.*

*Unter deinem Kreuz, Herr Jesus, ist Frieden. Der sicherste
Ort, zu dem ich jederzeit fliehen kann. Dort hat der Feind
keinen Zutritt. Da ist er entmachtet. Bei dir kann ich mein
aufgewühltes, ängstliches Herz neu ausrichten.*

*Bitte führe mich heraus aus dieser inneren und äußeren
Situation. Wenn du mich bewahrst, dann bleibe ich bewahrt.
Wenn du mit deiner Autorität das verändernde Wort für mich
sprichst, dann wird es auch so geschehen. Ich will nicht mehr
zulassen, dass andere über mein Inneres bestimmen, denn
du bist ja mein Herr und mein Gott. Mein Leben ist immer
in deiner Hand, deshalb will ich dir ganz vertrauen. Amen.*

9 Zähle die Tage meiner Flucht, /
   sammle meine Tränen in deinen Krug;
      ohne Zweifel, du zählst sie.
10 Dann werden meine Feinde zurückweichen, /
   wenn ich dich anrufe.
      Das weiß ich, dass du mein Gott bist.
11 Ich will rühmen Gottes Wort;
   ich will rühmen des Herrn Wort.
12 Auf Gott hoffe ich und fürchte mich nicht;
   was können mir Menschen tun?

13 Ich habe dir, Gott, gelobt,
      dass ich dir danken will.
14 Denn du hast mich vom Tode errettet,
      meine Füße vom Gleiten,
   dass ich wandeln kann vor Gott
      im Licht der Lebendigen.

*H*err, ich bin traurig. Überall lauern Gefahren.
Mein Leben ist voll mit Feinden: am Arbeitsplatz,
in der Familie, im Freundeskreis. Ich fühle mich bedrängt,
verraten, ausgelacht.

Siehst du ihre Schlechtigkeit, vernimmst du ihre bösen
Gedanken und Pläne? Hörst du ihr niederträchtiges Gerede?
Ich bin verletzt. Kein Tag vergeht ohne Tränen. Am liebsten
würde ich davonlaufen!

Und doch – wenn ich bei dir Platz nehme, erkenne ich deine
Fürsorge, weiß ich mich in dir geborgen. Ich habe erkannt,
dass du für mich bist. Meine Feinde müssen weichen. Ich
brauche keine Angst zu haben. Deshalb rufe ich laut zu dir,
oh Gott. Du hörst mich und wirst mir helfen! Daran habe
ich keinen Zweifel. Dir ist mein Kummer nicht egal. Du sam-
melst sogar meine Tränen. Du zählst sie und du wirst vergelten. Ich vertraue dir, dass die quälende Zeit bald vorüber
ist, dass du den Schmerz heilst und ich wieder jubeln kann.
Ja, du verwandelst Tränensalz in Freudenglanz!

Psalm 57

Vertrauensvolle Bitte in der Anfechtung

1 EIN GÜLDENES KLEINOD DAVIDS, VORZUSINGEN,
   NACH DER WEISE »VERTILGE NICHT«, ALS ER VOR SAUL
   IN DIE HÖHLE FLOH.
2 Sei mir gnädig, Gott, sei mir gnädig!
   Denn auf dich traut meine Seele,
und unter dem Schatten deiner Flügel habe ich Zuflucht,
   bis das Unglück vorübergehe.

3 Ich rufe zu Gott, dem Allerhöchsten,
   zu Gott, der meine Sache zum guten Ende führt.
4 Er sende vom Himmel und helfe mir /
   von der Schmähung dessen, der mir nachstellt. SELA.
   Gott sende seine Güte und Treue.
5 Ich liege mitten unter Löwen;
   verzehrende Flammen sind die Menschen,
   ihre Zähne sind Spieße und Pfeile
   und ihre Zungen scharfe Schwerter.
6 ERHEBE DICH, GOTT, ÜBER DEN HIMMEL
   UND DEINE HERRLICHKEIT ÜBER ALLE WELT!

7 Sie haben meinen Schritten ein Netz gestellt
   und meine Seele gebeugt;
   sie haben vor mir eine Grube gegraben –
   und fallen doch selbst hinein. SELA.
8 Mein Herz ist bereit, Gott,
   mein Herz ist bereit, dass ich singe und lobe.
9 Wach auf, meine Seele, wach auf, Psalter und Harfe,
   ich will das Morgenrot wecken!
10 Herr, ich will dir danken unter den Völkern,
   ich will dir lobsingen unter den Leuten.
11 Denn deine Güte reicht, so weit der Himmel ist,
   und deine Wahrheit, so weit die Wolken gehen.
12 ERHEBE DICH, GOTT, ÜBER DEN HIMMEL
   UND DEINE HERRLICHKEIT ÜBER ALLE WELT!

Lieber Gott, eine Henne gewährt ihren kleinen Küken Schutz unter ihren mütterlichen Flügeln. Ich traue mich kaum, dich, den großen, allmächtigen Herrn, mit diesem Bild der Henne zu vergleichen. Aber David beschreibt dich so. Und ich freue mich darüber, dass ich so geborgen bin bei dir. Mich selbst kann ich mit einem Küken vergleichen.

Wenn ein Gewitter kommt oder der Habicht über dem Küken kreist, sucht es bei der Henne Schutz. Unter ihren Flügeln kann ihm nichts passieren. So will ich zu dir hin fliehen, im Glück und im Unglück, in Sorgen und Gefahr, in Ängsten und Schwierigkeiten oder in einer schlaflosen Nacht. Du lässt mich nicht allein. Vergib mir, wo ich von dir weggelaufen bin, weil ich meiner eigenen Stärke mehr vertraut habe als deinem Schutz.

Ich danke dir, dass ich mit deiner Hilfe rechnen kann und du mein Zufluchtsort bist. Ich will anderen davon erzählen und auch sie zu dir einladen. Amen.

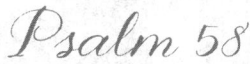

Psalm 58

Gott ist noch Richter auf Erden

1 EIN GÜLDENES KLEINOD DAVIDS, VORZUSINGEN, NACH DER WEISE »VERTILGE NICHT«.

2 Sprecht ihr in Wahrheit Recht, ihr Mächtigen?
   Richtet ihr in Gerechtigkeit die Menschenkinder?

3 Nein, mutwillig tut ihr Unrecht im Lande,
   und eure Hände treiben Frevel.

4 Die Gottlosen sind abtrünnig vom Mutterschoß an,
   die Lügner gehen irre von Mutterleib an.

5 Sie sind voller Gift wie eine giftige Schlange,
   wie eine taube Otter, die ihr Ohr verschließt,

6 dass sie nicht höre die Stimme des Zauberers,
   des Beschwörers, der gut beschwören kann.

7 Gott, zerbrich ihnen die Zähne im Maul,
   zerschlage, HERR, das Gebiss der jungen Löwen!
8 Sie werden vergehen wie Wasser, das verrinnt.
   Zielen sie mit ihren Pfeilen,
   so werden sie ihnen zerbrechen.
9 Sie gehen dahin, wie Wachs zerfließt,
   wie eine Fehlgeburt, die die Sonne nicht sieht.
10 Ehe eure Töpfe das Dornfeuer spüren,
   reißt alles der brennende Zorn hinweg.

11 Der Gerechte wird sich freuen, wenn er solche Vergeltung sieht,
   und wird seine Füße baden in des Gottlosen Blut;
12 und die Leute werden sagen: /
   Ja, der Gerechte empfängt seine Frucht,
   ja, Gott ist noch Richter auf Erden.

Himmlischer Vater, ewiger Gott, mir wurde ganz übel mitgespielt. Nun sitzt tief in mir der Zorn über diese Ungerechtigkeit. Lass mich nicht allein mit meiner Wut. Ich möchte dir all meinen Ärger geben. Ich danke dir, dass ich dir auch diese Gefühle sagen darf. Denn du kannst meine hilflose Wut in Barmherzigkeit verwandeln. Du kannst mir helfen, mich nicht so wichtig zu nehmen, sondern ganz auf dich zu vertrauen. Du siehst und richtest souverän. Dir allein gehört deshalb meine ganze Aufmerksamkeit und mein Lob.

Hilf mir, Menschen zu lieben und zu segnen, die mir nicht wohlgesonnen sind. Hilf mir, nicht nachtragend zu sein oder zu verbittern. Lass mich meine Mitmenschen – egal, ob Freund oder Feind – mit deinen liebenden Augen sehen. Dafür bitte ich dich um deine Unterstützung und deinen Heiligen Geist. Danke!

Psalm 59

Gebet mitten unter den Feinden

1 EIN GÜLDENES KLEINOD DAVIDS, VORZUSINGEN, NACH DER
   WEISE »VERTILGE NICHT«, ALS SAUL HINSANDTE UND SEIN
   HAUS BEWACHEN LIESS, UM IHN ZU TÖTEN.

2 Errette mich, mein Gott, von meinen Feinden
   und schütze mich vor meinen Widersachern.

3 Errette mich von den Übeltätern
   und hilf mir von den Blutgierigen!

4 Denn siehe, HERR, sie lauern mir auf;
   Starke rotten sich wider mich zusammen ohne meine
   Schuld und Missetat.

5 Ich habe nichts verschuldet; /
   sie aber laufen herzu und machen sich bereit.
   Erwache, komm herbei und sieh darein!

6 Du, HERR, Gott Zebaoth, Gott Israels,
   wache auf und suche heim alle Völker!
   Sei keinem von ihnen gnädig,
   die so verwegene Übeltäter sind. SELA.

7 Jeden Abend kommen sie wieder,
   heulen wie die Hunde und laufen in der Stadt umher.

8 Siehe, sie geifern mit ihrem Maul;
   Schwerter sind auf ihren Lippen: »Wer sollte es hören?«

9 Aber du, HERR, wirst ihrer lachen
   und aller Völker spotten.

10 MEINE STÄRKE, ZU DIR WILL ICH MICH HALTEN;
   DENN GOTT IST MEIN SCHUTZ.

11 Gott erzeigt mir reichlich seine Güte,
　　Gott lässt mich auf meine Feinde herabsehen.
12 Bringe sie nicht um,
　　dass es mein Volk nicht vergesse;
　　zerstreue sie aber mit deiner Macht, Herr, unser Schild,
　　　und stoß sie hinunter!
13 Das Wort ihrer Lippen ist nichts als Sünde;
　　darum sollen sie sich fangen in ihrer Hoffart mit all ihren
　　　Flüchen und Lügen.
14 Vertilge sie ohne alle Gnade, vertilge sie,
　　dass sie nicht mehr da sind!
　　Lass sie innewerden, dass Gott Herrscher ist in Jakob,
　　　bis an die Enden der Erde. SELA.

15 Jeden Abend kommen sie wieder,
　　heulen wie die Hunde und laufen in der Stadt umher.
16 Sie laufen hin und her nach Speise
　　und murren, wenn sie nicht satt werden.

17 Ich aber will von deiner Macht singen /
　　und des Morgens rühmen deine Güte;
　　denn du bist mir Schutz und Zuflucht in meiner Not.
18 MEINE STÄRKE, DIR WILL ICH LOBSINGEN;
　　DENN GOTT IST MEIN SCHUTZ, MEIN GNÄDIGER GOTT.

*H**err, heute habe ich mich wieder bedrängt und überfordert gefühlt. Manchmal weiß ich nicht, wie ich alles schaffen soll. Vieles quält mich und negative Gedanken entmutigen mich. Die Zukunft erscheint mir dann bedrohlich. Scheinbar unüberwindbare Berge von Problemen türmen sich in meinen Gedanken auf. Dunkle Sorgenwolken verdecken die klare Sicht und legen sich auf mein Gemüt.*

Aber ich schaue auf zu dir! Du bist stark und bei dir finde ich Hilfe und neue Kraft! Nicht auf meine Möglichkeiten, sondern auf deine will ich vertrauen. Stets hast du mir geholfen, wenn ich mich „umzingelt" fühlte. Immer wieder hast du mir deine Treue bewiesen. Du bist meine Zuflucht und feste Burg, der Fels, auf dem ich stehe.

Meine Sorgen weichen, wenn ich dir Lobpreis bringe. Dein Licht dringt in mein Innerstes und Angst muss vor dem Feuer deiner Liebe fliehen. Ich kann wieder tief durchatmen und sorgenfrei einschlafen.

Alles ein Gebet

Herr der Töpfe und Pfannen …
nimm an meine rauen Hände,
weil sie für dich rau geworden sind.
Kannst du meinen Spüllappen als Geigenbogen gelten lassen,
der himmlische Harmonie hervorbringt auf einer Pfanne?

Herr der Töpfe und Pfannen,
bitte, darf ich dir anstatt gewonnener Seelen
die Ermüdung anbieten, die mich überkommt
beim Anblick von angebrannten Gemüsetöpfen?
Erinnere mich an alles, was ich leicht vergesse,
nicht nur, um Treppen zu sparen,
sondern dass mein vollendet gedeckter Tisch
ein Gebet werde.

Teresa von Avila

Gottes Hilfe im Alltag

„Ich vermag alles durch den, der mich mächtig macht."
Philipper 4,13

„Meine Seele ist stille zu Gott, der mir hilft.
Denn er ist mein Fels, meine Hilfe, mein Schutz,
dass ich gewiss nicht fallen werde."
Psalm 62,2–3

„Meine Hilfe kommt vom HERRN,
der Himmel und Erde gemacht hat."
Psalm 121,2

„Aber alle, die ihre Hoffnung auf den Herrn setzen,
bekommen neue Kraft. Sie sind wie Adler,
denen mächtige Schwingen wachsen. Sie gehen und
werden nicht müde, sie laufen und sind nicht
erschöpft."
Jesaja 40,31 (Hfa)

Psalm 60

Gebet des verstoßenen Volkes

1 EIN GÜLDENES KLEINOD DAVIDS, VORZUSINGEN, NACH DER
  WEISE »LILIE DES ZEUGNISSES«, ZUR BELEHRUNG,

2 ALS ER MIT DEN ARAMÄERN VON MESOPOTAMIEN UND
  MIT DEN ARAMÄERN VON ZOBA KRIEG FÜHRTE; ALS JOAB
  UMKEHRTE UND DIE EDOMITER IM SALZTAL SCHLUG,
  ZWÖLFTAUSEND MANN.

3 Gott, der du uns verstoßen und zerstreut hast
    und zornig warst, tröste uns wieder;

4 der du die Erde erschüttert und zerrissen hast,
    heile ihre Risse; denn sie wankt.

5 Du ließest deinem Volk Hartes widerfahren,
    du gabst uns einen Wein zu trinken, dass wir taumelten.

6 Du hast doch ein Zeichen gegeben denen, die dich fürchten,
    damit sie fliehen können vor dem Bogen. SELA.

7 Dass deine Freunde errettet werden,
    dazu hilf mit deiner Rechten und erhöre uns!

8 Gott hat in seinem Heiligtum geredet:
    Ich will frohlocken;
  ich will Sichem verteilen
    und das Tal Sukkot ausmessen;

9 Gilead ist mein, mein ist Manasse, /
  Ephraim ist der Schutz meines Hauptes,
    Juda ist mein Zepter.

10 Moab ist mein Waschbecken, /
   meinen Schuh werfe ich auf Edom,
     Philisterland, jauchze mir zu!

11 Wer wird mich führen in die feste Stadt?
   Wer geleitet mich nach Edom?
12 Wirst du es nicht tun, Gott, der du uns verstoßen hast,
   und ziehst nicht aus, Gott, mit unserm Heer?
13 Schaff uns Beistand in der Not;
   denn Menschenhilfe ist nichts nütze.
14 Mit Gott wollen wir Taten tun.
   Er wird unsre Feinde niedertreten.

Herr, manchmal fehlen mir die Worte. Du weißt, wie die letzten Monate aussahen. Ich habe erlebt, was der Psalmist schreibt: „Du ließest deinem Volk Hartes widerfahren." Die unverschuldete Arbeitslosigkeit, die finanzielle Not, der harte Aufprall beim Anfang im neuen Job ... Ich bin es nicht gewohnt, Arbeitskollegen fluchen zu hören – noch dazu, wenn sie meine Arbeit kritisieren. Wo ist die Geduld und Nachsicht mit neuen Mitarbeitern geblieben?

Doch, Herr, ich wende mich an dich. Wohin soll ich sonst gehen? Nur bei dir finde ich wahre Hilfe. Menschenhilfe ist nichts nütze. Aber du kannst das Blatt wenden. Das habe ich schon erlebt. Du hast Ja gesagt und das menschliche Nein über den Haufen geworfen. Menschlich gesehen gab es keine Hoffnung, aber du hast Leben geschaffen und dem Tod eine Absage erteilt. Deshalb hoffe ich auch jetzt auf dein Ja und dein Eingreifen in dieser Situation. Denn deine Hilfe ist wahre Hilfe.

Psalm 61

Bitte und Fürbitte aus der Ferne
1 VON DAVID, VORZUSINGEN, BEIM SAITENSPIEL.
2 Höre, Gott, mein Schreien
    und merke auf mein Gebet!
3 Vom Ende der Erde rufe ich zu dir, denn mein Herz ist
in Angst;
    du wollest mich führen auf einen hohen Felsen.
4 Denn du bist meine Zuversicht,
    ein starker Turm vor meinen Feinden.
5 Lass mich wohnen in deinem Zelte ewiglich
    und Zuflucht haben unter deinen Fittichen. SELA.
6 Denn du, Gott, hörst mein Gelübde
    und gibst mir teil am Erbe derer, die deinen Namen
fürchten.

7 Du wollest dem König langes Leben geben,
    dass seine Jahre währen für und für,
8 dass er immer throne vor Gott.
    Lass Güte und Treue ihn behüten!
9 So will ich deinem Namen lobsingen ewiglich,
    dass ich meine Gelübde erfülle täglich.

Herr, diese Tage sind so schwer! Schuldlos habe ich meinen geliebten Dienst verloren. Ich fühle mich so allein! Ja, mutterseelenallein. Niemand scheint zu verstehen, wie schlimm dieser Verlust für mich ist. Ich lebe, wenn ich gebe! Und nun soll das alles aufhören? Und wie soll es finanziell weitergehen?

Herr, du bietest mir Schutz unter deinen Flügeln an. Manch-
mal fehlt mir meine Mutter so sehr. Ich vermisse ihre wohl-
tuende Nähe entsetzlich. Ich weine und sehne mich nach
Trost! Wie ein Vöglein Zuflucht unter den Fittichen seiner
Mutter sucht, so suche ich Schutz.

Danke, dass du mich siehst und für mich sorgst. Du nimmst
mich in deinen Arm. Neulich schicktest du sogar genau
dann, als ich es am meisten brauchte, eine Freundin vorbei,
die mich festhielt und tröstete wie eine Mutter. Dies gibt
mir Mut, weiter auf dich zu hoffen. Du bietest mir Zuflucht
in meiner Not.

Psalm 62

Stille zu Gott

1 EIN PSALM DAVIDS, VORZUSINGEN, FÜR JEDUTUN.
2 MEINE SEELE IST STILLE
      ZU GOTT, DER MIR HILFT.
3 DENN ER IST MEIN FELS, MEINE HILFE, MEIN SCHUTZ,
      DASS ICH GEWISS NICHT FALLEN WERDE.
4 Wie lange stellt ihr alle **einem** nach,
      wollt alle ihn morden,
   als wäre er eine hangende Wand
      und eine rissige Mauer?
5 Sie denken nur, wie sie ihn stürzen,
      haben Gefallen am Lügen;
   mit dem Munde segnen sie,
      aber im Herzen fluchen sie. SELA.

6 ABER SEI NUR STILLE ZU GOTT, MEINE SEELE;
   DENN ER IST MEINE HOFFNUNG.
7 ER IST MEIN FELS, MEINE HILFE UND MEIN SCHUTZ,
   DASS ICH NICHT FALLEN WERDE.
8 Bei Gott ist mein Heil und meine Ehre, /
der Fels meiner Stärke,
   meine Zuversicht ist bei Gott.
9 Hoffet auf ihn allezeit, liebe Leute, /
schüttet euer Herz vor ihm aus;
   Gott ist unsre Zuversicht. SELA.

Hier bin ich, Jesus, am Ende meiner Möglichkeiten. Hier fangen deine erst an! Was du mir geschenkt hast, kann mir nichts und niemand rauben: Du hast mich mit Gott versöhnt, zu seinem Kind gemacht, bist mein Freund geworden. Ich wate nicht im Sumpf, auch wenn es sich so anfühlt, sondern stehe auf dem Felsen deines Wortes, deiner Treue, deiner Verheißungen.

Je mehr ich darüber nachdenke, desto ruhiger werde ich. Die Angst weicht der Liebe – deine Liebe vertreibt alle Angst. Du schenkst mir Rückendeckung mit Glaube, Liebe, Hoffnung. Ich habe dein Wort vor meinen Augen, sinne darüber nach und weiß, dass du mich siehst, liebst und beschützt. Du findest immer einen Weg, Widerlichkeiten in Segen für mich zu verwandeln. Was für ein Vorrecht, so leben zu dürfen!

10 Aber Menschen sind ja nichts, große Leute täuschen auch;
   sie wiegen weniger als nichts, so viel ihrer sind.
11 Verlasst euch nicht auf Gewalt
   und setzt auf Raub nicht eitle Hoffnung;
fällt euch Reichtum zu,
   so hängt euer Herz nicht daran.
12 Eines hat Gott geredet,
   ein Zweifaches habe ich gehört:
Gott allein ist mächtig,
13 und du, Herr, bist gnädig;
denn du vergiltst einem jeden,
   wie er's verdient hat.

Ein Tag geht zu Ende, meine Kraft ist aufgebraucht. Da flüsterst du, Gott, mir zu: „Ich bin deine Kraft. Vertrau dich mir an, ich will dich leiten. Ich bin deine nie versiegende Kraftquelle. Mach mich zu deiner Stärke!"

„Ja, Gott", antworte ich still, „immer und immer wieder zeigst du mir, dass bei dir nichts außer Kontrolle gerät. Du, Gott, bist gut, und du tust Gutes! Du füllst meine Gedanken mit der Erinnerung an dein Handeln: Alles ist entstanden, weil du es gewollt hast. Deine Stärke ist unvergleichlich, deine Kraft grenzenlos. Und ich darf mich dir anschließen! Darf ich mich dir wirklich anschließen?" Und wieder flüsterst du, Gott, mir zu: „Ja, du darfst. Du gehörst zu mir und ich fülle dich neu. Immer und immer wieder."

Psalm 63

Sehnsucht nach Gott

1 EIN PSALM DAVIDS, ALS ER IN DER WÜSTE JUDA WAR.

2 Gott, du bist mein Gott, den ich suche.
Es dürstet meine Seele nach dir,
mein ganzer Mensch verlangt nach dir
aus trockenem, dürrem Land, wo kein Wasser ist.

3 So schaue ich aus nach dir in deinem Heiligtum,
wollte gerne sehen deine Macht und Herrlichkeit.

4 Denn deine Güte ist besser als Leben;
meine Lippen preisen dich.

5 So will ich dich loben mein Leben lang
und meine Hände in deinem Namen aufheben.

6 Das ist meines Herzens Freude und Wonne,
wenn ich dich mit fröhlichem Munde loben kann;

7 **wenn ich mich zu Bette lege, so denke ich an dich,**
wenn ich wach liege, sinne ich über dich nach.

8 Denn du bist mein Helfer,
und unter dem Schatten deiner Flügel frohlocke ich.

9 Meine Seele hängt an dir;
deine rechte Hand hält mich.

10 Sie aber trachten mir nach dem Leben, mich zu verderben;
sie werden in die Tiefen der Erde hinunterfahren.

11 Sie werden dem Schwert dahingegeben
und den Schakalen zur Beute werden.

12 Aber der König freut sich in Gott. /
Wer bei ihm schwört, der darf sich rühmen;
denn die Lügenmäuler sollen verstopft werden.

Herr, ein voller Tag liegt hinter mir. Ein Tag, der mich gefordert und erschöpft hat. Einsame Momente haben mich meinen Durst nach deiner Nähe spüren lassen. Zeiten, in denen Menschen mich umgaben, taten mir gut, doch sie kosteten mich auch Kraft. Nun darf ich mich in mein warmes Bett legen, in dem ich mich geborgen fühle.

Ich danke dir, mein Vater, für die unverdienten Gaben, die ich heute von dir empfangen habe: für die Kraft, den Tag zu bestehen; für die guten Mahlzeiten, die mich stärkten; für die Menschen, denen ich heute begegnet bin.

Nun möchte ich zur Ruhe kommen, aber das Gedankenkarussell dreht sich unaufhörlich. Du kennst und verstehst meine Gedanken und Gefühle, meine Ängste, Sorgen und Freuden. Du bist mitten in meiner Unruhe da. Ich lege alles, was mich bewegt, in deine lieben, väterlichen Hände. Ja, ich lege mich selbst in deine große Hand und berge mich darin. Amen.

An deiner Hand

Danke, Herr, dass du uns so sehr liebst. Vergib uns, dass wir manchmal so ruhelos und ungeduldig sind, statt geduldig auf dich zu hören und zu warten.

Danke, dass du heute und immer bei uns bist. Bitte bewahre uns vor Gefahren und schütze uns vor Furcht. Zeige uns den rechten Weg und halte uns fest, wenn wir falsche Schritte tun und uns in Gefahr befinden.

Es ist wundervoll zu wissen, dass du uns ganz fest an der Hand hältst. Und wenn du uns festhältst, dann führst du uns weiter, unser ganzes Leben lang. Und wenn du uns durch unser ganzes Leben führst, dann wirst du uns eines Tages sicher nach Hause bringen.

Danke, Herr. Amen.

Corrie ten Boom

Gottes Stimme hören und ihr folgen

„Lass mich am Morgen hören deine Gnade;
denn ich hoffe auf dich.
Tu mir kund den Weg, den ich gehen soll;
denn mich verlangt nach dir."

Psalm 143,8

„Ich laufe den Weg deiner Gebote;
denn du tröstest mein Herz."

Psalm 119,32

„Lehre mich tun nach deinem Wohlgefallen,
denn du bist mein Gott; dein guter Geist führe
mich auf ebner Bahn."

Psalm 143,10

„Meine Schafe hören meine Stimme,
und ich kenne sie und sie folgen mir."

Johannes 10,27

„Wer meine Gebote hat und hält sie, der ist's,
der mich liebt. Wer mich aber liebt, der wird von
meinem Vater geliebt werden, und ich werde ihn
lieben und mich ihm offenbaren."

Johannes 14,21

Psalm 64

Bitte um Schutz vor bösen Anschlägen

1 EIN PSALM DAVIDS, VORZUSINGEN.

2 Höre, Gott, meine Stimme in meiner Klage,
    behüte mein Leben vor dem schrecklichen Feinde.

3 Verbirg mich vor den Anschlägen der Bösen,
    vor dem Toben der Übeltäter,

4 die ihre Zunge schärfen wie ein Schwert,
    mit ihren giftigen Worten zielen wie mit Pfeilen,

5 dass sie heimlich schießen auf den Frommen;
    plötzlich schießen sie auf ihn ohne alle Scheu.

6 Sie verstehen sich auf ihre bösen Anschläge /
  und reden davon, wie sie Stricke legen wollen,
    und sprechen: Wer kann sie sehen?

7 Sie haben Böses im Sinn und halten's geheim,
    sind verschlagen und haben Ränke im Herzen.

8 Da trifft sie Gott mit dem Pfeil,
    plötzlich sind sie zu Boden geschlagen.

9 Ihre eigene Zunge bringt sie zu Fall,
    dass ihrer spotten wird, wer sie siehet.

10 Und alle Menschen werden sich fürchten /
  und sagen: Das hat Gott getan!,
    und erkennen, dass es sein Werk ist.

11 Die Gerechten werden sich des HERRN freuen /
  und auf ihn trauen,
    und alle frommen Herzen werden sich seiner rühmen.

Herr, von Feinden bin ich umgeben und mein Leben ist in Gefahr. Menschen wenden sich von mir ab und Lügen treffen mich wie Pfeile. Ich sehe kein Licht und der Weg vor mir verschwindet im dunklen Nebel. Dennoch ist mein Leben auf deiner Gnade gegründet. Es steht dir ganz zur Verfügung. Es gehört dir. Wer mich angreift, greift dich an. Du bist meine Verteidigung und mein Rechtsspruch. Die Pfeile meiner Feinde leitest du ins Leere, doch von deinen Pfeilen werden sie getroffen. Die Menschen um mich herum werden es sehen und dein Lob wird vermehrt. Wer dir vertraut, Herr, der ist in Sicherheit.

Psalm 65

Danklied für geistlichen und leiblichen Segen

1 EIN PSALMLIED DAVIDS, VORZUSINGEN.

2 **Gott, man lobt dich in der Stille zu Zion,**
   und dir hält man Gelübde.

3 **Du erhörst Gebet;**
   darum kommt alles Fleisch zu dir.

4 Unsre Missetat drückt uns hart;
   du wollest unsre Sünde vergeben.

5 Wohl dem, den du erwählst und zu dir lässest,
   dass er in deinen Vorhöfen wohne;
der hat reichen Trost von deinem Hause,
   deinem heiligen Tempel.

6 Erhöre uns nach der wunderbaren Gerechtigkeit, Gott,
unser Heil,
   der du bist die Zuversicht aller auf Erden und
   fern am Meer;
7 der du die Berge festsetzest in deiner Kraft
   und gerüstet bist mit Macht;
8 der du stillst das Brausen des Meeres,
   das Brausen seiner Wellen und das Toben der Völker,
9 dass sich entsetzen, die an den Enden wohnen, vor deinen
Zeichen.
   Du machst fröhlich, was da lebet im Osten wie im Westen.

10 Du suchst das Land heim und bewässerst es /
und machst es sehr reich;
   Gottes Brünnlein hat Wasser die Fülle.
Du lässest ihr Getreide gut geraten;
   denn so baust du das Land.
11 Du tränkst seine Furchen und feuchtest seine Schollen;
   mit Regen machst du es weich und segnest sein Gewächs.
12 Du krönst das Jahr mit deinem Gut,
   und deine Fußstapfen triefen von Segen.
13 Es triefen auch die Auen in der Steppe,
   und die Hügel sind erfüllt mit Jubel.
14 Die Anger sind voller Schafe, /
und die Auen stehen dick mit Korn,
   dass man jauchzet und singet.

*Gott, himmlischer Vater, dir habe ich alles zu ver-
danken! Du beschenkst mich so reich. Von dir kommt
mein Leben. Von dir kommt alles, was ich habe. Deine
Quellen sind unerschöpflich. Tag und Nacht sprudeln sie.
Da, wo ich bin, da ist auch deine Gegenwart. Du suchst mich
auf, deine Liebe erfasst mein Herz. Es gibt Momente, wo sich*

das sehr schmerzhaft anfühlt. Aber der Gedanke, dass du,
liebender Gott, mein Herz suchst, macht mich dankbar und
lässt mich ruhig werden. Du machst mein Herz bereit für
dich, für deine Liebe. Staunend erkenne ich das!

So wie der Regen den Boden bewässert, so arbeitest du mit
herausfordernden Umständen an meinem Herzen. Du
machst es weich, du formst meine Gedanken, du prägst
meine Wahrnehmung. Und ich weiß: Was du vorhast, gerät
wohl. Deine Pläne sind gut und sie gelingen!

Psalm 66

Danklied für Gottes wunderbare Führung

1 EIN PSALMLIED, VORZUSINGEN.
  Jauchzet Gott, alle Lande! /
2 Lobsinget zur Ehre seines Namens;
    rühmet ihn herrlich!
3 Sprecht zu Gott: Wie wunderbar sind deine Werke!
    Deine Feinde müssen sich beugen vor deiner großen Macht.
4 Alles Land bete dich an und lobsinge dir,
    lobsinge deinem Namen. SELA.

5 Kommt her und sehet an die Werke Gottes,
    der so wunderbar ist in seinem Tun an den Menschenkindern.
6 Er verwandelte das Meer in trockenes Land, /
  sie konnten zu Fuß durch den Strom gehen.
    Darum freuen wir uns seiner.
7 Er herrscht mit seiner Gewalt ewiglich, /
  seine Augen schauen auf die Völker.
    Die Abtrünnigen können sich nicht erheben. SELA.

8 Lobet, ihr Völker, unsern Gott,
   lasst seinen Ruhm weit erschallen,
9 der unsre Seelen am Leben erhält
   und lässt unsere Füße nicht gleiten.
10 Denn, Gott, du hast uns geprüft und geläutert,
   wie das Silber geläutert wird;
11 du hast uns in den Turm werfen lassen,
   du hast auf unsern Rücken eine Last gelegt,
12 du hast Menschen über unser Haupt kommen lassen, /
   wir sind in Feuer und Wasser geraten.
      Aber du hast uns herausgeführt und uns erquickt.

13 Darum will ich in dein Haus gehen mit Brandopfern
   und dir meine Gelübde erfüllen,
14 wie ich meine Lippen aufgetan habe
   und mein Mund geredet hat in meiner Not.
15 Ich will dir Brandopfer bringen von fetten Schafen /
   mit dem Opferrauch von Widdern;
      ich will opfern Rinder mit Böcken. SELA.

16 Kommt her, höret zu, alle, die ihr Gott fürchtet;
   ich will erzählen, was er an mir getan hat.
17 Zu ihm rief ich mit meinem Munde
   und pries ihn mit meiner Zunge.
18 Wenn ich Unrechtes vorgehabt hätte in meinem Herzen,
   so hätte der Herr nicht gehört.
19 Aber Gott hat mich erhört
   und gemerkt auf mein Flehen.
20 Gelobt sei Gott, der mein Gebet nicht verwirft
   noch seine Güte von mir wendet.

Herr, du verheißt uns in deinem Wort: Wer auf dich vertraut, wird niemals in der Niederlage oder im Tod enden. Denn du bist die Auferstehung und das Leben! Heute erneuere ich mein Vertrauen in dich. Ich bin gewiss: Du hast das gute Werk in mir begonnen und du wirst es auch vollenden (Philipper 1,6).

Danke für die Männer und Frauen Gottes, die vor mir auf dem Weg gegangen sind. Ihr Vorbild macht mir Mut. Ihnen hast du Kraft gegeben durch deinen Heiligen Geist und hast sie befähigt, in allen Umständen Frieden und Freude zu erfahren: nicht nur, wenn alles gut geht, sondern auch in Schwierigkeiten und sogar im Angesicht des Todes. Ihre Freude war schon in der frühen Gemeinde eine starke, kreative Kraft, die Menschen zu dir hingezogen hat. Sie beruhte auf der festen Gewissheit: Christus ist auferstanden!

Oh Vater, erfülle mich mit derselben Freude! Dass andere sich nach dem ausstrecken, was ich in dir habe. Amen.

Psalm 67

Gottes Segen über alle Welt

1 EIN PSALMLIED, VORZUSINGEN, BEIM SAITENSPIEL.
2 Gott sei uns gnädig und segne uns,
    er lasse uns sein Antlitz leuchten, – SELA –
3 dass man auf Erden erkenne seinen Weg,
    unter allen Heiden sein Heil.
4 ES DANKEN DIR, GOTT, DIE VÖLKER,
    ES DANKEN DIR ALLE VÖLKER.

5 Die Völker freuen sich und jauchzen,
   dass du die Menschen recht richtest
   und regierst die Völker auf Erden. SELA.
6 ES DANKEN DIR, GOTT, DIE VÖLKER,
   ES DANKEN DIR ALLE VÖLKER.

7 Das Land gibt sein Gewächs;
   es segne uns Gott, unser Gott!
8 Es segne uns Gott,
   und alle Welt fürchte ihn!

Lieber Vater im Himmel, du willst mich segnen, damit ich für andere ein Segen bin. Das ist das Ziel deines Segens. Dir geht es nicht darum, dass ich ein bequemes Leben habe. Nein, du möchtest, dass Menschen auf der ganzen Welt deinen Weg erkennen und dein Heil erfahren. Du willst deine Pläne voranbringen durch mich.

Gerne möchte ich so gesegnet und glücklich sein, Herr. Wenn ich deinen Segen annehme, dann bedeutet das: Ich lasse es zu, dass du deinen Namen auf mich legst und mich ganz dein nennst. In deinem Willen zu sein ist mir wichtiger, als glücklich zu sein. Hilf mir, die Freude zu erfahren, die tiefer ist als momentanes Glück. Schenk mir die erfüllende Erfahrung, dass du andere segnest durch meine Hingabe an dich!

Psalm 68

Der Sieg Gottes

1 EIN PSALMLIED DAVIDS, VORZUSINGEN.

2 Gott steht auf; so werden seine Feinde zerstreut,
   und die ihn hassen, fliehen vor ihm.

3 Wie Rauch verweht, so verwehen sie;
   wie Wachs zerschmilzt vor dem Feuer, so kommen
   die Gottlosen um vor Gott.

4 Die Gerechten aber freuen sich /
   und sind fröhlich vor Gott
   und freuen sich von Herzen.

5 Singet Gott, lobsinget seinem Namen! /
   Macht Bahn dem, der durch die Wüste einherfährt;
   er heißt HERR. Freuet euch vor ihm!

6 Ein Vater der Waisen und ein Helfer der Witwen
   ist Gott in seiner heiligen Wohnung,

7 ein Gott, der die Einsamen nach Hause bringt, /
   der die Gefangenen herausführt, dass es ihnen wohlgehe;
   aber die Abtrünnigen lässt er bleiben in dürrem Lande.

Liebender Vater, du sagst, dass du die Einsamen nach Hause bringst. An Orte, an denen sie willkommen, sicher und geliebt sind. Bitte bring auch mich an solche Orte! Manchmal fühle ich mich einsam. Aber ich weiß, Jesus, dass du mich verstehst. Du warst von allen verlassen, als du starbst, um uns zu erlösen. Ich rufe zu dir in meiner Einsamkeit! Du hast versprochen, immer bei mir zu sein. Aber du hast auch gesagt: Es ist nicht gut, dass der Mensch alleine ist. Hilf mir deshalb, mit den Menschen, die du in mein Leben bringst, Freundschaft zu schließen. Denn wenn sie meine Freunde werden, wirst du durch sie meine Einsamkeit vertreiben und mich mit Freude erfüllen. Danke, dass du das schon oft getan hast und immer wieder tust. Du schenkst mir Orte, an denen ich zu Hause bin. Eine große Familie in deiner Gemeinde, die mir Geborgenheit und Nähe schenkt. Was für ein kostbares Gut – ein Stück Heimat hier auf Erden!

Aber ich bitte dich heute Abend nicht nur für mich, sondern für alle, die einsam sind. Schenke du ihnen Orte, an denen sie sich zu Hause fühlen! Und bitte zeige auch mir, für wen ich eine Schwester oder eine Mutter sein kann.

Im Schatten deiner Flügel

Herr, unser Gott, im Schatten deiner Flügel haben wir
Hoffnung.
Schütze und trage uns!
Du wirst uns tragen von unserer Kindheit an bis ins
hohe Greisenalter.
Denn nur dann ist Kraft in uns, wenn sie aus dir kommt;
wenn sie aus uns kommt, ist sie Schwäche.
Reich und schön ist das Leben in deiner Nähe.
Doch weil wir uns abgewandt haben von dir, sind wir
auf Irrwege geraten.
Damit wir nicht umkommen, lass uns heimkehren
zu dir.
Bei dir haben wir Heil in Fülle, weil du selber das
Heil bist.

Augustinus

Gottes Schutz

„Der Herr ist mein Fels, meine Festung und mein Erretter, mein Gott, meine Zuflucht, mein sicherer Ort. Er ist mein Schild, mein starker Helfer, meine Burg auf unbezwingbarer Höhe."

2. Samuel 22,2–3 (Hfa)

„Der Name des HERRN ist eine feste Burg;
der Gerechte läuft dorthin und wird beschirmt."

Sprüche 18,10

„Der HERR behüte dich vor allem Übel, er behüte deine Seele. Der HERR behüte deinen Ausgang und Eingang von nun an bis in Ewigkeit!"

Psalm 121,7–8

„Denn der HERR ist deine Zuversicht,
der Höchste ist deine Zuflucht."

Psalm 91,9

„Fürchte dich nicht, denn ich habe dich erlöst;
ich habe dich bei deinem Namen gerufen; du bist mein!
Wenn du durch Wasser gehst, will ich bei dir sein,
dass dich die Ströme nicht ersäufen sollen; und wenn
du ins Feuer gehst, sollst du nicht brennen, und die
Flamme soll dich nicht versengen."

Jesaja 43,1–2

8 Gott, als du vor deinem Volk herzogst,
    als du einhergingst in der Wüste, – SELA –
9 da bebte die Erde, /
    und die Himmel troffen vor Gott – am Sinai –,
      vor Gott, dem Gott Israels.
10 Du gabst, Gott, einen gnädigen Regen,
    und dein Erbe, das dürre war, erquicktest du,
11 dass deine Herde darin wohnen konnte.
    Gott, du labst die Elenden in deiner Güte.
12 Der Herr gibt ein Wort –
    der Freudenbotinnen ist eine große Schar –:[*]
13 Die Könige der Heerscharen fliehen, sie fliehen,
    und die Frauen teilen die Beute aus.
14 Wenn ihr zu Felde liegt, /
    glänzt es wie Flügel der Tauben,
      die wie Silber und Gold schimmern.
15 Als der Allmächtige dort Könige zerstreute,
    damals fiel Schnee auf dem Zalmon.
16 Ein Gottesberg ist Baschans Gebirge,
    ein Gebirge, reich an Gipfeln, ist Baschans Gebirge.
17 Was seht ihr scheel, ihr Berge, ihr Gipfel, /
    auf den Berg, wo es Gott gefällt zu wohnen?
      Ja, dort wird der HERR immerdar wohnen.
18 Gottes Wagen sind vieltausendmal tausend;
    der Herr zieht ein ins Heiligtum vom Sinai her.
19 Du bist aufgefahren zur Höhe
    und führtest Gefangene gefangen;
    du hast Gaben empfangen unter den Menschen;
      auch die Abtrünnigen müssen sich, Gott, vor dir bücken.

---

[*] Luther übersetzte: »Der Herr gibt das Wort mit großen Scharen Evangelisten.«

*M*ächtiger Gott, du hast dein Volk aus der Gefangenschaft in Ägypten geführt. Du bist vor ihnen
hergezogen in der Wüste, hast ihnen deine Gebote gegeben.
Du hast sie in ein neues Land gebracht.

Hast du dasselbe nicht auch für mich getan? Ich war gefangen
in Ängsten und falschen Denkmustern – du hast mich befreit.
Du hast mich deine Prinzipien gelehrt, wie mein Leben gelingen kann. Du hast mich durch emotionale Wüstenzeiten in
ein neues Land geführt und mich gesegnet im Überfluss. Ich
will zurückschauen und mich an das erinnern, was du für
mich getan hast! An die Siege, die du mir bereits geschenkt
hast!

Vergib mir, dass ich mich manchmal ablenken lasse und mich
überwältigt fühle von den Problemen des Alltags. Ich vergesse, wer das letzte Wort hat. Du bist nicht nur der Anfang,
du bist auch das Ende. Vor dir werden sich alle Menschen
beugen. Danke, dass ich dich jetzt schon anbeten und dir
vertrauen darf.

20 **Gelobt sei der Herr täglich.**
   Gott legt uns eine Last auf, aber er hilft uns auch. SELA.
21 Wir haben einen Gott, der da hilft,
   und den HERRN, der vom Tode errettet.
22 Ja, Gott wird den Kopf seiner Feinde zerschmettern,
   den Schädel der Gottlosen, die da fortfahren in ihrer Sünde.
23 Der Herr hat gesagt: Aus Baschan will ich sie wieder holen,
   aus der Tiefe des Meeres will ich sie holen,
24 dass du deinen Fuß im Blut der Feinde badest
   und deine Hunde es lecken.

25 Man sieht, Gott, wie du einherziehst,
   wie du, mein Gott und König, einherziehst im Heiligtum.
26 Die Sänger gehen voran, am Ende die Spielleute,
   in der Mitte die Jungfrauen, die da Pauken schlagen.
27 »Lobet Gott in den Versammlungen,
   den HERRN, die ihr von Israel herstammt.«
28 Benjamin, der Jüngste, geht ihnen voran, /
   die Fürsten Judas mit ihren Scharen,
   die Fürsten Sebulons, die Fürsten Naftalis.

29 Entbiete, Gott, deine Macht,
   die Macht, Gott, die du an uns bewiesen hast
30 von deinem Tempel her; um Jerusalems willen
   werden dir Könige Geschenke bringen.
31 Bedrohe das Tier im Schilf,
   die Rotte der Mächtigen, die Gebieter der Völker;
   tritt nieder, die das Silber lieb haben,
   zerstreue die Völker, die gerne Krieg führen.
32 Aus Ägypten werden Gesandte kommen;
   Mohrenland wird seine Hände ausstrecken zu Gott.

33 Ihr Königreiche auf Erden, singet Gott,
   lobsinget dem Herrn! SELA.
34 Er fährt einher durch die Himmel,
   die von Anbeginn sind.
   Siehe, er lässt seine Stimme erschallen,
   eine gewaltige Stimme.
35 Gebt Gott die Macht! Seine Herrlichkeit ist über Israel
   und seine Macht in den Wolken.
36 Wundersam ist Gott in seinem Heiligtum; /
   er ist Israels Gott.
   Er wird dem Volke Macht und Kraft geben.
   Gelobt sei Gott!

Schon so lange rufe ich zu dir, Herr, doch es scheint, als würdest du mich nicht hören. Als gingst du an mir vorbei. Ich stehe vor dir und frage dich: Siehst du mich? Herr, du kennst mich und meine tiefe Not! Ich fühle mich wie in einem dunklen Tunnel.

Täglich rufe ich zu dir und bleibe ohne Antwort. Dennoch will ich warten, bis du mich befreist. So gehe ich vorwärts, mit winzig kleinen Schritten, im Vertrauen auf dich. Es kommen Lichtstrahlen in mein Leben. Licht am Ende des Tunnels! Meine Füße gehen weiter, Schritt für Schritt – und auf einmal stehe ich im Freien! Sonnenstrahlen erwärmen mein Gesicht. Mit meinen Augen sehe ich das Wunder der Natur, meine Ohren hören das fröhliche Rauschen des Windes. In meinem Herzen höre ich ein Lied. Ja, Herr, dieser Weg war belastend für mich, aber du hast mir geholfen. Du kennst meine Wege und begleitest mich auch durch die Nacht.

Psalm 69

In Anfechtung und Schmach

1 VON DAVID, VORZUSINGEN, NACH DER WEISE »LILIEN«.
2 Gott, hilf mir!
   Denn das Wasser geht mir bis an die Kehle.
3 Ich versinke in tiefem Schlamm,
      wo kein Grund ist;
   ich bin in tiefe Wasser geraten,
      und die Flut will mich ersäufen.

4 Ich habe mich müde geschrien,
   mein Hals ist heiser.
Meine Augen sind trübe geworden,
   weil ich so lange harren muss auf meinen Gott.
5 Die mich ohne Grund hassen,
   sind mehr, als ich Haare auf dem Haupte habe.
Die mir zu Unrecht Feind sind /
und mich verderben wollen, sind mächtig.
   Ich soll zurückgeben, was ich nicht geraubt habe.

6 Gott, du kennst meine Torheit,
   und meine Schuld ist dir nicht verborgen.
7 Lass an mir nicht zuschanden werden,
   die deiner harren, Herr, HERR Zebaoth!
Lass an mir nicht schamrot werden,
   die dich suchen, Gott Israels!
8 Denn um deinetwillen trage ich Schmach,
   mein Angesicht ist voller Schande.
9 Ich bin fremd geworden meinen Brüdern
   und unbekannt den Kindern meiner Mutter;
10 denn der Eifer um dein Haus hat mich gefressen,
   und die Schmähungen derer, die dich schmähen,
   sind auf mich gefallen.
11 Ich weine bitterlich und faste,
   und man spottet meiner dazu.
12 Ich habe einen Sack angezogen,
   aber sie treiben ihren Spott mit mir.
13 Die im Tor sitzen, schwatzen von mir,
   und beim Zechen singt man von mir.
14 Ich aber bete zu dir, HERR, zur Zeit der Gnade;
   Gott, nach deiner großen Güte erhöre mich mit deiner
   treuen Hilfe.

15 Errette mich aus dem Schlamm,
　　dass ich nicht versinke,
　　dass ich errettet werde vor denen, die mich hassen,
　　und aus den tiefen Wassern;
16 dass mich die Flut nicht ersäufe /
　　und die Tiefe nicht verschlinge
　　und das Loch des Brunnens sich nicht über mir schließe.

Herr, auch mich verzehrt die Sorge um dein Haus! Deine Gemeinde ist in weiten Teilen von einer Oberflächlichkeit geprägt, die mich in Unruhe versetzt! Es tut mir weh, wenn ich sehe, wie wenig Menschen bereit sind, sich zum gemeinsamen Gebet zu treffen. Es tut mir weh, wenn deine Kinder zwar gern zusammen feiern, aber kaum zusammen beten. Deine Gemeinde braucht Gebet! Sie brennt zu wenig für dich und ist zu sehr mit sich selbst beschäftigt! Ich bitte dich, Herr, dass du eine neue Sehnsucht nach dir und deinem Wirken in die Herzen deiner Kinder legst. Dass die Leiterinnen und Leiter mit gutem Beispiel vorangehen und vorleben, was es bedeutet, dich an die erste Stelle zu setzen und die eigenen Prioritäten entsprechend zu ordnen. Hilf uns, die erste Liebe zu dir wiederzuentdecken. Sei uns gnädig, Herr!

17 Erhöre mich, HERR, denn deine Güte ist tröstlich;
　　wende dich zu mir nach deiner großen Barmherzigkeit
18 und verbirg dein Angesicht nicht vor deinem Knechte,
　　denn mir ist angst; erhöre mich eilends.
19 Nahe dich zu meiner Seele und erlöse sie,
　　erlöse mich um meiner Feinde willen.
20 Du kennst meine Schmach, meine Schande und Scham;
　　meine Widersacher sind dir alle vor Augen.

21 Die Schmach bricht mir mein Herz
   und macht mich krank.
   Ich warte, ob jemand Mitleid habe, aber da ist niemand,
   und auf Tröster, aber ich finde keine.
22 Sie geben mir Galle zu essen
   und Essig zu trinken für meinen Durst.

23 Ihr Tisch werde ihnen zur Falle,
   zur Vergeltung und zum Strick.
24 Ihre Augen sollen finster werden, dass sie nicht sehen,
   und ihre Hüften lass immerfort wanken.
25 Gieß deine Ungnade über sie aus,
   und dein grimmiger Zorn ergreife sie.
26 Ihre Wohnstatt soll verwüstet werden,
   und niemand wohne in ihren Zelten.
27 Denn sie verfolgen, den du geschlagen hast,
   und reden gern von dem Schmerz dessen,
   den du hart getroffen hast.
28 Lass sie aus einer Schuld in die andre fallen,
   dass sie nicht kommen zu deiner Gerechtigkeit.
29 Tilge sie aus dem Buch des Lebens,
   dass sie nicht geschrieben stehen bei den Gerechten.
30 Ich aber bin elend und voller Schmerzen.
   Gott, deine Hilfe schütze mich!

31 Ich will den Namen Gottes loben mit einem Lied
   und will ihn hoch ehren mit Dank.
32 Das wird dem HERRN besser gefallen
   als ein Stier, der Hörner und Klauen hat.
33 Die Elenden sehen es und freuen sich,
   und die Gott suchen, denen wird das Herz aufleben.
34 Denn der HERR hört die Armen
   und verachtet seine Gefangenen nicht.

35 Es lobe ihn Himmel und Erde,
   die Meere mit allem, was sich darin regt.
36 Denn Gott wird Zion helfen /
   und die Städte Judas bauen,
      dass man dort wohne und sie besitze.
37 Und die Kinder seiner Knechte werden sie erben,
   und die seinen Namen lieben, werden darin bleiben.

Jesus, wenn ich nicht wüsste, dass du da bist, würde ich verzweifeln! Ich kann den Schmerz kaum aushalten. Die Gemeinheiten, die mir angetan wurden, verfolgen mich wie Feinde. Ich hoffte so sehr, dass jemand mein Leid sehen würde. Aber diejenigen, die so tun, als wollten sie mich trösten, streuen nur Salz in die Wunde und machen es noch schlimmer.

Herr, ich fühle mich so allein! Wenn du mir nicht hilfst, werde ich bestimmt in einer Depression versinken. Hilf, dass mein Herz nicht von Bitterkeit gefangen wird! Hilf mir zu glauben, dass du es gut machen wirst, obwohl andere es böse meinen! Gib mir die Kraft, denen zu vergeben, die so gemein zu mir waren. Gib mir auch das Wollen, denn mein Inneres weigert sich. Doch ich weiß: Nur wenn ich vergebe, komme ich zur Ruhe. Heile meine Verletzungen, damit die Wunde nicht mehr brennt. Du hast gesagt, dass du bei denen bist, denen Unrecht geschieht. Du wirst für mich kämpfen.

Wenn ich mich nun schlafen lege, sei mir nah. Beginne mit dem Heilungsprozess in mir und umfange mein Herz mit deiner tröstenden Nähe. Amen.

Psalm 70

Hilferuf gegen Widersacher
(vgl. Ps 40,14–18)

1 VON DAVID, VORZUSINGEN, ZUM GEDENKOPFER.

2 Eile, Gott, mich zu erretten,
   HERR, mir zu helfen!

3 Es sollen sich schämen und zuschanden werden,
   die mir nach dem Leben trachten;
   sie sollen zurückweichen und zum Spott werden,
   die mir Übles wünschen;

4 sie sollen umkehren um ihrer Schande willen,
   die über mich schreien: Da, da!

5 Lass deiner sich freuen und fröhlich sein
   alle, die nach dir fragen;
   und die dein Heil lieben, lass allewege sagen:
   Hoch gelobt sei Gott!

6 Ich aber bin elend und arm; Gott, eile zu mir!
   Du bist mein Helfer und Erretter; HERR, säume nicht!

Vater im Himmel, ich fühle mich von allen Seiten bedroht! Und das Schlimmste ist, dass ich keinen Ausweg sehe. Am liebsten würde ich mich verstecken, aber es gibt kein Entrinnen, wie sehr ich mich auch um eine Lösung bemüht habe. Die Gedanken umkreisen mich wie dunkle Vögel. Sie sagen mir: „Es ist aus mit dir. Daran wirst du zerbrechen."

Ich fühle mich wie Daniel, als er in der Grube zu den Löwen geworfen wurde. Auch er schien verloren. Aber du hast einen Engel geschickt, der den Löwen den Rachen zugehalten hat.

Danke, dass du auch mir deine Engel schickst. Ich will dir vertrauen, dass du einen Weg für mich hast, auch wenn ich noch keinen sehe. Ja, ich will es laut aussprechen: „Der Herr hat Daniel geholfen und er wird auch mich erretten!" Vater, du hast versprochen, dass du denen hilfst, die zu dir rufen. Du bist stärker als alle Not. Ich werde mich jetzt in deine liebenden Arme legen. Ich will dir vertrauen. Wache über meinen Gedanken, damit mein Herz weiß: Du bist schon unterwegs zu mir mit deiner Hilfe!

Heute binde ich an mich

Heute binde ich an mich
Gottes Kraft, mich zu leiten,
Gottes Macht, mich zu halten,
Gottes Weisheit, mich zu lehren,
Gottes Auge, über mich zu wachen,
Gottes Ohr, mich zu hören,
Gottes Wort, mir die Rede zu geben,
Gottes Hand, mich zu führen,
Gottes Weg, vor mir zu liegen,
Gottes Schild, mich zu schützen,
Gottes Scharen, mich zu bewahren.

Heute binde ich an mich
den starken Namen der Dreieinigkeit.

St. Patrick

Gottes Nähe

„Seid mutig und stark! Habt keine Angst,
und lasst euch nicht von ihnen einschüchtern!
Der Herr, euer Gott, geht mit euch. Er hält immer
zu euch und lässt euch nicht im Stich!"

5. Mose 31,6 (Hfa)

„Der HERR ist nahe allen, die ihn anrufen, allen,
die ihn ernstlich anrufen."

Psalm 145,18

„Von allen Seiten umgibst du mich und hältst deine
schützende Hand über mir."

Psalm 139,5

Jesus spricht: „Ich bin bei euch alle Tage bis
an der Welt Ende."

Matthäus 28,20

Psalm 71

Bitte um Gottes Hilfe im Alter

1 HERR, ich traue auf dich,
  lass mich nimmermehr zuschanden werden.
2 Errette mich durch deine Gerechtigkeit und hilf mir heraus,
  neige deine Ohren zu mir und hilf mir!
3 Sei mir ein starker Hort, zu dem ich immer fliehen kann, /
  der du zugesagt hast, mir zu helfen;
  denn du bist mein Fels und meine Burg.

4 Mein Gott, hilf mir aus der Hand des Gottlosen,
  aus der Hand des Ungerechten und Tyrannen.
5 Denn du bist meine Zuversicht, HERR, mein Gott,
  meine Hoffnung von meiner Jugend an.
6 Auf dich habe ich mich verlassen vom Mutterleib an; /
  du hast mich aus meiner Mutter Leibe gezogen.
  Dich rühme ich immerdar.
7 Ich bin für viele wie ein Zeichen;
  aber du bist meine starke Zuversicht.
8 Lass meinen Mund deines Ruhmes
  und deines Preises voll sein täglich.

Dir, oh Herr, habe ich mein Leben anvertraut. Bei dir bin ich sicher wie ein Adlerküken in seinem Nest hoch oben in den mächtigen Felswänden. Sicher bewahrt wie hinter den starken Mauern einer Burg. Herr, ich brauche deinen Schutz und deine Kraft so dringend in dieser Welt! Ich fühle mich angreifbar und verletzlich mitten in dem Lärm und den Menschenmengen, die mich umgeben. Manchmal erfasst mich die Angst, dass ich dich und dein

*Reich aus den Augen verliere und mich mitreißen lasse von
den Ideen und Wegen der Menschen um mich herum, die
dich nicht kennen. Bewahre mein Herz und mein Leben,
Jesus! Lass mich stets in deiner Nähe bleiben. Du bist mein
sicherer Halt und mein Schutz im Trubel des Lebens. Dir will
ich ganz und gar vertrauen. Amen.*

9 Verwirf mich nicht in meinem Alter,
   verlass mich nicht, wenn ich schwach werde.
10 Denn meine Feinde reden über mich,
   und die auf mich lauern, beraten sich miteinander
11 und sprechen: Gott hat ihn verlassen;
   jagt ihm nach und ergreift ihn, denn da ist kein Erretter!

12 Gott, sei nicht ferne von mir;
   mein Gott, eile, mir zu helfen!
13 Schämen sollen sich und umkommen,
   die meiner Seele Feind sind;
   mit Schimpf und Schande sollen überschüttet werden,
   die mein Unglück suchen.

14 Ich aber will immer harren
   und mehren all deinen Ruhm.
15 Mein Mund soll verkündigen deine Gerechtigkeit,
   täglich deine Wohltaten, die ich nicht zählen kann.
16 Ich gehe einher in der Kraft Gottes des HERRN;
   ich preise deine Gerechtigkeit allein.

*Mein Jesus, nun, da ich älter werde, habe ich die
Wahl: Ich kann klagen über meine Verletzungen
oder dankbar sein für meine Segnungen. Ich kann all die
„Wenn nur"-Situationen meines Lebens bedauern. Oder ich*

kann mich darüber freuen, dass du für mich gesorgt hast.
Halte mein Herz und meine Gedanken frei von Verwirrung.
Ich will niemals vergessen, wer du bist, was du für mich
getan hast und welche wunderbaren Verheißungen du mir
geschenkt hast.

Schieb mich nicht aufs Abstellgleis, wenn ich meinen Beitrag
nicht mehr leisten kann. Hilf mir, die gute Nachricht unter
die Menschen zu bringen, zu beten und von deinen Wundern
zu erzählen. Du hast so viel für mich getan. Du hast mich ge-
rettet und mir durch schwere Zeiten hindurchgeholfen. Des-
halb kann ich singen, sogar in der Nacht. Ich will schreiben
von deiner Gerechtigkeit, reden von deiner Errettung. Sorge
du dafür, dass es immer etwas Gutes in meinem Leben gibt,
von dem ich erzählen kann – bis du mich nach Hause rufst.
Und dann ist mein großer Wunsch, dass du zu mir sagst:
„Gut gemacht!"

17 Gott, du hast mich von Jugend auf gelehrt,
    und noch jetzt verkündige ich deine Wunder.
18 Auch im Alter, Gott, verlass mich nicht,
    und wenn ich grau werde,
  bis ich deine Macht verkündige Kindeskindern
    und deine Kraft allen, die noch kommen sollen.
19 Gott, deine Gerechtigkeit reicht bis zum Himmel;
    der du große Dinge tust, Gott, wer ist dir gleich?
20 Du lässest mich erfahren viele und große Angst
    und machst mich wieder lebendig
  und holst mich wieder herauf
    aus den Tiefen der Erde.
21 Du machst mich sehr groß
    und tröstest mich wieder.

22 So will auch ich dir danken mit Saitenspiel
für deine Treue, mein Gott;
ich will dir zur Harfe lobsingen,
du Heiliger Israels.
23 Meine Lippen und meine Seele, die du erlöst hast,
sollen fröhlich sein und dir lobsingen.
24 Auch meine Zunge soll täglich reden
von deiner Gerechtigkeit;
denn zu Schmach und Schande werden,
die mein Unglück suchen.

*Lieber Vater im Himmel, wenn ich zurückschaue,
erkenne ich, wie viel ich gelernt habe aus deinem
Wort. Du hast mich geführt und bewahrt, auch dann, als ich
es nicht merkte. Dafür danke ich dir von ganzem Herzen,
denn ich weiß, dass du einen guten Plan hast.*

*Obwohl ich das weiß, habe ich trotzdem oft nicht auf dich
gehört und bin eigene Wege gegangen. Zu schnell habe
ich manche Entscheidung getroffen, ohne sie dir im Gebet
hinzulegen. Trotzdem hast du mich auch in diesen Phasen
geleitet und vor manchem bewahrt. Aber das konnte ich
erst im Rückblick sehen und daraus lernen.*

*Heute will ich mich in jeder Lage zuerst an dich wenden.
Dich um Wegweisung und Weisheit bitten. Ich danke dir,
dass du mich nie im Stich gelassen hast. Dass du mich gelehrt hast, dir zu vertrauen. Ich will von dir lernen, die Dinge
mehr und mehr aus deiner Perspektive zu sehen. Danke,
Vater, von ganzem Herzen, dass du ein gnädiger und treuer
Lehrer bist.*

Psalm 72

Der Friedefürst und sein Reich

1 VON SALOMO.
 Gott, gib dein Gericht dem König
  und deine Gerechtigkeit dem Königssohn,
2 dass er dein Volk richte mit Gerechtigkeit
  und deine Elenden rette.
3 Lass die Berge Frieden bringen für das Volk
  und die Hügel Gerechtigkeit.

4 Er soll den Elenden im Volk Recht schaffen
  und den Armen helfen und die Bedränger zermalmen.
5 Er soll leben, solange die Sonne scheint
  und solange der Mond währt, von Geschlecht zu
  Geschlecht.
6 Er soll herabfahren wie der Regen auf die Aue,
  wie die Tropfen, die das Land feuchten.
7 Zu seinen Zeiten soll blühen die Gerechtigkeit
  und großer Friede sein, bis der Mond nicht mehr ist.
8 Er soll herrschen von einem Meer bis ans andere
  und von dem Strom* bis zu den Enden der Erde.
9 Vor ihm sollen sich neigen die Söhne der Wüste,
  und seine Feinde sollen Staub lecken.
10 Die Könige von Tarsis und auf den Inseln
  sollen Geschenke bringen,
 die Könige aus Saba und Seba
  sollen Gaben senden.
11 Alle Könige sollen vor ihm niederfallen
  und alle Völker ihm dienen.

* d. i. der Euphrat.

12 Denn er wird den Armen erretten, der um Hilfe schreit,
und den Elenden, der keinen Helfer hat.
13 Er wird gnädig sein den Geringen
und Armen,
und den Armen wird er helfen.
14 Er wird sie aus Bedrückung und Frevel erlösen,
und ihr Blut ist wert geachtet vor ihm.

15 Er soll leben und man soll ihm geben
vom Gold aus Saba.
Man soll immerdar für ihn beten
und ihn täglich segnen.
16 Voll stehe das Getreide im Land bis oben auf den Bergen;
wie am Libanon rausche seine Frucht.
In den Städten sollen sie grünen
wie das Gras auf Erden.
17 Sein Name bleibe ewiglich;
solange die Sonne währt, blühe sein Name.
Und durch ihn sollen gesegnet sein alle Völker,
und sie werden ihn preisen.

18 Gelobt sei Gott der HERR, der Gott Israels,
der allein Wunder tut!
19 Gelobt sei sein herrlicher Name ewiglich,
und alle Lande sollen seiner Ehre voll werden!
Amen! Amen!
20 ZU ENDE SIND DIE GEBETE DAVIDS, DES SOHNES ISAIS.

L ieber Herr Jesus, du wurdest arm für uns. Du kamst aus deiner Herrlichkeit in diese armselige Welt. Du weißt, wie schwer Armut und Unterdrückung zu ertragen sind. Du selbst warst verachtet und hast gelitten. Darum kannst du auch die Armen, Elenden und Unterdrückten gut verstehen. Jesus, du hast deinem Vater in jeder Situation vertraut. Du hast dich von ihm leiten lassen. Von wenigen Broten und Fischen wurden über fünftausend Menschen satt, weil du sie vermehrt hast.

Im Vertrauen auf dich und deine Hilfe komme ich zu dir in dieser Abendstunde. Ich bringe dir die Verfolgten in anderen Ländern, die tapfer ihren schweren Weg gehen. Ich bete für die Armen in unserer Stadt, die mit wenig Geld ihren Lebensunterhalt bestreiten. Bitte steh du ihnen bei und führe Menschen in ihr Leben, die ihnen helfen. Öffne auch mir Augen, Herz und Hände, wo Hilfe nötig ist. Lass uns alle in deinem Frieden ruhen und morgen mit neuer Kraft erwachen. Danke, dass wir in dir geborgen sein dürfen. Amen.

DRITTES BUCH

Psalm 73

Anfechtung und Trost beim Glück des Gottlosen

1 EIN PSALM ASAFS.
 Gott ist dennoch Israels Trost
  für alle, die reinen Herzens sind.
2 Ich aber wäre fast gestrauchelt mit meinen Füßen;
  mein Tritt wäre beinahe geglitten.
3 Denn ich ereiferte mich über die Ruhmredigen,
  als ich sah, dass es den Gottlosen so gut ging.

4 Denn für sie gibt es keine Qualen,
  gesund und feist ist ihr Leib.
5 Sie sind nicht in Mühsal wie sonst die Leute
  und werden nicht wie andere Menschen geplagt.
6 Darum prangen sie in Hoffart
  und hüllen sich in Frevel.
7 Sie brüsten sich wie ein fetter Wanst,
  sie tun, was ihnen einfällt.
8 Sie achten alles für nichts und reden böse,
  sie reden und lästern hoch her.
9 Was sie reden, das soll vom Himmel herab geredet sein;
  was sie sagen, das soll gelten auf Erden.
10 Darum fällt ihnen der Pöbel zu
  und läuft ihnen zu in Haufen wie Wasser.

11 Sie sprechen: Wie sollte Gott es wissen?
  Wie sollte der Höchste etwas merken?
12 Siehe, das sind die Gottlosen;
  die sind glücklich in der Welt und werden reich.

13 Soll es denn umsonst sein, dass ich mein Herz rein hielt
  und meine Hände in Unschuld wasche?
14 Ich bin doch täglich geplagt,
  und meine Züchtigung ist alle Morgen da.
15 Hätte ich gedacht: Ich will reden wie sie,
  siehe, dann hätte ich das Geschlecht deiner Kinder verleugnet.
16 So sann ich nach, ob ich's begreifen könnte,
  aber es war mir zu schwer,
17 bis ich ging in das Heiligtum Gottes
  und merkte auf ihr Ende.
18 Ja, du stellst sie auf schlüpfrigen Grund
  und stürzest sie zu Boden.
19 Wie werden sie so plötzlich zunichte!
  Sie gehen unter und nehmen ein Ende mit Schrecken.
20 Wie ein Traum verschmäht wird, wenn man erwacht,
  so verschmähst du, Herr, ihr Bild, wenn du dich erhebst.
21 Als es mir wehe tat im Herzen
  und mich stach in meinen Nieren,
22 da war ich ein Narr und wusste nichts,
  ich war wie ein Tier vor dir.

Herr, wenn ich sehe, wie ungerecht dieses Leben ist, bin ich verwirrt. Denn viel zu oft muss ich mit ansehen, dass es guten Menschen schlecht geht und bösen Menschen gut! Ich muss erleben, dass die, die dich lieben und deinen Willen tun, den Kürzeren ziehen und wie Verlierer aussehen. Und dass die, denen nichts heilig ist, ganz oben stehen!

Doch in deiner Gegenwart, Herr, klärt sich mein Blick. Und durch deine Augen sehe ich die Dinge, wie sie wirklich sind. Ich werde neu gewiss: Es lohnt sich, dir nachzufolgen, und die Letzten dieser Welt sind bei dir die Ersten. Hilf mir, mein Gott, deinen guten Willen zu tun. Denn dir Freude zu machen, ist besser als aller äußere Erfolg. Nur auf deinen Wegen finden meine Füße festen Grund. Und nur mit dir an meiner Seite komme ich ans Ziel.

Danke, Herr, dass du der wahre Schatz meines Lebens bist, den mir nichts und niemand nehmen kann. Ich will dir neu vertrauen, dass ich in dir alles habe, was ich brauche.

Durch dich werden wir fest

Es gibt keine Heiligkeit, Herr, wenn du deine Hand
zurückziehst.
Keine Weisheit ist nütze, wenn du nicht mehr steuerst.
Keine Tapferkeit hilft, wenn du nicht mehr schützt.
Verlassen, sinken wir unter und gehen zugrunde.
Kommst du, dann richten wir uns auf und leben.
Unbeständig sind wir, aber durch dich werden wir fest.

Thomas von Kempen

Bei Sorgen

„Alle eure Sorge werft auf ihn; denn er sorgt für euch."
1. Petrus 5,7

„Sorgt euch um nichts, sondern in allen Dingen lasst eure Bitten in Gebet und Flehen mit Danksagung vor Gott kundwerden! Und der Friede Gottes, der höher ist als alle Vernunft, bewahre eure Herzen und Sinne in Christus Jesus."
Philipper 4,6–7

„Und der Friede Christi, zu dem ihr auch berufen seid in einem Leibe, regiere in euren Herzen; und seid dankbar."
Kolosser 3,15

„Wer festen Herzens ist, dem bewahrst du Frieden; denn er verlässt sich auf dich."
Jesaja 26,3

„Darum sollt ihr nicht sorgen und sagen: Was werden wir essen? Was werden wir trinken? Womit werden wir uns kleiden? Nach dem allen trachten die Heiden. Denn euer himmlischer Vater weiß, dass ihr all dessen bedürft."
Matthäus 6,31–32

23 Dennoch bleibe ich stets an dir;
   denn du hältst mich bei meiner rechten Hand,
24 du leitest mich nach deinem Rat
   und nimmst mich am Ende mit Ehren an.
25 Wenn ich nur dich habe,
   so frage ich nichts nach Himmel und Erde.
26 Wenn mir gleich Leib und Seele verschmachtet,
   so bist du doch, Gott, allezeit meines Herzens Trost und
   mein Teil.

27 Denn siehe, die von dir weichen, werden umkommen;
   du bringst um alle, die dir die Treue brechen.
28 Aber **das ist meine Freude, dass ich mich zu Gott halte /**
   und meine Zuversicht setze auf Gott, den HERRN,
   dass ich verkündige all dein Tun.

Guter Gott, wieder liegt ein Tag hinter mir. Es war kein guter Tag für mich. Krankheit hat an mir gezehrt. Schmerzen haben mich gequält. Mutlosigkeit hat mich erfasst. Traurigkeit macht sich breit. Und immer wieder die Frage nach dem Warum.

Warum geht es anderen, die nicht nach dir fragen, oft so gut?

Warum muss ich so leiden? Ich bin doch dein Kind und du mein liebender Vater!

Ich verstehe so vieles nicht. Und das raubt mir den Schlaf. Aber ich bitte dich, Vater im Himmel, wende dich mir zu! Lass mich begreifen, dass das Glück der anderen oft nur vordergründig ist. Ich will mich dir neu anvertrauen, für diese Nacht, für den nächsten Tag. Denn du bist es

doch, der zuverlässiges Lebensglück schenkt. Und Freude.
Und Zuversicht. Darauf vertraue ich. Und davon will ich
erzählen.

Lass mich jetzt zur Ruhe kommen. Meinen Kopf und mein
Herz, meinen Körper und meine Seele. Schenk mir guten
Schlaf und ein frohes Erwachen. Amen.

Psalm 74

Klage vor dem entweihten Heiligtum

1 EINE UNTERWEISUNG ASAFS.
Gott, warum verstößest du uns für immer
und bist so zornig über die Schafe deiner Weide?
2 Gedenke an deine Gemeinde,
die du vorzeiten erworben
und dir zum Erbteil erlöst hast,
an den Berg Zion, auf dem du wohnest.
3 Richte doch deine Schritte zu dem, /
was so lange wüste liegt.
Der Feind hat alles verheert im Heiligtum.
4 Deine Widersacher brüllen in deinem Hause
und stellen ihre Zeichen darin auf.
5 Hoch sieht man Äxte sich heben
wie im Dickicht des Waldes.
6 Sie zerschlagen all sein Schnitzwerk
mit Beilen und Hacken.
7 Sie verbrennen dein Heiligtum,
bis auf den Grund entweihen sie die Wohnung deines
Namens.

8 Sie sprechen in ihrem Herzen: /
    Lasst uns sie ganz unterdrücken!
        Sie verbrennen alle Gotteshäuser im Lande.

9 Unsere Zeichen sehen wir nicht, /
    kein Prophet ist mehr da,
        und keiner ist bei uns, der etwas weiß.

10 Ach, Gott, wie lange soll der Widersacher noch schmähen
        und der Feind deinen Namen immerfort lästern?

11 Warum ziehst du deine Hand zurück?
        Nimm deine Rechte aus dem Gewand und mach ein Ende!

12 Gott ist ja mein König von alters her,
        der alle Hilfe tut, die auf Erden geschieht.

13 Du hast das Meer gespalten durch deine Kraft,
        zerschmettert die Köpfe der Drachen im Meer.

14 Du hast dem Leviatan die Köpfe zerschlagen
        und ihn zum Fraß gegeben dem wilden Getier.

15 Du hast Quellen und Bäche hervorbrechen lassen
        und ließest starke Ströme versiegen.

16 Dein ist der Tag und dein ist die Nacht;
        du hast Gestirn und Sonne die Bahn gegeben.

17 Du hast dem Land seine Grenze gesetzt;
        Sommer und Winter hast du gemacht.

18 So gedenke doch, HERR, wie der Feind schmäht
        und ein törichtes Volk deinen Namen lästert.

19 Gib deine Taube* nicht den Tieren preis;
        das Leben deiner Elenden vergiss nicht für immer.

20 Gedenke an den Bund;
        denn die dunklen Winkel des Landes sind voll Frevel.

21 Lass den Geringen nicht beschämt davongehen,
        lass die Armen und Elenden rühmen deinen Namen.

*   d. i. Israel.

22 Mach dich auf, Gott, und führe deine Sache;
    denk an die Schmach, die dir täglich von den Toren
    widerfährt.
23 Vergiss nicht das Geschrei deiner Feinde;
    das Toben deiner Widersacher wird je länger, je größer.

Ungehorsam hat wirklich einen hohen Preis. Das Heiligtum wurde verwüstet, weil dein Volk dir untreu war, Herr. Und deine Kinder waren kraftlos, frustriert und ohne Hoffnung.

Herr, ich bekenne dir meinen Ungehorsam … Bitte vergib mir! Ich weiß, dass Sünde immer Konsequenzen hat. Sie richtet Schaden an – in meinem Leben und im Leben von anderen. Bitte sei gnädig mit mir! Meine Hoffnung liegt nicht in irgendwelchem Handwerkzeug zur Selbsthilfe, sondern in dir. Ich vertraue darauf, dass du mich befreien wirst. Du wirst mich wiederherstellen, weil dies in deiner Natur liegt – durch die Gnade Jesu Christi. Darauf vertraue ich und dafür danke ich dir. Bitte hilf mir jetzt, deine Vergebung anzunehmen und in Frieden zu schlafen. Amen.

Psalm 75

Gott ist Richter über die Stolzen

1 EIN PSALMLIED ASAFS, VORZUSINGEN, NACH DER WEISE
»VERTILGE NICHT«.
2 Wir danken dir, Gott, wir danken dir
    und verkündigen deine Wunder, dass dein Name
    so nahe ist.

3 »Wenn meine Zeit gekommen ist,
   werde ich recht richten.
4 Die Erde mag wanken und alle, die darauf wohnen,
   aber ich halte ihre Säulen fest.« SELA.

5 Ich sprach zu den Ruhmredigen: Rühmt euch nicht so!,
   und zu den Gottlosen: Pochet nicht auf Gewalt!
6 Pocht nicht so hoch auf eure Gewalt,
   redet nicht so halsstarrig!

7 Denn es kommt nicht vom Aufgang und nicht vom
   Niedergang,
   nicht von der Wüste und nicht von den Bergen,
8 sondern Gott ist Richter,
   der diesen erniedrigt und jenen erhöht.

9 Denn der HERR hat einen Becher in der Hand,
   mit starkem Wein voll eingeschenkt.
   Er schenkt daraus ein, /
   und die Gottlosen auf Erden müssen alle trinken
   und sogar die Hefe schlürfen.

10 Ich aber will verkündigen ewiglich
   und lobsingen dem Gott Jakobs:
11 Er wird alle Gewalt der Gottlosen zerbrechen,
   dass die Gewalt des Gerechten erhöht werde.

Herr, mein Gott, du allein hast am Ende der Zeit die Macht, zu richten über alle Menschen. Wie viele nehmen das nicht ernst! Sie glauben es gar nicht. Deshalb spielen sie sich selbst als Richter und Herren auf. Die Ungerechtigkeit auf dieser Erde wird immer schlimmer. Es vergeht kein einziger Tag, an dem ich nicht von neuen

Mean eff

Bosheiten höre. Das Böse gewinnt immer mehr an Macht und unfassbar viele haben darunter zu leiden. Armut, Krieg und Zerstörung sind die Auswirkungen.

Du bist der Schöpfer unserer wunderschönen Erde und hast jedem Menschen das Leben geschenkt. Wirke doch durch deinen Heiligen Geist, dass es noch viele erkennen und ihr Leben unter deine Herrschaft stellen! Herr, du allein bist gerecht. Was du tust, kann niemand infrage stellen. Du allein bist Herr und Gott. Niemand ist dir gleich.

Danke, dass jetzt noch die Zeit deiner Gnade für jeden gilt. Meine Sehnsucht nach deiner Gerechtigkeit wird immer größer. Deshalb bitte ich dich: Maranata! Herr, komm bald. Amen.

Psalm 76

Gott, der furchtbare Richter

1 EIN PSALMLIED ASAFS, VORZUSINGEN, BEIM SAITENSPIEL.
2 Gott ist in Juda bekannt,
   in Israel ist sein Name herrlich.
3 So erstand in Salem sein Zelt
   und seine Wohnung in Zion.
4 Dort zerbricht er die Pfeile des Bogens,
   Schild, Schwert und Streitmacht. SELA.

5 Du bist herrlicher und mächtiger
   als die ewigen Berge.
6 Beraubt sind die Stolzen und in Schlaf gesunken,
   und allen Kriegern versagen die Hände.

7 Von deinem Schelten, Gott Jakobs,
    sinken in Schlaf Ross und Wagen.

8 Furchtbar bist du!
    Wer kann vor dir bestehen, wenn du zürnest?
9 Wenn du das Urteil lässest hören vom Himmel,
    erschrickt das Erdreich und wird still,
10 wenn Gott sich aufmacht zu richten,
    dass er helfe allen Elenden auf Erden. SELA.
11 Wenn Menschen wider dich wüten,
    bringt es dir Ehre;
und wenn sie noch mehr wüten,
    bist du auch noch gerüstet.

12 Tut Gelübde dem HERRN, eurem Gott, und haltet sie!
    Alle, die ihr um ihn her seid, bringt Geschenke dem
    Furchtbaren,
13 der den Fürsten den Mut nimmt
    und furchtbar ist unter den Königen auf Erden.

Lieber Vater im Himmel, ich staune über deine Macht! Nichts kann dich erschüttern, nichts kann dich aus der Bahn werfen, nichts macht dich klein. Du bist größer, als ich es überhaupt erahnen kann. Deine Autorität über alles, was lebt, bleibt weit hinter meinen Vorstellungen zurück. Ich kann dich nicht begreifen. Das macht mich demütig.

Und doch erlebe ich, wie du mich achtest und persönlich annimmst. Ich bin dir so wichtig, dass du auf meine Gebete hörst. Wie erstaunlich ist das für mich!

Manchmal habe ich Angst, wenn ich sehe, wie die Welt sich entwickelt. Ganze Nationen stellen sich gegen dich. Sie erscheinen mir so mächtig. Wie lange werde ich meinen Glauben an dich noch frei leben können? Doch du, lieber Vater, bist der Herrscher der Welt. Heute und für immer. Deine Gegner können nichts ausrichten gegen deine Macht. Ich gehöre dir, ein für alle Mal, und darf für immer unter deinem Schutz leben. Das tröstet mich für heute und macht mein Herz fest. Vielen Dank dafür. Amen.

Psalm 77

Trost aus Gottes früheren Taten

1 EIN PSALM ASAFS, VORZUSINGEN, FÜR JEDUTUN.

2 Ich rufe zu Gott und schreie um Hilfe,
   zu Gott rufe ich und er erhört mich.

3 In der Zeit meiner Not suche ich den Herrn; /
   meine Hand ist des Nachts ausgereckt und lässt nicht ab;
      denn meine Seele will sich nicht trösten lassen.

4 Ich denke an Gott – und bin betrübt;
   ich sinne nach – und mein Herz ist in Ängsten. SELA.

5 Meine Augen hältst du, dass sie wachen müssen;
   ich bin so voll Unruhe, dass ich nicht reden kann.

6 Ich gedenke der alten Zeit,
   der vergangenen Jahre.

7 Ich denke und sinne des Nachts /
   und rede mit meinem Herzen,
      mein Geist muss forschen.

8 Wird denn der Herr auf ewig verstoßen
   und keine Gnade mehr erweisen?

9 Ist's denn ganz und gar aus mit seiner Güte,
    und hat die Verheißung für immer ein Ende?
10 Hat Gott vergessen, gnädig zu sein,
    oder sein Erbarmen im Zorn verschlossen? SELA.
11 Ich sprach: Darunter leide ich,
    dass die rechte Hand des Höchsten sich so ändern kann.

Ach Herr, gerade wenn ich im Bett liege und schon halb im Einschlafen bin, stürmen die Sorgen ungefiltert auf mich ein: alte Eltern, heranwachsende Kinder, Krankheit, Beziehungsprobleme, Belastungen am Arbeitsplatz … Immer gibt es irgendetwas, das nicht so ist, wie ich es gern hätte. Dann wälze ich mich unruhig im Bett und mir erscheint alles noch einmal so schlimm. Dabei weiß ich doch: Du änderst dich nicht. So wie du früher treu an meiner Seite warst und mich durch allerlei Schwierigkeiten begleitet hast, so wirst du es auch jetzt wieder tun. Deshalb will ich mich auf all das Gute konzentrieren, auf die wunderbaren Fügungen und Begebenheiten, die du in meinem Leben schon gewirkt hast. Bin ich nicht auf einzigartige Weise bei dir geborgen? Wie oft habe ich das schon erfahren! Warum beschleichen mich immer wieder diese Zweifel? Ich lege jetzt all meine Sorgen in deine lieben Hände – und werde in Frieden schlafen.

Heiliger Gott

Heiliger Gott, du bist der heilige Herr, alleiniger Gott,
der Wundertaten vollbringt.
Du bist der Starke, du bist der Große, du bist der Höchste.
Du bist der allmächtige König,
du heiliger Vater bist König des Himmels und der Erde.
Du bist die Weisheit, du bist die Erbarmung, du bist die
Langmut.
Du bist Sicherheit, du bist Ruhe, du bist Freude und Glück.
Du bist Maß und Gerechtigkeit, du aller Reichtum.
Du bist die Schönheit, du bist die Milde.
Du bist Schützer, Hüter und Schirmherr.
Du bist Kraft und Erquickung zumal.
Du unsere Hoffnung, du unser Glaube,
du unsere große Wonne.
Du unser ewiges Leben, Großer, Wunderbarer, Herr,
allmächtiger Gott und barmherziger Heiland.
Dir sei Lob und Preis in alle Ewigkeit. Amen.

Franz von Assisi

Gott loben

„Ich will den HERRN loben allezeit;
sein Lob soll immerdar in meinem Munde sein."
Psalm 34,2

„Wer Dank opfert, der preiset mich, und da ist der Weg,
dass ich ihm zeige das Heil Gottes."
Psalm 50,23

„Lass meinen Mund deines Ruhmes und
deines Preises voll sein täglich."
Psalm 71,8

„Lasst euch vom Geist erfüllen. Ermuntert einander
mit Psalmen und Lobgesängen und geistlichen Liedern,
singt und spielt dem Herrn in eurem Herzen."
Epheser 5,18–19

12 Darum denke ich an die Taten des HERRN,
    ja, ich denke an deine früheren Wunder
13 und sinne über alle deine Werke
    und denke deinen Taten nach.
14 **Gott, dein Weg ist heilig.**
    Wo ist ein so mächtiger Gott, wie du, Gott, bist?
15 Du bist der Gott, der Wunder tut,
    du hast deine Macht bewiesen unter den Völkern.
16 Du hast dein Volk erlöst mit Macht,
    die Kinder Jakobs und Josefs. SELA.

17 Die Wasser sahen dich, Gott,
    die Wasser sahen dich und ängstigten sich,
        ja, die Tiefen tobten.
18 Wasser ergossen sich aus dem Gewölk, /
    die Wolken donnerten,
        und deine Pfeile fuhren einher.
19 Dein Donner rollte, Blitze erhellten den Erdkreis,
    die Erde erbebte und wankte.
20 Dein Weg ging durch das Meer /
    und dein Pfad durch große Wasser;
        doch niemand sah deine Spur.
21 Du führtest dein Volk wie eine Herde
    durch die Hand des Mose und Aaron.

Allmächtiger Herr! Wer bist du? Und wer bin ich?
Du hältst Zeit und Ewigkeit in deinen Händen.
Meine Lebenszeit auf dieser Erde ist kurz und begrenzt.
Du hast die Geschichte der Welt geschrieben und jeder Akt
spielt unter deiner Regie. Mir entgleiten meine Vorhaben
oft und ich halte nur noch Scherben in der Hand. Du setzt
Naturgesetze außer Kraft und handelst souverän, so wie du
es willst. Ich unterwerfe mich so vielen unnützen Gesetzen,

*dass ich mich innerlich zerrissen fühle und zur Getriebenen
werde.*

*Du und ich, Herr, wir passen nicht zusammen. Aber du
suchst mich, findest mich, begleitest mich, stärkst mich, stützt
mich, liebst mich. Mein Herz wird ganz still in deiner Gegenwart und staunt über dich und dein Wesen – allmächtig und
doch im Kleinen erlebbar, heilig und doch nahbar, ewig und
doch mitten in meinem Leben. Danke!*

Psalm 78

Schuld, Gericht und Gnade
in Israels Geschichte
(vgl. Psalm 106,1–48)

1 EINE UNTERWEISUNG ASAFS.
Höre, mein Volk, meine Unterweisung,
 neiget eure Ohren zu der Rede meines Mundes!

2 Ich will meinen Mund auftun zu einem Spruch
 und Geschichten verkünden aus alter Zeit.

3 Was wir gehört haben und wissen
 und unsre Väter uns erzählt haben,

4 das wollen wir nicht verschweigen ihren Kindern;
 wir verkündigen dem kommenden Geschlecht
den Ruhm des HERRN und seine Macht
 und seine Wunder, die er getan hat.

5 Er richtete ein Zeugnis auf in Jakob
 und gab ein Gesetz in Israel
und gebot unsern Vätern,
 es ihre Kinder zu lehren,

6 damit es die Nachkommen lernten,
   die Kinder, die noch geboren würden;
die sollten aufstehen
   und es auch ihren Kindern verkündigen,
7 dass sie setzten auf Gott ihre Hoffnung /
und nicht vergäßen die Taten Gottes,
   sondern seine Gebote hielten
8 und nicht würden wie ihre Väter,
   ein abtrünniges und ungehorsames Geschlecht,
dessen Herz nicht fest war
   und dessen Geist sich nicht treu an Gott hielt,
9 wie die Söhne Ephraim, die den Bogen führten,
   abfielen zur Zeit des Streits;
10 sie hielten den Bund Gottes nicht
   und wollten nicht in seinem Gesetz wandeln
11 und vergaßen seine Taten und seine Wunder,
   die er ihnen erwiesen hatte.

Danke, Herr, für die Kinder, die du mir anvertraut hast. Ich weiß, dass du mir mit diesem Geschenk auch eine Aufgabe gegeben hast. „Lehrt eure Kinder, was ich Großes an euch getan habe", hast du gesagt. Bitte vergib mir, wo ich Gelegenheiten habe ungenutzt verstreichen lassen. Wie schnell vergesse ich dich in meinem Alltag – dabei solltest du derjenige sein, um den sich alles Reden und Handeln dreht!

Bitte hilf mir, den Kindern ganz selbstverständlich von dir zu erzählen: von deiner Geschichte mit deinem Volk, wie sie in der Bibel steht. Und von dem, was ich persönlich mit dir erlebe. Die Kinder sollen erfahren, dass du ein lebendiger Gott bist, der auch heute wunderbar wirkt. Gib mir dafür gute Ideen und die richtigen Worte, dass sie im Herzen ver-

stehen, wie wunderbar du bist und was du alles Großes
getan hast.

Und bitte erinnere mich morgen daran, dass ich einem Kind
von dir erzähle und ihm sage, wie wertvoll es in deinen
Augen ist.

12 Vor ihren Vätern tat er Wunder
    in Ägyptenland, im Gefilde von Zoan.
13 Er zerteilte das Meer und ließ sie hindurchziehen
    und stellte das Wasser fest wie eine Mauer.
14 Er leitete sie am Tage mit einer Wolke
    und die ganze Nacht mit einem hellen Feuer.
15 Er spaltete die Felsen in der Wüste
    und tränkte sie mit Wasser in Fülle;
16 er ließ Bäche aus den Felsen kommen,
    dass sie hinabflossen wie Wasserströme.

17 Dennoch sündigten sie weiter wider ihn
    und empörten sich in der Wüste gegen den Höchsten;
18 sie versuchten Gott in ihrem Herzen,
    als sie Speise forderten für ihr Gelüste,
19 und redeten wider Gott und sprachen:
    Kann Gott wohl einen Tisch bereiten in der Wüste?
20 Siehe, er hat wohl den Felsen geschlagen,
    dass Wasser strömten und Bäche sich ergossen;
   kann er aber auch Brot geben
    und seinem Volk Fleisch verschaffen?
21 Da der HERR das hörte, entbrannte er im Grimm,
    und Feuer brach aus in Jakob,
    und Zorn kam über Israel,
22 weil sie nicht glaubten an Gott
    und nicht hofften auf seine Hilfe.

23 Und er gebot den Wolken droben
    und tat auf die Türen des Himmels
24 und ließ Manna auf sie regnen zur Speise
    und gab ihnen Himmelsbrot.
25 Brot der Engel aßen sie alle,
    er sandte ihnen Speise in Fülle.
26 Er ließ wehen den Ostwind unter dem Himmel
    und erregte durch seine Stärke den Südwind
27 und ließ Fleisch auf sie regnen wie Staub
    und Vögel wie Sand am Meer;
28 mitten in das Lager fielen sie ein,
    rings um seine Wohnung her.
29 Da aßen sie und wurden sehr satt;
    und was sie verlangten, gewährte er ihnen.
30 Sie hatten ihr Verlangen noch nicht gestillt,
    ihre Speise war noch in ihrem Munde,
31 da kam der Zorn Gottes über sie /
und brachte ihre Vornehmsten um
und schlug die Besten in Israel nieder.

*L*ieber Vater im Himmel, du sorgst für mich. Tag für
Tag neu. Du bist bei mir. Du kümmerst dich um mich.
*Gibst mir genug zu essen und zu trinken. Und doch, immer
wieder bin ich unzufrieden. Ich sehe das, was ich nicht habe.
Möchte das, was andere haben.*

*Vergib mir bitte, und hilf mir, das zu sehen, was ich von und
in dir habe! Auch in Zeiten des Mangels hast du mir immer
einen Weg gezeigt. Du wirst mich auch weiterhin führen, darauf vertraue ich. Deine Hand lässt mich nicht los. Sie trägt
mich, wenn ich nicht mehr weiterweiß. Sie fängt mich auf,
wenn ich falle. In deinen Armen bin ich geborgen, in der Gewissheit, dass du einen guten Plan für mich hast. Du kommst*

*mit mir zum Ziel. Danke, dass du dich um mich kümmerst
und mir Ruhe gibst.
Amen.*

32 Zu dem allen sündigten sie noch mehr
    und glaubten nicht an seine Wunder.
33 Darum ließ er ihre Tage dahinschwinden ins Nichts
    und ihre Jahre in Schrecken.
34 Wenn er den Tod unter sie brachte, suchten sie Gott
    und fragten wieder nach ihm
35 und dachten daran, dass Gott ihr Hort ist
    und Gott, der Höchste, ihr Erlöser.
36 Doch betrogen sie ihn mit ihrem Munde
    und belogen ihn mit ihrer Zunge.
37 Ihr Herz hing nicht fest an ihm,
    und sie hielten nicht treu an seinem Bunde.
38 Er aber war barmherzig und vergab die Schuld
    und vertilgte sie nicht
  und wandte oft seinen Zorn ab
    und ließ nicht seinen ganzen Grimm an ihnen aus.
39 Denn er dachte daran, dass sie Fleisch sind,
    ein Hauch, der dahinfährt und nicht wiederkommt.

40 Wie oft trotzten sie ihm in der Wüste
    und betrübten ihn in der Einöde!
41 Sie versuchten Gott immer wieder
    und kränkten den Heiligen Israels.
42 Sie dachten nicht an die Taten seiner Hand,
    an den Tag, als er sie erlöste von den Feinden,
43 wie er seine Zeichen in Ägypten getan hatte
    und seine Wunder im Lande Zoan;
44 als er ihre Ströme in Blut verwandelte,
    dass sie aus ihren Flüssen nicht trinken konnten;

45 als er Ungeziefer unter sie schickte, das sie fraß,
　　und Frösche, die ihnen Verderben brachten,
46 und ihr Gewächs den Raupen gab
　　und ihre Saat den Heuschrecken;
47 als er ihre Weinstöcke mit Hagel schlug
　　und ihre Maulbeerbäume mit Schloßen;
48 als er ihr Vieh preisgab dem Hagel
　　und ihre Herden dem Wetterstrahl;
49 als er die Glut seines Zornes unter sie sandte,
　　Grimm und Wut und Drangsal, eine Schar Verderben
　　bringender Engel;
50 als er seinem Zorn freien Lauf ließ /
　und ihre Seele vor dem Tode nicht bewahrte
　　und ihr Leben preisgab der Pest;
51 als er alle Erstgeburt in Ägypten schlug,
　　die Erstlinge ihrer Kraft in den Zelten Hams.
52 Er ließ sein Volk ausziehen wie Schafe
　　und führte sie wie eine Herde in der Wüste;
53 und er leitete sie sicher, /
　dass sie sich nicht fürchteten;
　　aber ihre Feinde bedeckte das Meer.
54 Er brachte sie zu seinem heiligen Lande,
　　zu diesem Berge, den seine Rechte erworben hat,
55 und vertrieb vor ihnen her die Völker /
　und verteilte ihr Land als Erbe
　　und ließ in ihren Zelten die Stämme Israels wohnen.

*Großer Gott, du kennst mich. Du hast mich geschaffen.
Und mein zerbrechliches Leben ist immer nur einen
Atemzug entfernt von deiner Ewigkeit. Danke, dass du bis
jetzt deine Hand gehalten hast über mir. Wenn ich manchmal schlecht Luft bekomme, bin ich mir voll bewusst: Atmen
zu können, ist ein Geschenk von dir – Gnade.*

*Der Beter Asaf ist mir ein Vorbild. In diesem langen Gebet
beschreibt er so intensiv dein Handeln in der Geschichte
Israels. Er will kommende Generationen mit hineinnehmen
in Zeichen und Wunder, in deine Fußspuren in dieser Welt,
mein Gott.*

*Herr, vergib mir, wenn ich meinen Kindern und überhaupt
jüngeren Menschen in meinem Leben so wenig von dir sage.
Ich will das ändern. Sie sollen wissen, wer die wahre Stärke
und der einzig bleibende Halt in ihrem Leben ist. Herr, ich
will heute Abend an dich denken, wenn ich die Augen schließe. Und wenn ich sie dann morgen wieder öffne, will ich mir
deinen Blick schenken lassen auf Menschen und Situationen
in meinem Leben. Amen.*

56 Aber sie versuchten Gott und trotzten dem Höchsten
    und hielten seine Gebote nicht;
57 sie wichen zurück und waren treulos wie ihre Väter
    und versagten wie ein schlaffer Bogen;
58 sie erzürnten ihn mit ihren Höhen
    und reizten ihn zum Zorn mit ihren Götzen.
59 Als das Gott hörte, entbrannte sein Grimm,
    und er verwarf Israel so sehr,
60 dass er seine Wohnung in Silo dahingab,
    das Zelt, in dem er unter Menschen wohnte;
61 er gab seine Macht* in Gefangenschaft
    und seine Herrlichkeit** in die Hand des Feindes;
62 er übergab sein Volk dem Schwert
    und ergrimmte über sein Erbe.

---

*   Gemeint ist die Bundeslade (Psalm 132,8).
**   Gemeint ist die Bundeslade (1. Samuel 4,21).

63 Ihre junge Mannschaft fraß das Feuer,
  und ihre Jungfrauen mussten ungefreit bleiben.
64 Ihre Priester fielen durchs Schwert,
  und die Witwen konnten die Toten nicht beweinen.
65 Da erwachte der Herr wie ein Schlafender,
  wie ein Starker, der beim Wein fröhlich war,
66 und schlug seine Feinde hinten
  und hängte ihnen ewige Schande an.
67 Er verwarf das Zelt Josefs
  und erwählte nicht den Stamm Ephraim,
68 sondern erwählte den Stamm Juda,
  den Berg Zion, den er lieb hat.
69 Er baute sein Heiligtum wie Himmelshöhen,
  wie die Erde, die er gegründet hat für immer,
70 und erwählte seinen Knecht David
  und nahm ihn von den Schafhürden;
71 von den säugenden Schafen holte er ihn,
  dass er sein Volk Jakob weide und sein Erbe Israel.
72 Und er weidete sie mit aller Treue
  und leitete sie mit kluger Hand.

O h Jesus, was für ein Durcheinander! Was ich in diesem Psalm lese, sehe ich auch in unserer Welt – und manchmal auch in mir. Wie tröstlich sind da die Verse am Ende des Psalms: Du schaffst Ordnung. Du führst und leitest. Du berufst und befähigst. Du gibst Orientierung, die dieser Welt und mir so oft fehlt.

Bitte leite auch mich in aller Treue! An deiner klugen Hand möchte ich unterwegs sein. Und gerne will auch ich für andere jemand sein, dem man vertrauen kann. Der treu ist. Der an Menschen und ihre Begabungen und Herzenseinstellungen glaubt. Ich möchte die von dir geschenkte Weisheit und Kraft nutzen, um Menschen zu leiten und ihnen zum Segen zu werden. In meiner Familie. In meiner Gemeinde. Unter Nachbarn und Kollegen.

Herr, du baust dein Heiligtum wie „Himmelshöhen". So möchte auch ich Orte schaffen, an denen Menschen den Himmel spüren können und dir näherkommen. Amen.

Der Weg zur heiligen Versöhnung

Herr Jesus Christus,
der du uns geboten hast, nicht Böses mit Bösem zu vergelten,
sondern für die zu beten, die uns hassen und beneiden,
mach, dass wir durch den Heiligen Geist unsere Feinde lieben
und insbesondere für sie beten.

Mach, oh Christus, Sohn Gottes, dass unser Gebet für die aufrichtig sei,
von denen du weißt, dass sie uns Böses angetan haben.
Wenn wir in irgendeiner Weise der Grund gewesen sind für die Beleidigungen,
die sie uns angetan haben, dann bessere uns
und ebne uns den Weg zu einer heiligen Versöhnung.

Mach, dass ihr Zorn nicht immer weiter gegen uns glühe,
sondern befreie sie und uns von der bösen Gewalt des Hasses,
auf dass wir bereit sind, die Vergehen auf beiden Seiten wiedergutzumachen.
Mach, dass der Friede Gottes unser Herz und unseren Verstand lenke,
jetzt und in alle Ewigkeit.

Anselm von Canterbury

Anderen vergeben

„Vater, vergib ihnen; denn sie wissen nicht,
was sie tun!"

Lukas 23,34

„Wenn ihr steht und betet, so vergebt, wenn ihr etwas
gegen jemanden habt, damit auch euer Vater im Himmel
euch vergebe eure Übertretungen."

Markus 11,25

„Lass dich nicht vom Bösen überwinden,
sondern überwinde das Böse mit Gutem."

Römer 12,21

„Ertrage einer den andern und vergebt euch untereinander, wenn jemand Klage hat gegen den andern;
wie der Herr euch vergeben hat, so vergebt auch ihr!"

Kolosser 3,13

„Alle Bitterkeit und Grimm und Zorn und Geschrei
und Lästerung seien fern von euch samt aller Bosheit.
Seid aber untereinander freundlich und herzlich und
vergebt einer dem andern, wie auch Gott euch vergeben hat in Christus."

Epheser 4,31–32

Psalm 79

***Gebet des Volkes Gottes
in schwerer Kriegsnot***

1 EIN PSALM ASAFS.
   Gott, es sind Heiden in dein Erbe eingefallen; /
   die haben deinen heiligen Tempel entweiht
      und aus Jerusalem einen Steinhaufen gemacht.
2 Sie haben die Leichname deiner Knechte /
   den Vögeln unter dem Himmel zu fressen gegeben
      und das Fleisch deiner Heiligen den Tieren im Lande.
3 Sie haben ihr Blut vergossen um Jerusalem her wie Wasser,
      und da war niemand, der sie begrub.
4 Wir sind bei unsern Nachbarn eine Schmach geworden,
      zu Spott und Hohn bei denen, die um uns her sind.

5 HERR, wie lange willst du so sehr zürnen
      und deinen Eifer brennen lassen wie Feuer?
6 Schütte deinen Grimm auf die Völker, die dich nicht kennen,
      und auf die Königreiche, die deinen Namen nicht
      anrufen.
7 Denn sie haben Jakob gefressen
      und seine Stätte verwüstet.
8 Rechne uns die Schuld der Väter nicht an,
      erbarme dich unser bald, denn wir sind sehr elend.

9 Hilf du uns, Gott, unser Helfer,
      um deines Namens Ehre willen!
   Errette uns und vergib uns unsre Sünden
      um deines Namens willen!
10 Warum lässt du die Heiden sagen:
      »Wo ist nun ihr Gott?«

Lass unter den Heiden vor unsern Augen kundwerden
die Vergeltung für das Blut deiner Knechte, das vergossen ist.
11 Lass vor dich kommen das Seufzen der Gefangenen;
durch deinen starken Arm erhalte die Kinder des Todes
12 und vergilt unsern Nachbarn siebenfach auf ihr Haupt
ihr Schmähen, mit dem sie dich, Herr, geschmäht haben.

13 Wir aber, dein Volk, die Schafe deiner Weide,
danken dir ewiglich und verkünden deinen Ruhm
für und für.

Herr, am Ende dieses Tages schütte ich mein Herz bei dir aus. Du siehst die Menschen, die mich verachten und mir wehtun. Du kennst die Menschen, die mich verlassen haben. Ich fühle mich einsam und ungeliebt, nicht beachtet und an den Rand gedrängt.

Es kommt mir so vor, als seist du nicht mehr da. Wo bist du, mein Gott?

Ich bringe dir meinen Schmerz. Heile du ihn. Hilf mir zu vergeben und zu erkennen, dass du der Herr der Situation bist. Niemand kann mir schaden, wenn du es nicht erlaubst. Und selbst, wenn andere mir schaden wollen, kannst du es gebrauchen, um mich zu segnen. Deshalb kann ich vergeben und anderen Gutes wünschen. Denn du wirst dich darum kümmern, dass ich nicht zu kurz komme. So lege ich alles in deine guten Vaterhände: Schmerz und Leid, Verlassensein und Einsamkeit. Wende du es zum Guten und lass mich in Frieden schlafen. Amen.

Psalm 80

Gebet für den zerstörten
»Weinstock Gottes«

1 EIN PSALM ASAFS, VORZUSINGEN, NACH DER WEISE »LILIEN
DES ZEUGNISSES«.

2 Du Hirte Israels, höre, /
der du Josef hütest wie Schafe!
Erscheine, der du thronst über den Cherubim,

3 vor Ephraim, Benjamin und Manasse!
Erwecke deine Kraft
und komm uns zu Hilfe!

4 GOTT, TRÖSTE UNS WIEDER
UND LASS LEUCHTEN DEIN ANTLITZ, SO GENESEN WIR.

Jesus, du bist der gute Hirte, der sich um seine Schafe
kümmert. Wie fürsorglich und liebevoll gehst du mit uns
um! Immer bist du für uns da. Nie lässt du uns im Stich. Du
bist der gute Hirte und gleichzeitig bist du der wahre König
und Herrscher, dem alle Königreiche der Erde gehören. Du
thronst über allem, was im Himmel und was auf der Erde ist.

Wer ist so mächtig wie du? Gibt es etwas, das dich über-
fordern könnte? Nein, nichts auf der ganzen Welt ist dir zu
schwer. Deshalb bin ich gewiss: Auch meine Situation ist
nicht zu schwierig für dich.

Herr, lass alle erkennen, wie groß du bist! Zeige deine Macht!
Greif doch ein und hilf mir! Komm mit deiner übernatür-
lichen Kraft und lass mich erleben, wie herrlich du bist!

5 HERR, Gott Zebaoth, wie lange willst du zürnen,
   während dein Volk zu dir betet?
6 Du speisest sie mit Tränenbrot
   und tränkest sie mit einem großen Krug voll Tränen.
7 Du lässest unsre Nachbarn sich um uns streiten,
   und unsre Feinde verspotten uns.
8 GOTT ZEBAOTH, TRÖSTE UNS WIEDER;
   LASS LEUCHTEN DEIN ANTLITZ, SO GENESEN WIR.

9 Du hast einen Weinstock aus Ägypten geholt,
   hast vertrieben die Völker und ihn eingepflanzt.
10 Du hast vor ihm Raum gemacht /
   und hast ihn lassen einwurzeln,
   dass er das Land erfüllt hat.
11 Berge sind mit seinem Schatten bedeckt
   und mit seinen Reben die Zedern Gottes.
12 Du hast seine Ranken ausgebreitet bis an das Meer
   und seine Zweige bis an den Strom.
13 Warum hast du denn seine Mauer zerbrochen,
   dass jeder seine Früchte abreißt, der vorübergeht?
14 Es haben ihn zerwühlt die wilden Säue
   und die Tiere des Feldes ihn abgeweidet.
15 Gott Zebaoth, wende dich doch! /
   Schaue vom Himmel und sieh darein,
   nimm dich dieses Weinstocks an!
16 Schütze doch, was deine Rechte gepflanzt hat,
   den Sohn, den du dir großgezogen hast!
17 Sie haben ihn mit Feuer verbrannt wie Kehricht;
   vor dem Drohen deines Angesichts sollen sie umkommen.

18 Deine Hand schütze den Mann deiner Rechten,
   den Sohn, den du dir großgezogen hast.
19 So wollen wir nicht von dir weichen.
   Lass uns leben, so wollen wir deinen Namen anrufen.
20 Herr, Gott Zebaoth, tröste uns wieder;
   lass leuchten dein Antlitz, so genesen wir.

Wie lange noch, Herr? Es ist so schwer und ich bin traurig. Ja, ich habe versagt. Ich habe nicht recht vor dir gehandelt und erlebe jetzt die Konsequenzen meines Tuns.

Herr, bist du zornig über mich? Du hast mich doch aus „Ägypten" befreit, wo ich versklavt war und das Gute nicht tun konnte, obwohl ich es wollte. Du hast mir neues, göttliches Leben geschenkt, mich innerlich reich gemacht. Du hast mein Herz erfüllt mit so viel Liebe und Freude. Ich war so glücklich.

Doch davon ist mir viel verloren gegangen. Ich fühle mich am Boden zerstört. Ich wünsche mir so sehr, deine tröstende Nähe wieder zu spüren. Gib mir neu deine göttliche Kraft, sodass ich mich keinen Schritt mehr von dir entferne! Hilf mir auf, Herr, verändere meine Situation! Nimm dich meiner an. Du nur bist mein Herr und mein Gott. Ich will dir ganz und gar folgen. Wirke neu in mir mit deiner göttlichen Kraft.

Psalm 81

Die wahre Festfeier

1 VON ASAF, VORZUSINGEN, AUF DER GITTIT.

2 Singet fröhlich Gott, der unsre Stärke ist,
   jauchzet dem Gott Jakobs!

3 Hebt an mit Psalmen und lasst hören die Pauken,
   liebliche Zithern und Harfen!

4 Blaset am Neumond die Posaune,
   am Vollmond, am Tag unsres Festes!

5 Denn das ist eine Satzung für Israel
   und eine Ordnung des Gottes Jakobs.

6 Das hat er zum Zeugnis gesetzt für Josef,
   als Er auszog wider Ägyptenland.

   Eine Sprache höre ich, die ich bisher nicht kannte:

7 Ich habe ihre Schultern von der
   Last befreit und ihre Hände vom Tragkorb erlöset.

8 Als du mich in der Not anriefst, half ich dir heraus
   und antwortete dir aus der Wetterwolke und prüfte dich
   am Haderwasser. SELA.

9 Höre, mein Volk, ich will dich ermahnen.
   Israel, du sollst mich hören!

10 Kein andrer Gott sei unter dir,
   und einen fremden Gott sollst du nicht anbeten!

11 Ich bin der HERR, dein Gott, /
   der dich aus Ägyptenland geführt hat:
   Tu deinen Mund weit auf, lass mich ihn füllen!

Am Abend dieses Tages komme ich zu dir, Herr. Dein ist der Tag und dein ist die Nacht. An der Schwelle vom einen zum anderen will ich innehalten und den Tag Revue passieren lassen. Vieles war wie gewöhnlich, und ich danke dir, dass ich's gut bewältigen konnte. Anderes hat mich herausgefordert, aber du hast mir eine Extraportion Kraft gegeben. Dann habe ich richtige Glücksmomente erlebt! Mein Herz hüpfte vor Freude. Aber es gab auch Situationen, in denen ich an meine Grenzen kam und auch schuldig geworden bin. Bei allem warst du bei mir, hast mich in meinen starken wie in meinen schwachen Momenten gesehen.

Dein Wort sagt mir: Du hilfst, wenn ich dich anrufe. Besonders, wenn ich in Not bin. Ja, das war ich heute auch und du hast mir geholfen. Aber du wünschst dir auch, dass ich mich dir zuwende, wenn es mir gut geht. Du lädst mich ein, die Freude mit dir zu teilen über alles, was gelingt. Morgen will ich's wieder versuchen: mit deiner Hilfe und mit deiner Kraft. In meiner Not und in meiner Freude.

12 Aber mein Volk gehorcht nicht meiner Stimme,
    und Israel will mich nicht.
13 So hab ich sie dahingegeben in die Verstocktheit ihres Herzens,
    dass sie wandeln nach eigenem Rat.

14 Wenn doch mein Volk mir gehorsam wäre
    und Israel auf meinem Wege ginge!
15 Dann wollte ich seine Feinde bald demütigen
    und meine Hand gegen seine Widersacher wenden!
16 Und die den HERRN hassen, müssten sich vor ihm beugen,
    aber Israels Zeit würde ewiglich währen,
17 und ich würde es mit dem besten Weizen speisen
    und mit Honig aus dem Felsen sättigen.

Vater, deine Sehnsucht nach uns ist zum Greifen nah! Du wünschst dir Gehorsam und Vertrauen – ohne Wenn und Aber. Das will ich – und steh mir doch oft selbst im Weg. Dabei schwanke ich zwischen perfektionistischem Glaubensanspruch und meiner eigenen Vorstellung von einem guten Leben. Allzu oft habe ich deine Botschaften an mich nicht erkannt.

Dennoch bleibt dein Werben um mich von unendlicher Liebe getragen. Das spüre ich und das berührt mich. Es trifft mich mitten ins Herz. Darum möchte ich heute mein „Ich will" erneuern. Vater im Himmel, ich will mich deinem Willen beugen. Ich will die Ohren des Herzens für deine Botschaften öffnen. Ich will Gehorsam vom Vorbild Jesu lernen. Ich will mich dabei an dir festhalten. Danke, dass du mich nicht fallen lässt. Danke, dass du immer weiter um mich wirbst und mich nicht aufgibst. Ich darf zu dir hinwachsen. Danke, dass du dein Werben mit Chancen verbindest. Amen.

Bleibe, Abend will es werden

Bleibe, Abend will es werden,
und der Tag hat sich geneigt:
Bleibe, Herr, bei uns auf Erden,
bis die letzte Klage schweigt.
Wer soll uns unsre Tränen stillen,
wenn es deine Hand nicht tut?
Wer des Herzens Zug erfüllen,
wenn nicht deine Liebesglut?
Ach, so falsch ist ja die Erde,
ach, so schwankend ist das Herz:
Von der Erde, voll Beschwerde,
führe du uns himmelwärts!
Bleibe, Abend will es werden,
und der Tag neigt sich zur Ruh!
Bleibe, Herr, uns hier auf Erden,
uns im Himmel bleibe du!

Franz Alfred Muth

Bei Einschlaf- schwierigkeiten

„Ich liege und schlafe ganz mit Frieden;
denn allein du, HERR, hilfst mir, dass ich sicher wohne."
Psalm 4,9

„Legst du dich, so wirst du dich nicht fürchten,
und liegst du, so wirst du süß schlafen."
Sprüche 3,24

„Es ist umsonst, dass ihr früh aufsteht und
hernach lange sitzet und esset euer Brot mit Sorgen;
denn seinen Freunden gibt er es im Schlaf."
Psalm 127,2

„Ich wache auf, wenn's noch Nacht ist,
nachzusinnen über dein Wort."
Psalm 119,148

„Ich liege und erwache;
denn der HERR hält mich."
Psalm 3,6

Psalm 82

Der höchste Richter

1 EIN PSALM ASAFS.
Gott steht in der Gottesgemeinde
und ist Richter unter den Göttern.

2 »Wie lange wollt ihr unrecht richten
und die Gottlosen vorziehen? SELA.

3 Schaffet Recht dem Armen und der Waise
und helft dem Elenden und Bedürftigen zum Recht.

4 Errettet den Geringen und Armen
und erlöst ihn aus der Gewalt der Gottlosen.«

Lieber Vater im Himmel, es gibt so viele Arme und
Schwache auf dieser Erde! Viel zu viele sind Opfer
von Gewalt, Ungerechtigkeit und Missbrauch. Danke, dass
dir diese Menschen nicht egal sind. Du beugst dich zu ihnen
hinab. Dein Erbarmen reicht bis in den hintersten Winkel
des Leids und in die dunkelste Ecke der Unterdrückten und
Gefangenen. Du bist voller Mitgefühl und Liebe.

Herr, lass uns in deiner Spur zu Menschen werden, die dein
Erbarmen sichtbar machen. Gib uns Barmherzigkeit und
Liebe für Menschen, die leiden. Hilf uns zu sehen, wo wir
helfen können. Schenk uns die Kraft, einzuschreiten und dem
Unrecht Einhalt zu gebieten.

Danke, dass eine Zeit kommen wird, in der du dem Unrecht
endgültig ein Ende setzen wirst.

5 Sie lassen sich nichts sagen und sehen nichts ein, /
  sie tappen dahin im Finstern.
  Darum wanken alle Grundfesten der Erde.

6 »Wohl habe ich gesagt: Ihr seid Götter
  und allzumal Söhne des Höchsten;
7 aber ihr werdet sterben wie Menschen
  und wie ein Tyrann zugrunde gehen.«

8 Gott, mache dich auf und richte die Erde;
  denn du bist Erbherr über alle Heiden!

Mein Gott und mein Herr! Du bist immer noch Herr der Lage – Herrscher dieser Welt und über die Menschen! Du regierst das All, du lenkst Herzen wie Wasserbäche, du hast alle Macht im Himmel und auf Erden! Noch sehe ich so wenig davon. Herr der Welt, mach dich auf – greif ein! In meiner Familie, wo Streit und Unverständnis herrschen. In Schulen und an Arbeitsplätzen, wo Schwache und Außenseiter gemobbt werden. In unserem Land und in anderen Ländern, wo Tausende Kinder jedes Jahr im Mutterleib getötet werden. In den Kriegsgebieten im Nahen Osten und in Afrika, wo die Bevölkerung leidet. In der muslimischen Welt, wo Christen verfolgt, gefoltert und ermordet werden.

Dir allein gehört die Welt und alles, was darinnen ist! Amen.

Psalm 83

Gebet gegen einen Bund von Feinden des Gottesvolkes

1 EIN PSALMLIED ASAFS.
2 Gott, schweige doch nicht!
    Gott, bleib nicht so still und ruhig!

3 Denn siehe, deine Feinde toben,
    und die dich hassen, erheben das Haupt.
4 Sie machen listige Anschläge wider dein Volk
    und halten Rat wider die, die bei dir sich bergen.
5 »Wohlan!«, sprechen sie, »Lasst uns sie ausrotten, /
dass sie kein Volk mehr seien
    und des Namens Israel nicht mehr gedacht werde!«

6 Denn sie sind miteinander eins geworden
    und haben einen Bund wider dich gemacht:
7 die in den Zelten von Edom und Ismael wohnen,
    Moab und die Hagariter,
8 Gebal, Ammon und Amalek,
    die Philister mit denen von Tyrus;
9 auch Assur hat sich zu ihnen geschlagen,
    sie helfen den Söhnen Lot. SELA.
10 Mach's mit ihnen wie mit Midian,
    wie mit Sisera, mit Jabin am Bach Kischon,
11 die vertilgt wurden bei En-Dor
    und wurden zu Mist auf dem Acker.
12 Mache ihre Fürsten wie Oreb und Seeb,
    alle ihre Edlen wie Sebach und Zalmunna,
13 die auch einmal sagten:
    Wir wollen das Land Gottes einnehmen.

14 Mein Gott, mache sie wie verwehende Blätter,
   wie Spreu vor dem Winde.
15 Wie ein Feuer den Wald verbrennt
   und wie eine Flamme die Berge versengt,
16 so verfolge sie mit deinem Sturm
   und erschrecke sie mit deinem Ungewitter.

17 Bedecke ihr Angesicht mit Schande,
   dass sie, HERR, nach deinem Namen fragen müssen.
18 Schämen sollen sie sich und erschrecken für immer
   und zuschanden werden und umkommen.
19 So werden sie erkennen, /
   dass du allein HERR heißest
   und der Höchste bist in aller Welt.

Gott, schweig doch nicht! Wie oft habe ich diesen Satz schon gebetet. Immer mal wieder habe ich den Eindruck, dass du dich in Situationen abwartend zurückgezogen hast. Dabei bist du doch der „Ich bin da", der „Ich bin, der ich bin"! Nun rede doch! Warum schweigst du?

Aber halt, hattest du nicht längst geredet? Was war das noch, was ich lernen sollte? Abschied vom Perfektionismus und Abschied vom Haschen nach Anerkennung? Ich sollte also besser fragen: „Wozu schweigst du?"

Langsam komme ich einer Antwort auf die Spur. Du schweigst, damit ich endlich beginne, das umzusetzen, was du schon längst gesagt hast. Manchmal schweigst du, damit ich endlich handle. Manchmal schweigst du, weil ich lernen muss auszuhalten. Manchmal hast du geschwiegen, weil ich mich ganz auf dich verlassen soll. Und manchmal schweigst du, weil deine Souveränität über allem steht.

Herr, hilf mir zu akzeptieren, was ich akzeptieren soll. Hilf
mir zu handeln, wo ich aktiv sein soll. Und hilf mir, das eine
vom anderen zu unterscheiden.

Psalm 84

Freude am Hause Gottes
1 EIN PSALM DER SÖHNE KORACH, VORZUSINGEN,
  AUF DER GITTIT.
2 Wie lieb sind mir deine Wohnungen, HERR Zebaoth!
3 Meine Seele verlangt und sehnt sich nach den Vorhöfen
  des HERRN;
  mein Leib und Seele freuen sich
      in dem lebendigen Gott.
4 Der Vogel hat ein Haus gefunden
      und die Schwalbe ein Nest für ihre Jungen –
  deine Altäre, HERR Zebaoth,
      mein König und mein Gott.
5 Wohl denen, die in deinem Hause wohnen;
      die loben dich immerdar. SELA.

A m Ende des Tages komme ich zu dir, mein Herr und
mein Gott. So vieles hat mich heute beschäftigt,
ausgefüllt und von dir abgelenkt. Aber tief drinnen bleibt
stets die Sehnsucht nach dir. Wenn ich nach einem anstren-
genden Tag endlich zur Ruhe komme, ist sie wieder da: diese
tiefe Sehnsucht nach dir. Ich sehne mich danach, bei dir zu
sein, mein Herz vor dir auszuschütten und zu spüren, dass
du der bist, der mich versteht und liebt.

Manchmal wünschte ich, du würdest mich spürbar in die Arme nehmen und mir dein Verstehen so zeigen, wie es eine Mutter ihrem Kind zeigt. Und dann schleicht sich das Gefühl ein, dass du eben doch fern bist. Ich weiß, es ist nicht wahr, aber es fühlt sich so an.

So sehne ich mich umso mehr nach dem, was mich erwartet. Mein wahres Zuhause ist im Himmel. Dort wirst du mich einst empfangen und gnädig in deine Arme schließen. Hier auf der Erde muss ich im Glauben leben. Dann aber werde ich dich schauen. Diese Vorfreude erfüllt mich und lässt mich froh einschlafen. Amen.

6 Wohl den Menschen, die dich für ihre Stärke halten
und von Herzen dir nachwandeln!
7 Wenn sie durchs dürre Tal ziehen, /
wird es ihnen zum Quellgrund,
und Frühregen hüllt es in Segen.
8 Sie gehen von einer Kraft zur andern
und schauen den wahren Gott in Zion.
9 HERR, Gott Zebaoth, höre mein Gebet;
vernimm es, Gott Jakobs! SELA.
10 Gott, unser Schild, schaue doch;
sieh doch an das Antlitz deines Gesalbten!

Mein Leben scheint mir gerade wie ein dürres Tal: trostlos, dunkel und leer. Ich fühle mich allein und so schwach! Werde ich jemals wieder herauskommen und alles gut überstehen? Wie bin ich überhaupt hier gelandet? Ich habe mir diesen Ort nicht ausgesucht.

Es ist beängstigend, die Kontrolle über das eigene Leben zu verlieren. Im dürren Tal gibt es viele Gefahren. Besonders, wenn es Nacht wird, sieht alles bedrohlich aus.

Ich bin so dankbar, dass du mich nicht für immer hierlassen wirst! Es wird wieder Tag werden und ich werde weiterziehen auf meiner Pilgerreise. Und im Rückblick werde ich erkennen: Das dürre Tal hat mich einige wertvolle Lektionen gelehrt, die ich nur hier und nirgendwo sonst lernen konnte. Mit deiner Hilfe werde ich von deiner Treue erzählen, wie du meine Verletzungen geheilt und mich mit deinem Segen umgeben hast.

Halte meine Hand

Halte meine Hand und zieh mich näher, näher zu
dir selbst;
meine Hoffnung, meine Freude, mein alles.
Halte meine Hand, damit ich nicht versehentlich
umherschweife
und, sobald ich dich vermisse, meine zitternden Füße
stürzen.

Halte meine Hand; ich bin so schwach und hilflos,
ich wage es nicht, einen Schritt zu gehen ohne deine
Hilfe.
Halte meine Hand, denn dann, mein liebender Erlöser,
wird keine Furcht vor Unheil meine Seele ängstigen.

Fanny Crosby

In Angst

Gott spricht: „Wenn du durch tiefes Wasser oder reißende Ströme gehen musst – ich bin bei dir, du wirst nicht ertrinken. Und wenn du ins Feuer gerätst, bleibst du unversehrt. Keine Flamme wird dich verbrennen."

Jesaja 43,2 (Hfa)

„Wenn ich mich fürchte, so hoffe ich auf dich."

Psalm 56,4

„Aber der Herr ist treu; der wird euch stärken und bewahren vor dem Bösen."

2. Thessalonicher 3,3

„Denn du bist meine Zuversicht,
ein starker Turm vor meinen Feinden."

Psalm 61,4

Jesus spricht: „Das habe ich mit euch geredet, damit ihr in mir Frieden habt. In der Welt habt ihr Angst; aber seid getrost, ich habe die Welt überwunden."

Johannes 16,33

11 Denn **ein Tag in deinen Vorhöfen**
   ist besser als sonst tausend.
   Ich will lieber die Tür hüten in meines Gottes Hause
   als wohnen in der Gottlosen Hütten.
12 Denn Gott der HERR ist Sonne und Schild; /
   der HERR gibt Gnade und Ehre.
   Er wird kein Gutes mangeln lassen den Frommen.
13 HERR Zebaoth, wohl dem Menschen,
   der sich auf dich verlässt!

Herr, ich preise deinen heiligen Namen! Du bist es, der mein Leben erhält! Du bist es, der mein Herz mit unbezahlbarer Freude erfüllt! Du bist es, der mich davor bewahrt, zu fallen und unter der Last des Alltags zu zerbrechen.

Mein Herz ist voll Dankbarkeit, denn ich weiß, dass ich mit dir immer auf der sicheren Seite bin. Alles, was so verlockend erscheint, alle materiellen Dinge und Schönheiten dieser Welt, verblassen im Vergleich zu dir, dem König aller Könige.

Mein Verstand kann es nicht fassen, welches Glück und welchen Reichtum ich in dir besitze. Du nimmst dich meiner an, hast alles für mich gegeben, damit ich kleiner Mensch dir nahe sein kann. Ich bin überwältigt von deiner Liebe und gehöre für immer dir!

Psalm 85

Bitte um neuen Segen

1 EIN PSALM DER SÖHNE KORACH, VORZUSINGEN.
2 HERR, der du bist vormals gnädig gewesen deinem Lande
 und hast erlöst die Gefangenen Jakobs;
3 der du die Missetat vormals vergeben hast deinem Volk
 und alle seine Sünde bedeckt hast; – SELA –
4 der du vormals hast all deinen Zorn fahren lassen
 und dich abgewandt von der Glut deines Zorns:
5 hilf uns, Gott, unser Heiland,
 und lass ab von deiner Ungnade über uns!
6 Willst du denn ewiglich über uns zürnen
 und deinen Zorn walten lassen für und für?
7 Willst du uns denn nicht wieder erquicken,
 dass dein Volk sich über dich freuen kann?
8 HERR, erweise uns deine Gnade
 und gib uns dein Heil!

Vater, ich komme zu dir. Mit all meinen Fehlern und Schwächen. Ich bin nicht perfekt. Nein, weit davon entfernt. In mir ist so viel Schmerz, Rebellion und Zorn. Menschen haben mir wehgetan, mich verletzt. Doch ich habe dich auch verletzt, du großer Gott, mit meiner Sünde. Bitte vergib mir. Danke, dass du so gerne gnädig bist.

Ja, deine Güte ist groß. Zeige mir dein Herz, deine Barmherzigkeit! Ich lasse mich in deine Arme fallen. Leite mich nach deinem Rat und lass mich deinen Plan erkennen. Danke, dass du mich auf dem Weg begleitest. Du nimmst mich am Ende mit Ehren an.

Mach mein Leben wieder neu. Richte meinen Blick auf dich, damit ich erkenne, wer du bist, und stille vor dir werde. Ich sehne mich danach, deine Stimme zu hören. Ich sehne mich nach deiner Ruhe, deiner Gegenwart, mein Herr und mein Gott.

9 Könnte ich doch hören,
   was Gott der HERR redet,
      dass er Frieden zusagte seinem Volk und seinen Heiligen,
         damit sie nicht in Torheit geraten.
10 Doch ist ja seine Hilfe nahe denen, die ihn fürchten,
      dass in unserm Lande Ehre wohne;
11 dass Güte und Treue einander begegnen,
      Gerechtigkeit und Friede sich küssen;
12 dass Treue auf der Erde wachse
      und Gerechtigkeit vom Himmel schaue;
13 dass uns auch der HERR Gutes tue
      und unser Land seine Frucht gebe;
14 dass Gerechtigkeit vor ihm her gehe
      und seinen Schritten folge.

Herr, was bist du doch für ein wunderbarer Gott! Du kennst nicht nur jeden einzelnen Menschen, sondern handelst auch mit ganzen Völkern. Du hast Israel bewahrt bis auf den heutigen Tag. Ich danke dir dafür!

Wenn ich Zeitung lese und Nachrichten höre, bin ich jedoch erschüttert. Alle Länder brauchen deine Hilfe! Anstelle von Dankbarkeit sehe ich so viel Gottesferne, Eigenmächtigkeit und Stolz auf die Unabhängigkeit von dir. Bitte vergib uns! Segne uns doch – auch unser Land! –, damit noch mehr Menschen dich erkennen, dich ehren und für ihr Land beten.

Greif ein und sei uns gnädig. Wenn deine Güte und die Treue der Beter aufeinandertreffen, wird deine Gerechtigkeit sichtbar und bewirkt Frieden auf Erden.

Am Abend dieses Tages danke ich dir für deine liebevolle Nähe, deine Begleitung durch den Tag. Der du die Geschicke der Völker lenkst, hältst auch mich in deiner Hand und schenkst mir Frieden. Amen.

Psalm 86

Gebet in Bedrängnis

1   EIN GEBET DAVIDS.
    HERR, neige deine Ohren und erhöre mich;
        denn ich bin elend und arm.
2   Bewahre meine Seele, denn ich bin dein.
        Hilf du, mein Gott, deinem Knechte, der sich verlässt
        auf dich.
3   Herr, sei mir gnädig;
        denn ich rufe täglich zu dir.
4   Erfreue die Seele deines Knechts;
        denn nach dir, Herr, verlangt mich.
5   Denn du, Herr, bist gut und gnädig,
        von großer Güte allen, die dich anrufen.
6   Vernimm, HERR, mein Gebet
        und merke auf die Stimme meines Flehens!
7   In der Not rufe ich dich an;
        du wollest mich erhören!

8 Herr, es ist dir keiner gleich unter den Göttern,
   und niemand kann tun, was du tust.
9 Alle Völker, die du gemacht hast, werden kommen
   und vor dir anbeten, Herr, und deinen Namen ehren,
10 dass du so groß bist und Wunder tust
   und du allein Gott bist.

11 **Weise mir, HERR, deinen Weg,**
   dass ich wandle in deiner Wahrheit;
   erhalte mein Herz bei dem einen,
   dass ich deinen Namen fürchte.

Herr, wie ein nebliger, dunkler Wald liegt meine Zukunft vor mir. Ich weiß nicht, wohin ich meinen Fuß setzen kann, und fürchte mich. Die vielen fremden Stimmen machen mir Angst und ich fühle mich allein. Wohin soll ich gehen?

In der Dunkelheit suche ich nach deiner Hand. Du bist doch mein Vater. Bitte bleib ganz nah bei mir und führe mich. Zeig mir, dass du handelst und den Weg bereitest, den ich gehen kann. Zeig mir einen Ort, an dem ich ausruhen darf. Hilf mir, nicht vor dem Unbekannten zu erschrecken, sondern mutig zu sein. Bei dir kann ich mich sicher fühlen. Wenn du mitgehst, sind auch deine Liebe und dein Friede bei mir.

Danke, dass du meine Gedanken und Sorgen kennst. Danke, dass du ein offenes Ohr hast und meine Fragen ernst nimmst. Du kümmerst dich darum und antwortest mir im richtigen Moment. Treu will ich mich an deiner Hand festhalten und zuversichtlich ins Ungewisse gehen, weil du versprochen hast, immer bei mir zu sein. Amen.

12 Ich danke dir, Herr, mein Gott, von ganzem Herzen
   und ehre deinen Namen ewiglich.
13 Denn deine Güte ist groß gegen mich,
   du hast mich errettet aus der Tiefe des Todes.

14 Gott, es erheben sich die Stolzen gegen mich, /
   und eine Rotte von Gewalttätern trachtet mir nach dem Leben
   und haben dich nicht vor Augen.
15 Du aber, Herr, Gott, bist barmherzig und gnädig,
   geduldig und von großer Güte und Treue.
16 Wende dich zu mir und sei mir gnädig;
   stärke deinen Knecht mit deiner Kraft und hilf dem Sohn
   deiner Magd!
17 Tu ein Zeichen an mir,
   dass du's gut mit mir meinst,
dass es sehen, die mich hassen, und sich schämen,
   weil du mir beistehst, HERR, und mich tröstest.

*Lieber Herr, weißt du, was ich an dir toll finde? Dass
du immer noch eine Lösung parat hast, wenn ich
meine eigenen längst verworfen habe. Du bist oft der Gott
der letzten Sekunde, aber ich weiß, dass ich mich ganz und
gar auf dich verlassen kann. Du hast so gute Ideen, du
kennst Schleichwege, aber auch Umwege machst du sinn-
voll.*

*Ich bin so froh, dass ich nicht auf mich allein gestellt bin. Ich
darf meinen Verstand und meine Fähigkeiten nutzen, aber
du bist auch immer noch da, um meinen Horizont zu er-
weitern. Mit dir öffnet sich mir ein größerer Blick, der immer
mit Hoffnung verknüpft ist. Mit dir kann ich die Dinge*

anders sehen – hoffnungsvoller – und auch auf Schweres mit
Mut zugehen. Du freust dich nicht, mich fallen und scheitern
zu sehen. Du freust dich, wenn ich Hindernisse überwinde,
weil du den Tod für mich überwunden hast. Hab von Herzen
Dank dafür! Amen.

In deine Hände befehle ich meinen Geist

In deine Hände befehle ich meinen Geist.
Du hast mich erlöst, Herr, du treuer Gott.
Bewahre mich in dieser Nacht nach deiner Gnade.
Beschirme mich unter dem Schatten deiner Flügel.
Ich preise dich,
der war,
der ist
und der kommt.
In deine Hände befehle ich meinen Geist
jetzt und in Ewigkeit.

Altes Kirchengebet

Im Angesicht des Todes

Jesus spricht: „Ich bin die Auferstehung und das Leben. Wer an mich glaubt, der wird leben, auch wenn er stirbt."

Johannes 11,25

„Wenn aber dies Verwesliche anziehen wird die Unverweslichkeit und dies Sterbliche anziehen wird die Unsterblichkeit, dann wird erfüllt werden das Wort, das geschrieben steht: ‚Der Tod ist verschlungen vom Sieg. Tod, wo ist dein Sieg? Tod, wo ist dein Stachel?'"

1. Korinther 15,54–55

„Denn ich bin gewiss, dass weder Tod noch Leben, weder Engel noch Mächte noch Gewalten, weder Gegenwärtiges noch Zukünftiges, weder Hohes noch Tiefes noch eine andere Kreatur uns scheiden kann von der Liebe Gottes, die in Christus Jesus ist, unserm Herrn."

Römer 8,38–39

„Ab jetzt kann sich jeder freuen, der im Vertrauen auf den Herrn stirbt!" „Ja", antwortete der Geist, „sie dürfen von ihrer Arbeit und ihrem Leiden ausruhen. Der Lohn für all ihre Mühe ist ihnen gewiss!"

Offenbarung 14,13 (Hfa)

„Aber ich weiß, dass mein Erlöser lebt, und als der Letzte wird er über dem Staub sich erheben. Und ist meine Haut noch so zerschlagen und mein Fleisch dahingeschwunden, so werde ich doch Gott sehen. Ich selbst werde ihn sehen, meine Augen werden ihn schauen."

Hiob 19,25–27

Psalm 87

Zion wird die Mutter der Völker

1 EIN PSALMLIED DER SÖHNE KORACH.
Sie ist fest gegründet auf den heiligen Bergen.
2 Der HERR liebt die Tore Zions mehr als alle Wohnungen in
Jakob.
3 Herrliche Dinge werden in dir gepredigt,
du Stadt Gottes. SELA.
4 Ich zähle Ägypten und Babel
zu denen, die mich kennen,
auch die Philister und Tyrer samt den Mohren:
»Die sind hier geboren.«
5 Doch von Zion wird man sagen: /
»Mann für Mann ist darin geboren«;
und er selbst, der Höchste, erhält es.
6 Der HERR spricht, wenn er aufschreibt die Völker:
»Die sind hier geboren.« SELA.
7 Und sie singen beim Reigen:
Alle meine Quellen sind in dir!

*H*err, ich tanze und singe vor Freude. Ich kann mein Glück kaum fassen. Wie du die Stadt Jerusalem liebst, so liebst du auch mich. Wie du die Stadt Jerusalem beschützt, so beschützt du auch mich. Wie du die Stadt Jerusalem zu deinem Eigentum erklärst, so gehöre auch ich ganz sicher und für immer zu dir. Mein Name steht in deinem Buch des Lebens. Deine Verheißungen machen mich glücklich. Ich weiß, dass ich deine große Güte mir gegenüber nicht verdient habe. Aber ich nehme sie dankbar an.

Ich tanze und singe vor Freude. Jeder, der mich sieht, soll
erkennen: Du bist ein Gott, der liebt, schützt und errettet!
Du kümmerst dich um jeden, der dir vertraut. Alles, was
ich brauche, finde ich bei dir.

Psalm 88

Gebet in großer Verlassenheit
und Todesnähe

1 EIN PSALMLIED DER SÖHNE KORACH, VORZUSINGEN,
ZUM REIGENTANZ IM WECHSEL*, EINE UNTERWEISUNG
HEMANS, DES ESRACHITERS.

2 HERR, Gott, mein Heiland,
   ich schreie Tag und Nacht vor dir.

3 Lass mein Gebet vor dich kommen,
   neige deine Ohren zu meinem Schreien.

4 Denn meine Seele ist übervoll an Leiden,
   und mein Leben ist nahe dem Tode.

5 Ich bin denen gleich geachtet, die in die Grube fahren,
   ich bin wie ein Mann, der keine Kraft mehr hat.

6 Ich liege unter den Toten verlassen,
   wie die Erschlagenen, die im Grabe liegen,
   derer du nicht mehr gedenkst
   und die von deiner Hand geschieden sind.

7 Du hast mich hinunter in die Grube gelegt,
   in die Finsternis und in die Tiefe.

8 Dein Grimm drückt mich nieder,
   du bedrängst mich mit allen deinen Fluten. SELA.

---

* Die Übersetzung ist unsicher. Luther übersetzte: »von der Schwachheit der Elenden«.

ch liege unter den Toten verlassen …" Was für eine
grausige Beschreibung einer Situation! Vater, es ist
schrecklich, sich tot und verlassen zu fühlen. So fühle ich
mich auch, denn mein Traum ist gestorben. Das ist so
schlimm und schmerzhaft für mich. Alles ist jetzt anders:
kein Dienst mehr, keine geistliche Heimat mehr, sogar meine
Wohnung habe ich verloren. Mir fehlen die Worte, um den
Schmerz zu beschreiben.

Und doch, Herr, ein Wort in diesem Vers tröstet mich: „wie".
Der Psalmist schreibt: „Ich liege unter den Toten verlassen,
wie die Erschlagenen." Das heißt: Er ist ja selbst noch nicht
tot! Wie gut! Ich bin auch noch nicht tot. Und solange ich
lebe, gibt es Hoffnung auf Veränderung. Deshalb hege ich
diese Hoffnung, dass du, Herr, ein neues Kapitel in meinem
Lebensbuch aufschlägst: ein Kapitel des Lebens und nicht des
Todes.

9 Meine Freunde hast du mir entfremdet,
   du hast mich ihnen zum Abscheu gemacht.
   Ich liege gefangen und kann nicht heraus,
10 mein Auge sehnt sich aus dem Elend.
   HERR, ich rufe zu dir täglich;
   ich breite meine Hände aus zu dir.
11 Wirst du an den Toten Wunder tun,
   oder werden die Verstorbenen aufstehen und dir danken?
   SELA.
12 Wird man im Grabe erzählen deine Güte
   und deine Treue bei den Toten?
13 Werden denn deine Wunder in der Finsternis erkannt
   oder deine Gerechtigkeit im Lande des Vergessens?

14 Aber ich schreie zu dir, HERR,
    und mein Gebet kommt frühe vor dich:
15 Warum verstößt du, HERR, meine Seele
    und verbirgst dein Antlitz vor mir?
16 Ich bin elend und dem Tode nahe von Jugend auf;
    ich erleide deine Schrecken, dass ich fast verzage.
17 Dein Grimm geht über mich,
    deine Schrecken vernichten mich.
18 Sie umgeben mich täglich wie Fluten
    und umringen mich allzumal.
19 Meine Freunde und Nächsten hast du mir entfremdet,
    und meine Verwandten hältst du fern von mir.

Mein Jesus, du weißt, wie es ist, einsam zu sein! In deiner dunkelsten Stunde im Garten Gethsemane warst auch du verlassen. Als du deine Freunde batst, für dich zu beten, schliefen sie ein. Als die Soldaten kamen, um dich zu verhaften, flohen sie. Einer von ihnen behauptete sogar, er würde dich nicht kennen. Jesus, deine Erfahrung zeigt mir: Auf dieser Welt werden oft selbst unsere engsten Freunde nicht jeden Weg mit uns gehen. Sie fühlen sich überfordert und lassen uns allein.

Herr, du weißt, welche Freunde mit mir nichts mehr zu tun haben wollen. Oft fühle ich mich verlassen und weiß nicht, wie ich die einsamen Tage durchstehen soll. Doch ich bin froh, dass du dich niemals von meinen Problemen überfordert fühlst! Du wirst mich niemals verlassen. Selbst in meinen dunkelsten Momenten bin ich nicht allein. Denn du hast gesagt: „Ich will dich nicht verlassen und nicht von dir weichen" (Hebräer 13,5). An diesem Trost will ich festhalten, so wie du meine Hand festhältst.

Psalm 89

Israels Not
und die Verheißung an David

1 EINE UNTERWEISUNG ETANS, DES ESRACHITERS.

2 Ich will singen von der Gnade des HERRN ewiglich
und seine Treue verkünden mit meinem Munde für und für;

3 denn ich sage: Für ewig steht die Gnade fest;
du gibst deiner Treue sicheren Grund im Himmel.

4 »Ich habe einen Bund geschlossen mit meinem Auserwählten,
ich habe David, meinem Knechte, geschworen:

5 Ich will deinem Geschlecht festen Grund geben auf ewig
und deinen Thron bauen für und für.« SELA.

6 Und die Himmel werden, HERR, deine Wunder preisen
und deine Treue in der Gemeinde der Heiligen.

Mein Herr und mein Gott, am Ende dieses Tages danke ich dir für deine ewige Gnade. In Jesus Christus hast du deinen Gnadenthron aufgerichtet. Hier darf ich stehen und dich anbeten als meinen gnädigen Gott. Du sagst, wir dürfen „hinzutreten mit Zuversicht zu dem Thron der Gnade, damit wir Barmherzigkeit empfangen und Gnade finden zu der Zeit, wenn wir Hilfe nötig haben" (Hebräer 4,16). Ich danke dir, dass ich hinzutreten darf. Dass ich mein Leben unter deiner Gnade leben darf. Sie ist mein Fundament, auf dem ich stehe.

Eingehüllt in deine Liebe und Barmherzigkeit will ich diesen Tag beschließen und morgen einen neuen Tag beginnen. Mit allem, was war, und mit allem, was kommt, überlasse ich mich deiner göttlichen Gnade. Amen.

7 Denn wer in den Wolken könnte dem Herrn gleichen
   und dem Herrn gleich sein unter den Himmlischen?
8 Gott ist gefürchtet in der Versammlung der Heiligen,
   groß und furchtbar über alle, die um ihn sind.
9 Herr, Gott Zebaoth, wer ist wie du?
   Mächtig bist du, Herr, und deine Treue ist um dich her.
10 Du herrschest über das ungestüme Meer,
   du stillest seine Wellen, wenn sie sich erheben.
11 Du hast Rahab* zu Tode geschlagen
   und deine Feinde zerstreut mit deinem starken Arm.
12 Himmel und Erde sind dein,
   du hast gegründet den Erdkreis und was darinnen ist.
13 Nord und Süd hast du geschaffen,
   Tabor und Hermon jauchzen über deinen Namen.
14 Du hast einen gewaltigen Arm,
   stark ist deine Hand, und hoch ist deine Rechte.
15 Gerechtigkeit und Gericht sind deines Thrones Stütze,
   Gnade und Treue gehen vor dir einher.

16 Wohl dem Volk, das jauchzen kann!
   Herr, sie werden im Licht deines Antlitzes wandeln;
17 sie werden über deinen Namen täglich fröhlich sein
   und in deiner Gerechtigkeit herrlich sein.
18 Denn du bist der Ruhm ihrer Stärke,
   und durch deine Gnade wirst du unser Haupt erhöhen.
19 Denn dem Herrn gehört unser Schild**
   und dem Heiligen in Israel unser König.

---

*   d. i. der Drache der Urzeit.
**   Bezeichnung des Königs.

anke, Vater, dass ich heute mit dir und für dich leben darf. Es übersteigt meinen Verstand, dass du schon immer da warst. Ich kann nicht begreifen, dass du die ganze Welt geschaffen hast und alles, was sich darauf befindet. Ich kann nur darüber staunen. Und dich anbeten. Die ganze Schöpfung gehorcht dir. Alles ist dir untertan – und es kommt der Tag, an dem jedes Knie sich vor dir beugen und jede Zunge bekennen wird, dass du allein der Herr bist.

Trotz deiner Größe und Allmacht kümmerst du dich um jeden Einzelnen. Um mich. Ich darf mit dir reden und dich Vater nennen. Ich stehe unter deinem persönlichen Schutz. Ob ich alleine bin oder zusammen mit anderen Menschen, die dich lieben: Ich möchte dich in jeder Situation preisen und weitererzählen, welch treuer und erhabener Gott und Vater du bist.

Paulus' Gebet für die Gemeinde in Ephesus

Vater, schenke ihnen aus dem Reichtum deiner Herrlichkeit die Kraft, die dein Geist zu geben vermag, und stärke sie innerlich. Durch ihren Glauben wohne Jesus in ihren Herzen! Lass sie fest in der Liebe verwurzelt sein und ihr Leben auf diese aufbauen, damit sie gemeinsam mit allen Glaubensgeschwistern in der Lage sind, zu begreifen, wie unvorstellbar groß und weit, wie hoch und wie tief die Liebe Christi ist, die alle Vorstellungskraft übersteigt.

Vater, erfülle sie mit der ganzen Fülle deiner Herrlichkeit! Gott, der unendlich viel mehr an uns tun kann, als wir uns jemals erbitten oder überhaupt nur ausdenken können – so groß ist die Kraft, die in uns wirkt –, diesem Gott sei die Ehre in der Gemeinde und in Christus Jesus für alle Generationen in alle Ewigkeit. Amen.

Epheser 3,14–21 (WD)

Von Gott erfüllt

„Der Gott der Hoffnung aber erfülle euch mit aller Freude und Frieden im Glauben, dass ihr immer reicher werdet an Hoffnung durch die Kraft des Heiligen Geistes."

Römer 15,13

„Betrinkt euch nicht; das führt nur zu einem ausschweifenden Leben. Lasst euch vielmehr von Gottes Geist erfüllen."

Epheser 5,18 (Hfa)

Gott spricht: „Denn ich will Wasser gießen auf das Durstige und Ströme auf das Dürre: ich will meinen Geist auf deine Kinder gießen und meinen Segen auf deine Nachkommen."

Jesaja 44,3

„Jesus (…) rief laut: ‚Wer Durst hat, der soll zu mir kommen und trinken! Wer mir vertraut, wird erfahren, was die Heilige Schrift sagt: Von ihm wird Leben spendendes Wasser ausgehen wie ein starker Strom.' Damit meinte er den Heiligen Geist, den alle bekommen würden, die Jesus vertrauen."

Johannes 7,37–39 (Hfa)

„Wenn schon ihr hartherzigen Menschen euren Kindern Gutes gebt, wie viel mehr wird der Vater im Himmel denen den Heiligen Geist schenken, die ihn darum bitten."

Lukas 11,13 (Hfa)

20 Damals hast du geredet durch ein Gesicht
    zu deinem Heiligen und gesagt:
    Ich habe einen Helden erweckt, der helfen soll,
    ich habe erhöht einen Auserwählten aus dem Volk.

21 Ich habe gefunden meinen Knecht David,
    ich habe ihn gesalbt mit meinem heiligen Öl.

22 Meine Hand soll ihn erhalten,
    und mein Arm soll ihn stärken.

23 Die Feinde sollen ihn nicht überwältigen
    und die Ungerechten ihn nicht demütigen;

24 sondern ich will seine Widersacher vor ihm zerschlagen
    und, die ihn hassen, zu Boden stoßen.

25 Aber meine Treue und Gnade soll bei ihm sein,
    und sein Haupt soll erhöht sein in meinem Namen.

26 Seine Hand lass ich herrschen über das Meer
    und seine Rechte über die Ströme.

27 Er wird mich nennen: Du bist mein Vater,
    mein Gott und Hort, der mir hilft.

28 Und ich will ihn zum erstgeborenen Sohn machen,
    zum Höchsten unter den Königen auf Erden.

29 Ich will ihm ewiglich bewahren meine Gnade,
    und mein Bund soll ihm festbleiben.

30 Ich will ihm ewiglich Nachkommen geben
    und seinen Thron erhalten, solange der Himmel währt.

31 Wenn aber seine Söhne mein Gesetz verlassen
    und in meinen Rechten nicht wandeln,

32 wenn sie meine Ordnungen entheiligen
    und meine Gebote nicht halten,

33 so will ich ihre Sünde mit der Rute heimsuchen
    und ihre Missetat mit Plagen;

34 aber meine Gnade will ich nicht von ihm wenden
    und meine Treue nicht brechen.

35 Ich will meinen Bund nicht entheiligen
    und nicht ändern, was aus meinem Munde gegangen ist.

36 Ich habe **einmal** geschworen bei meiner Heiligkeit
  und will David nicht belügen:
37 »Sein Geschlecht soll ewig bestehen
  und sein Thron vor mir wie die Sonne,
38 wie der Mond, der ewiglich bleibt,
  und wie der treue Zeuge in den Wolken.« SELA.

39 Aber nun hast du verstoßen und verworfen
  und zürnst mit deinem Gesalbten!
40 Du hast zerbrochen den Bund mit deinem Knecht
  und seine Krone entweiht in den Staub.
41 Du hast eingerissen alle seine Mauern
  und hast zerstört seine Festungen.
42 Es berauben ihn alle, die vorübergehen;
  er ist seinen Nachbarn ein Spott geworden.
43 Du erhöhst die Rechte seiner Widersacher
  und erfreust alle seine Feinde.
44 Auch hast du die Kraft seines Schwerts weggenommen
  und lässest ihn nicht siegen im Streit.
45 Du hast seinem Glanz ein Ende gemacht
  und seinen Thron zu Boden geworfen.
46 Du hast die Tage seiner Jugend verkürzt
  und ihn bedeckt mit Schande. SELA.

47 HERR, wie lange willst du dich so verbergen
  und deinen Grimm wie Feuer brennen lassen?
48 Gedenke, wie kurz mein Leben ist,
  wie vergänglich du alle Menschen geschaffen hast!
49 Wo ist jemand, der da lebt und den Tod nicht sähe,
  der seine Seele errette aus des Todes Hand? SELA.

50 Herr, wo ist deine Gnade von einst,
   die du David geschworen hast in deiner Treue?
51 Gedenke, Herr, an die Schmach deiner Knechte,
   die ich trage in meinem Herzen von all den vielen Völkern,
52 mit der, HERR, deine Feinde dich schmähen,
   mit der sie schmähen hinter deinem Gesalbten her!

53 Gelobt sei der HERR ewiglich!
   Amen! Amen!

Himmlischer Vater, in meinem alltäglichen Einerlei funktioniere ich oft einfach nur und lebe mein Leben, ohne auch nur einmal an dich zu denken. Ich bin damit beschäftigt, meine Aufgaben zu erledigen und meine kleinen Herausforderungen zu bewältigen. Sorgenvolle Gedanken machen sich in meinem Kopf breit und nehmen immer mehr Raum in mir ein.

Vater, so möchte ich nicht leben! Viel lieber will ich aus deiner Kraft heraus leben. Ich möchte dich an meinen kleinsten Schritten teilhaben lassen. Ich möchte mich daran erinnern, dass ich nicht allein bin, sondern dass du stets an meiner Seite gehst. Aber vor allem will ich daran denken, dass ich dein geliebtes Kind bin. In deinen Armen darf ich immer wieder zur Ruhe kommen. Du lässt mich niemals los. Dein Frieden ist größer als jede Not. Immer und immer wieder darf ich zu dir kommen. Nach Hause. In deine liebenden Arme. Deine Gnade ist alles, was ich brauche. Danke, Herr!

VIERTES BUCH

Psalm 90

Zuflucht in unserer Vergänglichkeit

1 EIN GEBET DES MOSE, DES MANNES GOTTES.
   Herr, du bist unsre Zuflucht für und für. /
2 **Ehe denn die Berge wurden und die Erde und die Welt
   geschaffen wurden,**
      bist du, Gott, von Ewigkeit zu Ewigkeit.

3 Der du die Menschen lässest sterben
      und sprichst: Kommt wieder, Menschenkinder!
4 Denn tausend Jahre sind vor dir /
   wie der Tag, der gestern vergangen ist,
      und wie eine Nachtwache.
5 Du lässest sie dahinfahren wie einen Strom, /
   sie sind wie ein Schlaf,
      wie ein Gras, das am Morgen noch sprosst,
6 das am Morgen blüht und sprosst
      und des Abends welkt und verdorrt.

7 Das macht dein Zorn, dass wir so vergehen,
      und dein Grimm, dass wir so plötzlich dahinmüssen.
8 Denn unsre Missetaten stellst du vor dich,
      unsre unerkannte Sünde ins Licht vor deinem Angesicht.
9 Darum fahren alle unsre Tage dahin durch deinen Zorn,
      wir bringen unsre Jahre zu wie ein Geschwätz.

10 Unser Leben währet siebzig Jahre,
    und wenn's hoch kommt, so sind's achtzig Jahre,
und was daran köstlich scheint,
    ist doch nur vergebliche Mühe;*
denn es fähret schnell dahin,
    als flögen wir davon.

11 Wer glaubt's aber, dass du so sehr zürnest,
    und wer fürchtet sich vor dir in deinem Grimm?
12 **Lehre uns bedenken, dass wir sterben müssen,**
    auf dass wir klug werden.

13 Herr, kehre dich doch endlich wieder zu uns
    und sei deinen Knechten gnädig!
14 Fülle uns frühe mit deiner Gnade,
    so wollen wir rühmen und fröhlich sein unser Leben lang.
15 Erfreue uns nun wieder, nachdem du uns so lange plagest,
    nachdem wir so lange Unglück leiden.
16 Zeige deinen Knechten deine Werke
    und deine Herrlichkeit ihren Kindern.
17 Und der Herr, unser Gott, sei uns freundlich /
    und fördere das Werk unsrer Hände bei uns.
    Ja, das Werk unsrer Hände wollest du fördern!

Herr, bereite mich vor auf den großen Tag, an dem ich endlich in mein ewiges Zuhause umziehe: von der Erde in den Himmel. Für immer werde ich dort bei dir sein.

---

* Luthers Übersetzung »und wenn's köstlich gewesen ist, so ist's Mühe und Arbeit gewesen« ist heute missverständlich.

Meine Tage auf Erden sind begrenzt. Das merke ich durch das Älterwerden. Jahr für Jahr zählst du die Tage. Der Psalmist sagt: „Tausend Jahre sind für dich wie ein Tag." Das heißt, siebzig Jahre meiner Zeit sind nach deiner Uhr neuneinhalb Sekunden? So kurz? Wie froh bin ich, dass ich an dich glaube! Du sagst: „Ich bin die Auferstehung und das Leben. Wer an mich glaubt, wird leben, auch wenn er stirbt" (Johannes 11,25). Danke, Herr, dass ich in dir ein bleibendes Zuhause habe. Ich bin so froh, dass mein letztes Ziel nicht das Grab ist, sondern deine Herrlichkeit. Weil mein irdisches Leben so kurz ist, bitte ich dich: Hilf mir, jeden Tag weise zu leben und mit dem zu füllen, was in deinen Augen zählt. Bitte sei bei mir, wenn ich umziehe von hier nach dort. Ich verlasse mich auf dich.

Psalm 91

Unter Gottes Schutz

1 **Wer unter dem Schirm des Höchsten sitzt**
und unter dem Schatten des Allmächtigen bleibt,

2 **der spricht zu dem HERRN: /**
Meine Zuversicht und meine Burg,
mein Gott, auf den ich hoffe.

3 Denn er errettet dich vom Strick des Jägers
und von der verderblichen Pest.

4 Er wird dich mit seinen Fittichen decken, /
und Zuflucht wirst du haben unter seinen Flügeln.
Seine Wahrheit ist Schirm und Schild,

5 dass du nicht erschrecken musst vor dem Grauen der Nacht,
vor den Pfeilen, die des Tages fliegen,

6 vor der Pest, die im Finstern schleicht,
    vor der Seuche, die am Mittag Verderben bringt.
7 Wenn auch tausend fallen zu deiner Seite /
    und zehntausend zu deiner Rechten,
    so wird es doch dich nicht treffen.
8 Ja, du wirst es mit eigenen Augen sehen
    und schauen, wie den Gottlosen vergolten wird.

Vater, ich komme zu dir mit der Bitte um deinen Abendsegen. Hilf mir, im Herzen die guten Gedanken und Erinnerungen dieses Tages zu bewahren. Bitte segne mich. Besänftige mein aufgewühltes Herz. Bring meine Seele zur Ruhe.

Danke, dass ich unter deinem Schirm geborgen bin. Du bist der Einzige, der mich und meine Familie, unsere Stadt und unser Land schützen kann. Ständig höre ich von allen Seiten Nachrichten über Erdbeben, Bürgerkriege und Amokläufe. Ich erkenne, wie machtlos ich bin, mein eigenes Leben zu schützen. Ich vertraue mich dir an. Beschütze mich heute Nacht. Halte Albträume von mir fern und schenke mir ruhigen Schlaf.

In der Stille des Abends erfülle mich mit Frieden und bring mein Herz in Einklang mit deinem Willen. Wache über mir in der Dunkelheit. Erfrische mich an Körper, Seele und Geist, während ich schlafe, sodass ich die Aufgaben des morgigen Tages voller Glauben und ohne Furcht angehen kann. Amen.

9 Denn der HERR ist deine Zuversicht,
    der Höchste ist deine Zuflucht.
10 Es wird dir kein Übel begegnen,
    und keine Plage wird sich deinem Hause nahen.

11 Denn er hat seinen Engeln befohlen,
  dass sie dich behüten auf allen deinen Wegen,
12 dass sie dich auf den Händen tragen
  und du deinen Fuß nicht an einen Stein stoßest.
13 Über Löwen und Ottern wirst du gehen
  und junge Löwen und Drachen niedertreten.

Oh Herr, danke für deinen Schutz! Wenn ich an die vielen Kilometer denke, die meine Angehörigen und Freunde jeden Tag zurücklegen – auf überfüllten Autobahnen, bei Regen, Schnee und Eis –, wie beschäftigt müssen deine Engel sein! Danke für ihren aufmerksamen Dienst. Wie viele Unfälle und Katastrophen hast du schon verhindert, weil du sie uns zur Seite geschickt hast! Oft ist es nur eine Sekunde, in der ich unaufmerksam bin – und Schlimmes könnte geschehen. Doch deine Engel wachen über mir. Danke.

Ganz bewusst möchte ich heute Abend mich und meine Lieben wieder unter deinen Schutz stellen. Umgib uns mit deinen Engeln. Hilf uns, aufmerksam zu sein. Bewahre uns vor Leid und auch davor, andere in Leid zu stürzen. Danke, dass du uns auch heute bewahrt hast und über uns wachst, während wir schlafen.

14 »Er liebt mich, darum will ich ihn erretten;
  er kennt meinen Namen, darum will ich ihn schützen.
15 Er ruft mich an, darum will ich ihn erhören; /
  ich bin bei ihm in der Not,
  ich will ihn herausreißen und zu Ehren bringen.
16 Ich will ihn sättigen mit langem Leben
  und will ihm zeigen mein Heil.«

*W*ie oft staune ich über dich, Herr! Deine Größe, deine Barmherzigkeit und Weisheit erfüllen mich mit Ehrfurcht. Ich kann kaum glauben, dass du dich mit meinen Sorgen und Ängsten abgibst. Aber du hast mir in vielen Situationen Halt und Trost gegeben. Als ich krank und mutlos war und nicht wusste, wie es weitergehen würde, spürte ich: Du bist da. Als mich Sorgen nachts wach hielten, konnte ich dir mein Herz ausschütten und die ungelösten Probleme vor deinem Thron ablegen. Als ich zu dir rief, hast du mich gehört. Du hast mich getröstet und mein Herz ruhig gemacht.

Das Vertrauen zu dir gibt mir Zuversicht. Du bist auch dann da, wenn Freunde oder Verwandte mir nicht helfen können. Sogar als ich versagt habe, hast du mir weitergeholfen. Daran will ich mich immer wieder erinnern. Ich will dir danken und dich loben, geliebter Vater.

Ein Gebet Davids

Ich bete zu dir, weil ich weiß, dass du mir antworten wirst,
oh Gott!
Neige dich herab und hör mir zu!
Zeige mir deine unfehlbare Liebe auf wunderbare Weise.
Schütze mich, wie du deine eigenen Augen schützen
würdest.
Berge mich im Schatten deiner Flügel.
Behüte mich vor bösen Menschen und stille meinen
Hunger,
weil ich für dich so wertvoll bin.
Wenn ich aufwache, werde ich dich sehen von Angesicht
zu Angesicht,
und meine Seele wird zufrieden sein.

Nach Psalm 17

Gottes Liebe erfahren

„Denn der HERR, dein Gott, ist bei dir,
ein starker Heiland.
Er wird sich über dich freuen und
dir freundlich sein, er wird dir vergeben
in seiner Liebe und wird über dich mit
Jauchzen fröhlich sein."

Zefanja 3,17

Gott spricht: „Ich habe dich je und je geliebt,
darum habe ich dich zu mir gezogen aus lauter Güte."

Jeremia 31,3

Jesus spricht: „Wie mich mein Vater liebt,
so liebe ich euch auch. Bleibt in meiner Liebe!
Wenn ihr meine Gebote haltet, so bleibt ihr in
meiner Liebe, wie ich meines Vaters Gebote
halte und bleibe in seiner Liebe."

Johannes 15,9–10

„Ihr Lieben, lasst uns einander lieb haben;
denn die Liebe ist von Gott, und wer liebt,
der ist von Gott geboren und kennt Gott."

1. Johannes 4,7

Psalm 92

Freude am Lob Gottes
1 EIN PSALMLIED FÜR DEN SABBATTAG.
2 **Das ist ein köstlich Ding, dem HERRN danken**
   und lobsingen deinem Namen, du Höchster,
3 **des Morgens deine Gnade**
   und des Nachts deine Wahrheit verkündigen
4 auf dem Psalter mit zehn Saiten,
   mit Spielen auf der Harfe.
5 Denn, HERR, du lässest mich fröhlich singen von deinen Werken,
   und ich rühme die Taten deiner Hände.

6 HERR, wie sind deine Werke so groß!
   Deine Gedanken sind sehr tief.
7 Ein Törichter glaubt das nicht,
   und ein Narr begreift es nicht.

8 Die Gottlosen grünen wie das Gras, /
   und die Übeltäter blühen alle –
   nur um vertilgt zu werden für immer!
9 Aber du, HERR, bist der Höchste
   und bleibest ewiglich.

10 Denn siehe, deine Feinde, HERR, /
   siehe, deine Feinde werden umkommen,
   und alle Übeltäter sollen zerstreut werden.
11 Aber mich machst du stark wie den Wildstier
   und salbst mich mit frischem Öl.
12 Mit Freude sieht mein Auge auf meine Feinde herab
   und hört mein Ohr von den Boshaften, die sich gegen
   mich erheben.

13 Der Gerechte wird grünen wie ein Palmbaum,
  er wird wachsen wie eine Zeder auf dem Libanon.
14 Die gepflanzt sind im Hause des HERRN,
  werden in den Vorhöfen unsres Gottes grünen.
15 Und wenn sie auch alt werden,
  werden sie dennoch blühen, fruchtbar und frisch sein,
16 dass sie verkündigen, wie der HERR es recht macht;
  er ist mein Fels und kein Unrecht ist an ihm.

*Wenn ich mich jetzt schlafen lege, lieber Herr,
will ich dir dafür danken, dass du mich heute mit
deiner Gnade begleitet hast. Und ich danke dir schon im
Voraus, dass diese Gnade mir ganz gewiss auch morgen früh
gilt.*

*Manchmal sind meine Gedanken und Gefühle verdunkelt
und durcheinander. Lass mich dann an deinem Wort festhalten, an deinen Versprechen und der wunderbaren Wahrheit,
dass du auferstanden bist. Jeder neue Morgen erinnert mich
an deinen Auferstehungsmorgen, Jesus. So wie die Begegnung
mit dir schon frühmorgens von Gnade und Liebe geprägt ist,
so darf ich auch zuversichtlich auf den Augenblick warten, in
dem ich in deinem Reich erwachen werde. Ich möchte dir die
Ehre geben und bezeugen: Du bist der Weg und die Wahrheit.
Durch dich und von deiner Liebe und Vergebung lebe ich.
In dieser Gewissheit kann ich nun zuversichtlich einschlafen
und morgen früh – wenn du es willst – fröhlich aufwachen,
bereit für den neuen Tag. Denn du wirst bei mir sein.*

Psalm 93

Der ewige König

1 Der HERR ist König und herrlich geschmückt; /
 der HERR ist geschmückt und umgürtet mit Kraft.
   Er hat den Erdkreis gegründet, dass er nicht wankt.
2 Von Anbeginn steht dein Thron fest;
   du bist ewig.

Vater, mein Leben auf dieser Erde ist nur ein kleiner Punkt in der Zeit. Das wird mir bewusst, wenn ich an Menschen denke, die zwei oder drei Generationen vor mir gelebt haben. Und auch ich werde nicht ewig hier sein. Das verändert meine Perspektive: Was bleibt, was vergeht? Was lohnt sich und was überhaupt nicht? Wie denkst du über mein Streben heute? Hilf mir, auf dich zu hören. Leite mich.

Noch bevor es Menschen gab, warst du. Unabhängig von aller Zeit. Schöpfer und Herrscher über alle Welt. Du warst schon immer. Keiner hat dich eingesetzt und keiner kann dich jemals ersetzen. Auf deinem Thron wird nie ein anderer sitzen. In alle Ewigkeit bist du Gott und regierst. Du bist der Ewige und Allmächtige. Deine Dimensionen übersteigen meine Vorstellungen. Sie sind so viel weiter und größer, als mein Verstand es je fassen könnte. Aber eines weiß ich genau: Bei dir bin ich geborgen und sicher, heute und in alle Ewigkeit. Du bist mein starker Halt, der Anker in der Zeit.

3 HERR, die Wasserströme erheben sich, /
die Wasserströme erheben ihr Brausen,
    die Wasserströme heben empor die Wellen;
4 die Wasserwogen im Meer sind groß und brausen mächtig;
    der HERR aber ist noch größer in der Höhe.

5 Dein Wort ist wahrhaftig und gewiss;
    Heiligkeit ist die Zierde deines Hauses, HERR, für alle Zeit.

Herr, so leicht lasse ich mich beeinflussen, will dazugehören, jemand sein! Du brauchst das nicht. Denn du bist, der du bist. Du brauchst auch nicht etwas mit großer Wahrscheinlichkeit anzunehmen; du weißt es mit Sicherheit. Auch ist es nie dein Ziel, dich anzupassen, damit du angenommen wirst, denn du selbst bist dein Standard und dein Schmuck.

Du bist der Schöpfer, der ewige Künstler aller Welt. Während neue Farben, Schnitte und Stoffe heute modisch sind und morgen einem neuen Stil weichen müssen, bleibt deine Schönheit, dein Schmuck immer wunderschön und genau richtig. Ich kann mich dir ganz hingeben und weiß, dass ich bei dir auf der richtigen Seite bin. Wenn ich dein Wort aufnehme und deine Schönheit betrachte, werde ich nach und nach wie du – verwandelt in dein Bild (2. Korinther 3,18). Nichts möchte ich mehr.

Psalm 94

Hilferuf gegen die Unterdrücker
des Volkes Gottes

1 HERR, du Gott der Vergeltung,
    du Gott der Vergeltung, erscheine!
2 Erhebe dich, du Richter der Welt;
    vergilt den Hoffärtigen, was sie verdienen!

3 HERR, wie lange sollen die Gottlosen,
    wie lange sollen die Gottlosen prahlen?
4 Es reden so trotzig daher,
    es rühmen sich alle Übeltäter.
5 HERR, sie zerschlagen dein Volk
    und plagen dein Erbe.
6 Witwen und Fremdlinge bringen sie um
    und töten die Waisen
7 und sagen: Der HERR sieht's nicht,
    und der Gott Jakobs beachtet's nicht.

8 Merkt doch auf, ihr Narren im Volk!
    Und ihr Toren, wann wollt ihr klug werden?
9 Der das Ohr gepflanzt hat, sollte der nicht hören?
    Der das Auge gemacht hat, sollte der nicht sehen?
10 Der die Völker in Zucht hält, /
sollte der nicht Rechenschaft fordern –
    er, der die Menschen Erkenntnis lehrt?
11 Aber der HERR kennt die Gedanken der Menschen:
    sie sind nur ein Hauch!

*W*enn ich ungerecht behandelt werde, machen sich
die Gedanken in meinem Kopf oft selbstständig.
*Manchmal erschrecke ich über mich selbst, was ich mir da
zusammenfantasiere!*

*Lass mich in deiner Nähe zur Ruhe kommen. Diese Gedanken
und Gefühle, die so sehr nach Vergeltung rufen, sollen keine
Macht mehr über mich haben – weil ich sie dir gebe. Herr,
hilf mir dabei, den Schmerz und die Verletzungen loszulassen.
Verzeih mir, wenn ich immer wieder komme, um dir alles zu
bringen. Oft ertappe ich mich dabei, dass ich mir „zurück-
hole", was ich vorher in deine Hand gelegt habe. Dabei ist
bei dir alles gut aufgehoben! Danke, dass du eingreifst – nach
deinem Zeitplan. Keine Nacht währt ewig! Danke, dass du
gnädigen Schlaf schenkst – und dass manches bei Tageslicht
schon leichter geworden ist. Dich will ich loben, Herr!*

12 Wohl dem, den du, HERR, in Zucht nimmst
   und lehrst ihn durch dein Gesetz,
13 ihm Ruhe zu schaffen vor bösen Tagen,
   bis dem Gottlosen die Grube gegraben ist.
14 Denn der HERR wird sein Volk nicht verstoßen
   noch sein Erbe verlassen.
15 Denn **Recht muss doch Recht bleiben,**
   und ihm werden alle frommen Herzen zufallen.
16 Wer steht mir bei wider die Boshaften?
   Wer tritt zu mir wider die Übeltäter?
17 Wenn der HERR mir nicht hülfe,
   läge ich bald am Orte des Schweigens.
18 Wenn ich sprach: Mein Fuß ist gestrauchelt,
   so hielt mich, HERR, deine Gnade.
19 Ich hatte viel Kummer in meinem Herzen,
   aber deine Tröstungen erquickten meine Seele.

20 Du hast ja nicht Gemeinschaft mit dem Richterstuhl der Bösen,
  die das Gesetz missbrauchen und Unheil schaffen.
21 Sie rotten sich zusammen wider den Gerechten
  und verurteilen unschuldiges Blut.

22 Aber der HERR ist mein Schutz,
  mein Gott ist der Hort meiner Zuversicht.
23 Und er wird ihnen ihr Unrecht vergelten /
und sie um ihrer Bosheit willen vertilgen;
  der HERR, unser Gott, wird sie vertilgen.

Herr, manchmal muss ich auf die harte Tour lernen, dass du dir die Zügel nicht aus der Hand nehmen lässt. Ich bestürme dich, schneller nach meinen Vorgaben für mein Recht zu sorgen. Doch du lässt dich nicht drängen, denn du weißt, wie du die Situation am besten lösen kannst. Ich möchte immer mehr lernen, dich wirklich Gott und mein Herr sein zu lassen. Wie oft habe ich es erfahren: Es ist gut, deiner Weisheit zu vertrauen!

Beruhige du mein wundes Herz. Herr, wenn es meinem Herzen so schwerfällt, deiner Korrektur zu folgen, dann will ich die Korrektur zumindest mit meinem Verstand annehmen. Vielleicht werde ich mir das ganz oft immer wieder sagen, es laut aussprechen oder aufschreiben müssen: „Ich will dir vertrauen und deine Entscheidung akzeptieren!"

Hilf mir bitte, dass irgendwann auch mein Herz hinterherkommt.

Nimm alles von mir

Mein Herr und mein Gott,
nimm alles von mir,
was mich hindert zu dir.

Mein Herr und mein Gott,
gib alles mir,
was mich führet zu dir.

Mein Herr und mein Gott,
nimm mich mir
und gib mich ganz zu eigen dir.

Nikolaus von Flüe

Geistlich wachsen

„Erschaffe in mir ein reines Herz, o Gott; erneuere mich und gib mir Beständigkeit!"

Psalm 51,12 (Hfa)

„Weil ihr Gottes Barmherzigkeit erfahren habt, fordere ich euch auf, liebe Brüder und Schwestern, mit eurem ganzen Leben für Gott da zu sein. Seid ein lebendiges Opfer, das Gott dargebracht wird und ihm gefällt. Ihm auf diese Weise zu dienen ist die angemessene Antwort auf seine Liebe."

Römer 12,1 (Hfa)

Jesus spricht: „Bleibt fest mit mir verbunden, und ich werde ebenso mit euch verbunden bleiben! Denn so wie eine Rebe nur am Weinstock Früchte tragen kann, so werdet auch ihr nur Frucht bringen, wenn ihr mit mir verbunden bleibt. Ich bin der Weinstock, und ihr seid die Reben. Wer bei mir bleibt, so wie ich bei ihm bleibe, der trägt viel Frucht. Denn ohne mich könnt ihr nichts ausrichten."

Johannes 15,4–5 (Hfa)

„Lasst uns aber wahrhaftig sein in der Liebe und wachsen in allen Stücken zu dem hin, der das Haupt ist, Christus."

Epheser 4,15

Psalm 95

Aufruf zur Anbetung und zum Gehorsam

1 Kommt herzu, lasst uns dem HERRN frohlocken
   und jauchzen dem Hort unsres Heils!
2 Lasst uns mit Danken vor sein Angesicht kommen
   und mit Psalmen ihm jauchzen!
3 Denn der HERR ist ein großer Gott
   und ein großer König über alle Götter.
4 Denn in seiner Hand sind die Tiefen der Erde,
   und die Höhen der Berge sind auch sein.
5 Denn sein ist das Meer, und er hat's gemacht,
   und seine Hände haben das Trockene bereitet.
6 Kommt, lasst uns anbeten und knien
   und niederfallen vor dem HERRN, der uns gemacht hat.
7 Denn er ist unser Gott
   und wir das Volk seiner Weide und Schafe seiner Hand.

   Wenn ihr doch heute auf seine Stimme hören wolltet:
8 »Verstocket euer Herz nicht,
   wie zu Meriba geschah,
   wie zu Massa in der Wüste,
9 wo mich eure Väter versuchten und prüften
   und hatten doch mein Werk gesehen.
10 Vierzig Jahre war dies Volk mir zuwider, dass ich sprach: /
   Es sind Leute, deren Herz immer den Irrweg will
   und die meine Wege nicht lernen wollen,
11 sodass ich schwor in meinem Zorn:
   Sie sollen nicht zu meiner Ruhe kommen.«

Wie schön wäre es, wenn ich deine Stimme ganz real hören könnte, Herr! Oder nehme ich sie zu wenig wahr – in all dem Stimmengewirr des Tages? Herr, ich bitte dich: Lass mich jetzt zur Ruhe kommen. Lass die Gedanken und Stimmen, die noch vom Tag nachklingen, ruhig werden, sodass ich mich auf dich einstellen kann.

Vater, ich bitte dich auch: Schenk mir ein weiches Herz. Ein Herz, das für die kleinen Zeichen von dir sensibel ist. Ich möchte keine voreiligen Schlüsse ziehen, wenn ich über den vergangenen Tag nachdenke und ihn bewerte. Bewahre mich davor! Schenke mir ein sehendes Herz – und behüte mich davor, vor dem, was ich erkenne, die Augen zu verschließen. Hilf mir, dir zu vertrauen, dass du es gut mit mir meinst und keine Fehler machst. In deiner Ruhe und in deinem Frieden, den du über die kommende Nacht wie eine wärmende Decke legst, will ich in deiner Gegenwart sein. Ganz offen. Voller Vertrauen. Wie ein Kind.

Psalm 96

Der Schöpfer und Richter aller Welt
(vgl. 1. Chronik 16,23–33)

1 Singet dem HERRN ein neues Lied;
   singet dem HERRN, alle Welt!
2 Singet dem HERRN und lobet seinen Namen,
   verkündet von Tag zu Tag sein Heil!
3 Erzählet unter den Heiden von seiner Herrlichkeit,
   unter allen Völkern von seinen Wundern!
4 Denn der HERR ist groß und hoch zu loben,
   mehr zu fürchten als alle Götter.

5 Denn alle Götter der Völker sind Götzen;
   aber der HERR hat den Himmel gemacht.
6 Hoheit und Pracht sind vor ihm,
   Macht und Herrlichkeit in seinem Heiligtum.

Lieber Vater, heute möchte ich dir mein schönstes Loblied singen, bevor ich zu Bett gehe. Mein Gott – du bist der einzige Gott. Du bist der wahre Gott. Niemand ist wie du. Dir gebührt jedes Lob. Dir gebührt die Ehre und jedes schöne Lied. Du hast deinen Sohn für mich ans Kreuz gehen lassen, um für meine Schuld zu sterben. Wenn ich allein daran denke, möchte ich dir ewig singen. Wenn ich dir nicht singe, fehlt ein Geschöpf im Lobgesang, das du selbst zu deinem Lob geschaffen hast.

An dich will ich mein Herz verschenken. Niemand und nichts soll mir wichtiger sein als du. Kein falscher Gott soll sich in mein Leben einschleichen. Ich singe dir von ganzem Herzen. Zeig mir, wie ich deine Herrlichkeit auf der Erde ausbreiten kann. Du bist gut.

Nun singe ich hier auf der Erde, während die Engel längst vor deinem Thron stehen und dir singen: „Du bist würdig. Heilig bist du." Eines Tages werde auch ich dort sein. Amen.

7 Ihr Völker, bringet dar dem HERRN,
   bringet dar dem HERRN Ehre und Macht!
8 Bringet dar dem HERRN die Ehre seines Namens,
   bringet Geschenke und kommt in seine Vorhöfe!
9 Betet an den HERRN in heiligem Schmuck;
   es fürchte ihn alle Welt!

10 Sagt unter den Heiden: Der HERR ist König.
   Er hat den Erdkreis gegründet, dass er nicht wankt.
   Er richtet die Völker recht.

11 Der Himmel freue sich, und die Erde sei fröhlich,
   das Meer brause und was darinnen ist;
12 das Feld sei fröhlich und alles, was darauf ist;
   es sollen jauchzen alle Bäume im Walde
13 vor dem HERRN; denn er kommt,
   denn er kommt, zu richten das Erdreich.
   Er wird den Erdkreis richten mit Gerechtigkeit
   und die Völker mit seiner Wahrheit.

Lieber Vater, wenn ich mich umschaue oder die Nachrichten höre, erschrecke ich: Da ist so viel Ungerechtigkeit, so viel Herrschsucht und Machtgier unter den Menschen. Aber wenn ich mich dir zuwende, wird mein Herz froh. Du hast diese Welt geschaffen. Du hast sie wunderbar gemacht und du hast sie nicht aufgegeben. Ich freue mich, weil ich zu dir gehören darf. Überall möchte ich verkünden, dass du der wahre Herrscher bist, der alles zurechtbringen wird. Ich wünsche mir so sehr, dass alle Menschen dich erkennen: Lass meine Nachbarn, Freunde und alle, denen ich täglich begegne, immer mehr von dir entdecken.

Du verdienst alle Ehre. Wir Menschen haben das oft nicht im Blick. Aber die Natur ist ein wunderbares Zeichen dafür. Der Aufbau einer kleinen Gewebezelle, die Weite des Meeres, die Schönheit eines Sonnenuntergangs – all das ist ein Loblied auf dich, den Schöpfer! Hilf mir, auf dich zu schauen und dich zu ehren, damit mich die Ungerechtigkeit dieser Welt nicht gefangen nimmt und irreführt. Amen.

Psalm 97

Freude am Königtum Gottes

1 Der HERR ist König; des freue sich das Erdreich
und seien fröhlich die Inseln, so viel ihrer sind.

2 Wolken und Dunkel sind um ihn her,
Gerechtigkeit und Gericht sind seines Thrones Stütze.

3 Feuer geht vor ihm her
und verzehrt ringsum seine Feinde.

4 Seine Blitze erleuchten den Erdkreis,
das Erdreich sieht es und erschrickt.

5 Berge zerschmelzen wie Wachs vor dem HERRN,
vor dem Herrscher der ganzen Erde.

6 Die Himmel verkündigen seine Gerechtigkeit,
und seine Herrlichkeit sehen alle Völker.

7 Schämen sollen sich alle, die den Bildern dienen /
und sich der Götzen rühmen.
Betet ihn an, alle Götter!

8 Zion hört es und ist froh,
und die Töchter Juda sind fröhlich,
weil du, HERR, recht regierest.

9 Denn du, HERR, bist der Höchste über allen Landen,
du bist hoch erhöht über alle Götter.

*D*u bist ein König, der sich unters Volk mischt – sogar unter die Ärmsten der Armen! – und einer von ihnen wird! Es übersteigt meinen Verstand, doch so sehr liebst du uns Menschen. So wie du diese Welt regierst mit Weisheit und Gerechtigkeit, mit Liebe und Geduld – so sollst du auch in meinem Leben regieren. Bitte hilf mir, von dir zu lernen und mich in meinem Alltag wie du zu verhalten. Hilf mir, nicht *ungerecht über andere Menschen zu urteilen, sondern sie mit deinen Augen zu sehen. Hilf mir, Gerechtigkeit zu üben und mit anderen zu teilen, was du mir an materiellem Besitz gegeben hast. Hilf mir, geduldig zu sein mit meinem Mann, meinen Kindern, Arbeitskollegen, Nachbarn und Freundinnen.*

Regiere über meine Gedanken, dass ich mich nicht von den Sorgen des Alltags niederdrücken lasse. Regiere über meinen Mund, dass ich Worte der Versöhnung, Ermutigung und Liebe zu anderen rede. Regiere, Herr, in deiner Weisheit und Gerechtigkeit, in deiner Liebe und Geduld in meinem Leben. Amen.

10 Die ihr den HERRN liebet, hasset das Arge!
   Der Herr bewahrt die Seelen seiner Heiligen;
   aus der Hand der Gottlosen wird er sie erretten.
11 Dem Gerechten muss das Licht immer wieder aufgehen
   und Freude den frommen Herzen.
12 Ihr Gerechten, freut euch des HERRN
   und danket ihm und preiset seinen heiligen Namen!

Mein lieber Vater, danke für deine Liebe. Du bist das Licht meiner Seele! Du versprichst, dass du dem Menschen Freude schenkst, der dir vertraut und deine Gebote achtet.

Im Trubel des Alltags geht diese Freude manchmal verloren. Schenk mir neue Freude! Ich möchte meinen Blick neu auf dich richten! Hilf mir, die kleinen Dinge zu sehen: die Blume am Wegesrand. Einen Schmetterling in der Luft. Das Lachen eines Menschen. Eine Schneeflocke. Einen Grashalm oder ein Herbstblatt.

*Alles kommt von dir. Mitten im Alltag beschenkst du mich
mit so vielem. Du bist mein Freudentank, der nie leer wird.
Lass mich das immer wieder erkennen. Ich möchte mich
bewusst in dein Licht stellen, mich von dir anstrahlen lassen
und die Freude, die du mir schenkst, anderen Menschen
weitergeben. Amen.*

Von Tag zu Tag älter

Oh Herr, du weißt besser als ich, dass ich von Tag zu Tag älter und eines Tages alt sein werde. Bewahre mich vor der Einbildung, bei jeder Gelegenheit und zu jedem Thema etwas sagen zu müssen. Erlöse mich von der großen Leidenschaft, die Angelegenheiten anderer ordnen zu wollen. Bei meiner ungeheuren Ansammlung von Weisheit erscheint es mir ja schade, sie nicht weiterzugeben. Aber du verstehst, Herr, dass ich mir ein paar Freunde erhalten möchte. Bewahre mich vor der Aufzählung endloser Einzelheiten und verleihe mir Schwingen, zum Wesentlichen zu gelangen.

Lehre mich schweigen über meine Krankheiten und Beschwerden.

Lehre mich die wunderbare Erkenntnis, dass ich mich irren kann.

Erhalte mich so liebenswert wie möglich.

Lehre mich, in anderen Menschen unerwartete Talente zu entdecken, und verleihe mir die schöne Gabe, sie auch zu erwähnen.

Teresa von Avila

Weisheit

Gott spricht: „Ich lehre dich, damit du weise wirst,
und zeige dir den richtigen Weg."

Sprüche 4,11 (Hfa)

Gott spricht: „Ich will dich unterweisen und
dir den Weg zeigen, den du gehen sollst;
ich will dich mit meinen Augen leiten."

Psalm 32,8

„Wenn es aber jemandem unter euch an Weisheit mangelt,
so bitte er Gott, der jedermann gern gibt und niemanden
schilt; so wird sie ihm gegeben werden."

Jakobus 1,5

„Hält sich jemand von euch für klug und weise?
Dann soll das an seinem ganzen Leben abzulesen sein,
an seiner Freundlichkeit und Güte. Sie sind Kenn-
zeichen der wahren Weisheit."

Jakobus 3,13 (Hfa)

„Ich lobe den HERRN, der mich beraten hat;
auch mahnt mich mein Herz des Nachts."

Psalm 16,7

Psalm 98

Der königliche Richter aller Welt

1 EIN PSALM.

Singet dem HERRN ein neues Lied,
denn er tut Wunder.
Er schafft Heil mit seiner Rechten
und mit seinem heiligen Arm.

2 Der HERR lässt sein Heil kundwerden;
vor den Völkern macht er seine Gerechtigkeit offenbar.

3 Er gedenkt an seine Gnade und Treue für das Haus Israel,
aller Welt Enden sehen das Heil unsres Gottes.

4 Jauchzet dem HERRN, alle Welt,
singet, rühmet und lobet!

5 Lobet den HERRN mit Harfen,
mit Harfen und mit Saitenspiel!

6 Mit Trompeten und Posaunen
jauchzet vor dem HERRN, dem König!

7 Das Meer brause und was darinnen ist,
der Erdkreis und die darauf wohnen.

8 Die Ströme sollen frohlocken,
und alle Berge seien fröhlich

9 vor dem HERRN; denn er kommt, das Erdreich zu richten.
Er wird den Erdkreis richten mit Gerechtigkeit
und die Völker, wie es recht ist.

Am Abend dieses Tages will ich bei dir, Herr, zur Ruhe kommen. In Gedanken lass ich an mir vorüberziehen, was heute so alles war. Da sind viele, viele Bilder und da sind auch Klänge. Es gab Gespräche, Musik, Geräusche – und *immer mal wieder habe ich aus den vielen Stimmen von Menschen deine Stimme herausgehört. Durch Umstände, aber vor allem durch andere Menschen hast du zu mir gesprochen. Dafür will ich dir herzlich danken.*

Jetzt will ich meinerseits meine Stimme erheben. Du sollst sie hören, ja auch andere sollen sie hören. In deinem Wort finde ich viele Beispiele, wie Menschen dich loben, weil du groß bist, weil du gut bist, gut zu ihnen. Sie loben dich mit ihren Stimmen; sie nehmen Trompeten und Posaunen dazu und Harfen. All das habe ich nicht. Ich mach's jetzt so, wie ich es kann. Ich sage dir ganz einfach: „Du bist groß, du bist gut, du bist gut zu mir. Ich danke dir dafür, dass ich dich auch heute wieder in meinem Leben erfahren habe: durch deine Hand, die mir geholfen, und deine Stimme, die mich ermutigt und geleitet hat."

Psalm 99

Der heilige Gott

1 Der HERR ist König, darum zittern die Völker;
  er sitzt über den Cherubim, darum bebt die Welt.

2 Der HERR ist groß in Zion
  und erhaben über alle Völker.

3 Preisen sollen sie deinen großen und wunderbaren Namen,
  – DENN ER IST HEILIG –,

4 und die Macht des Königs,
  der das Recht lieb hat.*
  Du hast bestimmt, was richtig ist,
  du schaffest Gericht und Gerechtigkeit in Jakob.

---

* Luther übersetzte: »Im Reich dieses Königs hat man das Recht lieb.«

5 ERHEBET DEN HERRN, UNSERN GOTT, /
   BETET AN VOR DEM SCHEMEL SEINER FÜSSE;
   DENN ER IST HEILIG.

6 Mose und Aaron unter seinen Priestern /
   und Samuel unter denen, die seinen Namen anrufen,
      die riefen den HERRN an und er erhörte sie.
7 Er redete mit ihnen in der Wolkensäule;
      sie hielten seine Gesetze und Gebote, die er ihnen gab.

8 HERR, du bist unser Gott, du erhörtest sie;
      du, Gott, vergabst ihnen und straftest ihr Tun.
9 ERHEBET DEN HERRN, UNSERN GOTT, /
   UND BETET AN AUF SEINEM HEILIGEN BERGE;
      DENN DER HERR, UNSER GOTT, IST HEILIG.

Heiliger Gott, in dieser Abendstunde komme ich zu dir. In Ehrfurcht beuge ich mich vor dir und werde still. Deine Macht und Herrlichkeit erhält alles Geschaffene – vom kleinsten Lebewesen bis hin zu den Enden des Universums. Keiner ist dir gleich. Umso unfassbarer ist es für mich, dass du mich kennst und liebst. Herr, du weißt auch um meine Schwächen und meine Verfehlungen heute. Ich fühle mich nicht würdig, vor dich, den Heiligen, zu treten. Sieh mich in Gnaden an. Ich lege dir alles zu Füßen, was falsch und unrein ist. Bitte vergib mir meine Schuld, reinige und heilige mich, damit ich ein Leben nach deinem Willen führe, wie es dir gefällt.

Ewiger Herr, du bist allmächtig. Du bist alle Tage bei mir und gleichzeitig an allen Orten der Welt. Du siehst auch meine Lieben, Freunde, Nachbarn und Verwandten. Ich befehle sie dir an in dem Vertrauen, dass du ihre Herzen berühren und

sie leiten wirst. Behüte uns an Leib, Seele und Geist. Sei uns
nahe. Schenke uns deinen Schutz und dein Heil. Deine Macht
zu helfen ist unermesslich. Darauf vertraue ich. Amen.

Psalm 100

Ein Aufruf zum Lobe Gottes

1 EIN PSALM ZUM DANKOPFER.
    Jauchzet dem HERRN, alle Welt!
2 Dienet dem HERRN mit Freuden,
    kommt vor sein Angesicht mit Frohlocken!
3 Erkennet, dass der HERR Gott ist!
    Er hat uns gemacht und nicht wir selbst
        zu seinem Volk und zu Schafen seiner Weide.

4 Gehet zu seinen Toren ein mit Danken, /
    zu seinen Vorhöfen mit Loben;
        danket ihm, lobet seinen Namen!
5 Denn der HERR ist freundlich, /
    und seine Gnade währet ewig
        und seine Wahrheit für und für.

Am Ende dieses Tages komme ich vor deinen Thron,
Herr, und singe dir ein Loblied. Ich bin begeistert
von dir, weil du so ein großer, mächtiger und gütiger Gott
bist! Mir fehlen die Worte, um auszudrücken, wie sehr ich
dich schätze. Was wäre ich ohne dich? Aus deiner Hand
kommt alles. Die ganze Welt und auch mich hast du ge-
macht. Du wolltest, dass ich lebe. Bei dir bin ich gut versorgt
und in deiner Nähe fehlt es mir an nichts.

Was für ein Geschenk! Diese sichtbare Welt ist nicht alles. Ich lebe mit einem Fuß bei dir im Himmel. Denn ich darf in dein Tor treten, an deiner Haustür anklopfen, vor dir stehen, dich anschauen und mich von dir ansehen lassen. Staunen, wie vollkommen und gut du bist. Und ich darf für dich leben, dir dienen – du hast einen Plan für mein Leben. Herr, mein Gott, mein Glück, mein Alles! Du gütiger, freundlicher, lieber Gott. Nirgends auf der Welt ist es besser als bei dir.

Psalm 101

Regentenspiegel

1 EIN PSALM DAVIDS.
   Von Gnade und Recht will ich singen
      und dir, HERR, Lob sagen.
2 Ich handle umsichtig und redlich, /
   dass du mögest zu mir kommen;
      ich wandle mit redlichem Herzen in meinem Hause.
3 Ich nehme mir keine böse Sache vor;
      ich hasse den Übertreter
   und lasse ihn nicht bei mir bleiben.
4 Ein falsches Herz muss von mir weichen.
      Den Bösen kann ich nicht leiden.
5 Wer seinen Nächsten heimlich verleumdet,
      den bring ich zum Schweigen.
   Ich mag den nicht, der stolze Gebärde
      und hoffärtige Art hat.
6 Meine Augen sehen nach den Treuen im Lande, /
   dass sie bei mir wohnen;
      ich habe gerne fromme Diener.

7 Falsche Leute dürfen in meinem Hause nicht bleiben,
   die Lügner gedeihen nicht bei mir.
8 Jeden Morgen bring ich zum Schweigen
   alle Gottlosen im Lande,
   dass ich alle Übeltäter ausrotte
   aus der Stadt des HERRN.

Manche Bemerkungen verletzen mich, Herr. Man sieht auf mich herab, ich werde übergangen und angegriffen. Einige Menschen stellen sich selbst nie infrage. Wenn ich mit ihrem Verhalten nicht klarkomme, sehen sie die Schuld bei mir. Manchmal bin ich dann so fassungslos, dass ich gar nichts mehr sage. Ich bleibe einfach stumm. Oder ich schlage zurück und werde selbst schuldig. Herr, du kennst mein Herz. Ich danke dir, dass ich wertvoll bin in deinen Augen.

Vater, manchmal bin ich diejenige, die andere herabsetzt, übergeht oder angreift, verletzt und unbedingt recht behalten will. Ich schäme mich, dass ich so sein kann. Bitte vergib mir! Verzeih meine Arroganz und schenk mir ein demütiges Herz. Wenn ich bekäme, was ich verdiente, dann stünde es schlecht um mich. Ich danke dir für Jesus. Danke, dass sein Blut meine Schuld abwäscht. Danke, dass du mich jeden Tag ein bisschen mehr veränderst und von dem befreist, was mich und andere verletzt.

Psalm 102

Gebet um Wiederherstellung Zions
(Der fünfte Bußpsalm)

1 EIN GEBET FÜR DEN ELENDEN, WENN ER VERZAGT IST UND
   SEINE KLAGE VOR DEM HERRN AUSSCHÜTTET.

2 HERR, höre mein Gebet
   und lass mein Schreien zu dir kommen!

3 Verbirg dein Antlitz nicht vor mir in der Not, /
   neige deine Ohren zu mir;
   wenn ich dich anrufe, so erhöre mich bald!

4 Denn meine Tage sind vergangen wie ein Rauch,
   und meine Gebeine sind verbrannt wie von Feuer.

5 Mein Herz ist geschlagen und verdorrt wie Gras,
   dass ich sogar vergesse, mein Brot zu essen.

6 Mein Gebein klebt an meiner Haut
   vor Heulen und Seufzen.

7 Ich bin wie die Eule in der Einöde,
   wie das Käuzchen in den Trümmern.

8 Ich wache und klage
   wie ein einsamer Vogel auf dem Dache.

Oh Herr, mein Herz ist voll und meine Gedanken wollen nicht zur Ruhe kommen! Ich weiß, dass du bei mir bist, und ich weiß, dass du mich hörst. Auch wenn du mir momentan so fern scheinst, halte ich an deinem Wort fest, dass du mich nie verlassen wirst.

An diesem Abend möchte ich dir sagen, dass ich dir vertraue. Hier bin ich nun, mit all dem, was mich belastet. All dem, was mir so hoffnungslos erscheint. Höre mein Flehen, nimm du dich meiner an! Ich weiß, dass du mich liebst und dass ich dir wichtig bin. Danke für deine Liebe zu mir, die unfassbar groß ist. Ich bin deine geliebte Tochter. Ich darf dich Vater nennen und heute bitte ich dich, lieber Vater: Greif in meinem Leben ein und zeig deine Macht. Schenke mir einen tiefen Schlaf, geborgen in deinen Armen.

Gott, meine einzige Hoffnung

Herr, du mein Gott, meine einzige Hoffnung, sei mir
gnädig und erhöre mich!
Lass nicht zu, dass ich so schwach werde und nicht mehr
nach dir verlange;
gib, dass ich immer und unermüdlich dein Angesicht suche.
Gib mir die Kraft, zu dir zu streben.
Du ließest dich finden und gabst mir die Hoffnung,
dich mit immer reinerem Gewissen erkennen zu können.
Vor dir ist meine Schwachheit und Kraft offenkundig.
Mehre die Kraft, und nimm von mir die Schwachheit;
du kennst mein Wissen und meine Torheit.
Wo du mir aufgetan hast, empfange mich;
wenn ich anklopfe, öffne mir;
mach mir auf, wo du versperrt hattest.
Gib, dass ich an dich denke, dich begreife und dich liebe.
Mehre in mir diese Gaben, bis du mich einst verwandelst
auf ewig.

Augustinus

Neue Hoffnung

„Was betrübst du dich, meine Seele, und bist so unruhig
in mir? Harre auf Gott; denn ich werde ihm noch danken,
dass er meines Angesichts Hilfe und mein Gott ist."

Psalm 42,12

Gott spricht: „Denn ich allein weiß, was ich mit euch
vorhabe: Ich, der Herr, werde euch Frieden schenken
und euch aus dem Leid befreien. Ich gebe euch wieder
Zukunft und Hoffnung."

Jeremia 29,11 (Hfa)

„Herr, gib mir festen Halt, wie du es versprochen
hast! Dann lebe ich wieder auf. Lass nicht zu, dass ich
vergeblich hoffe und den Mut verliere!"

Psalm 119,116 (Hfa)

„Wir rühmen uns auch der Bedrängnisse,
weil wir wissen, dass Bedrängnis Geduld bringt,
Geduld aber Bewährung, Bewährung aber Hoffnung,
Hoffnung aber lässt nicht zuschanden werden;
denn die Liebe Gottes ist ausgegossen in unsre Herzen
durch den Heiligen Geist, der uns gegeben ist."

Römer 5,3–5

„Aber sei nur stille zu Gott, meine Seele;
denn er ist meine Hoffnung."

Psalm 62,6

9 Täglich schmähen mich meine Feinde,
   und die mich verspotten, fluchen mit meinem Namen.
10 Denn ich esse Asche wie Brot
   und mische meinen Trank mit Tränen
11 vor deinem Drohen und Zorn,
   weil du mich hochgehoben und zu Boden geworfen hast.
12 Meine Tage sind dahin wie ein Schatten,
   und ich verdorre wie Gras.
13 Du aber, HERR, bleibst ewiglich
   und dein Name für und für.
14 Du wollest dich aufmachen und über Zion erbarmen;
   denn es ist Zeit, dass du ihm gnädig seist, und die Stunde
   ist gekommen
15 – denn deine Knechte wollten gerne, dass es gebaut würde,
   und es jammert sie, dass es in Trümmern liegt –,
16 dass die Heiden den Namen des HERRN fürchten
   und alle Könige auf Erden deine Herrlichkeit.

Mein Gott, höre mein Gebet und verbirg dich nicht vor mir! In meiner Not rufe ich zu dir. Mein Tag ist dunkel – wie die Nacht. Wie ein Vogel mit gebrochenem Flügel, abgestürzt in der Wüste, so dürstet mein Inneres nach dir. Endlos erscheint mir der Weg, den ich gehe. Einsamkeit ist mein täglich Brot. Meine Tränen versiegen nicht. Ich trinke, doch mein Durst wird nicht gestillt. Wie ein welkes Blatt, wie ein sinkender Tag, der schon bald in die Nacht hinein verschwindet, ist mein Leben.

Oh Gott, es ist Zeit, mach dich auf! Eile mir zu Hilfe! Sei mir gnädig und erbarme dich über mich! Du bist das Licht. Bei dir ist Leben im Überfluss. Lebendiges Wasser. Deine Hand habe ich ergriffen, dein Friede ist mein Teil. Amen.

17 Ja, der HERR baut Zion wieder
    und erscheint in seiner Herrlichkeit.
18 Er wendet sich zum Gebet der Verlassenen
    und verschmäht ihr Gebet nicht.
19 Das werde geschrieben für die Nachkommen;
    und das Volk, das er schafft, wird den HERRN loben.
20 Denn er schaut von seiner heiligen Höhe,
    der HERR sieht vom Himmel auf die Erde,
21 dass er das Seufzen der Gefangenen höre
    und losmache die Kinder des Todes,
22 dass sie in Zion verkünden den Namen des HERRN
    und sein Lob in Jerusalem,
23 wenn die Völker zusammenkommen
    und die Königreiche, dem HERRN zu dienen.
24 Er demütigt auf dem Wege meine Kraft,
    er verkürzt meine Tage.
25 Ich sage: Mein Gott, nimm mich nicht weg /
    in der Hälfte meiner Tage!
        Deine Jahre währen für und für.
26 Du hast vorzeiten die Erde gegründet,
    und die Himmel sind deiner Hände Werk.
27 Sie werden vergehen, du aber bleibst;
    sie werden alle veralten wie ein Gewand;
    wie ein Kleid wirst du sie wechseln,
    und sie werden verwandelt werden.
28 Du aber bleibst, wie du bist,
    und deine Jahre nehmen kein Ende.
29 Die Söhne deiner Knechte bleiben wohnen,
    und ihr Geschlecht wird vor dir gedeihen.

*Lieber Vater im Himmel, die Zahl der Jahre, die hinter
mir liegen, wird immer größer. Wie lange werde ich
noch auf dieser Erde leben? Jahr für Jahr verlassen mich*

Menschen, die mir lieb und teuer waren, die mich geprägt und begleitet haben. Du weißt, wie sehr ich sie vermisse, wie schwer mir dieser Verlust oft ist. Alles, was mir von ihnen bleibt, ist das Vermächtnis ihrer Liebe und ihres Glaubens.

Herr, auch ich möchte für meine Kinder, für die, die nach mir kommen, ein Vermächtnis hinterlassen. Die Geschichten, die du mit deiner Hand auf die Tafeln meines Herzens geschrieben hast. Geschichten wundersamer Führung, wenn kein Weg mehr sichtbar war. Geschichten der Bewahrung und Befreiung aus großer Angst, ja sogar aus dem Todestal. Geschichten von bitteren Tränen, die du in Freudentänze verwandelt hast. Aber vor allem die Geschichte eines unerfüllten, endlichen Lebens, das zum ewigen Leben wurde, als ich dir begegnet bin.

Psalm 103

Das Hohelied der Barmherzigkeit Gottes

1 VON DAVID.
Lobe den HERRN, meine Seele,
und was in mir ist, seinen heiligen Namen!
2 Lobe den HERRN, meine Seele,
und vergiss nicht, was er dir Gutes getan hat:
3 der dir alle deine Sünde vergibt
und heilet alle deine Gebrechen,
4 der dein Leben vom Verderben erlöst,
der dich krönet mit Gnade und Barmherzigkeit,
5 der deinen Mund fröhlich macht
und du wieder jung wirst wie ein Adler.

Lieber Herr, ich will dich preisen und mich an all die guten Dinge erinnern, die du schon in meinem Leben getan hast! So oft vergesse ich das, wenn etwas Schlechtes passiert.

Ich danke dir, dass du am Kreuz nicht nur für meine Sünden gestorben bist, sondern auch für meine Krankheiten. Du hast mir tiefe Heilung geschenkt – körperlich und seelisch. Du hast mein Leben erlöst vom Verderben. Ja, wirklich, Vater, so oft habe ich mich in Situationen begeben, die mir geschadet haben. Entweder aus purem Eigensinn oder weil ich es nicht besser wusste. Bin selbst hineingesprungen ins Loch – und hab mich dann gewundert, dass ich drinsteckte im Schlamassel. Oh Vater! Du hast mir jedes Mal wieder herausgeholfen.

Ja, du setzt mir die Krone deiner Gnade, Liebe und Barmherzigkeit auf. Wie dankbar bin ich dafür! Du tust mir Gutes und schenkst mir jeden Tag neue Kraft, sodass ich mit dir auf den Flügeln des Glaubens fliegen kann. Amen.

6 Der HERR schafft Gerechtigkeit und Recht
   allen, die Unrecht leiden.
7 Er hat seine Wege Mose wissen lassen,
   die Kinder Israel sein Tun.
8 **Barmherzig und gnädig ist der HERR,**
   geduldig und von großer Güte.
9 Er wird nicht für immer hadern
   noch ewig zornig bleiben.
10 **Er handelt nicht mit uns nach unsern Sünden**
   und vergilt uns nicht nach unsrer Missetat.
11 **Denn so hoch der Himmel über der Erde ist,**
   lässt er seine Gnade walten über denen, die ihn fürchten.

12 So fern der Morgen ist vom Abend,
  lässt er unsre Übertretungen von uns sein.
13 Wie sich ein Vater über Kinder erbarmt,
  so erbarmt sich der HERR über die, die ihn fürchten.

14 Denn er weiß, was für ein Gebilde wir sind;
  er gedenkt daran, dass wir Staub sind.
15 Ein Mensch ist in seinem Leben wie Gras,
  er blüht wie eine Blume auf dem Felde;
16 wenn der Wind darüber geht, so ist sie nimmer da,
  und ihre Stätte kennet sie nicht mehr.
17 Die Gnade aber des HERRN währt von Ewigkeit zu Ewigkeit
  über denen, die ihn fürchten,
  und seine Gerechtigkeit auf Kindeskind
18 bei denen, die seinen Bund halten
  und gedenken an seine Gebote,
    dass sie danach tun.

19 Der HERR hat seinen Thron im Himmel errichtet,
  und sein Reich herrscht über alles.
20 Lobet den HERRN, ihr seine Engel, /
  ihr starken Helden, die ihr seinen Befehl ausrichtet,
    dass man höre auf die Stimme seines Wortes!
21 Lobet den HERRN, alle seine Heerscharen,
  seine Diener, die ihr seinen Willen tut!
22 Lobet den HERRN, alle seine Werke, /
  an allen Orten seiner Herrschaft!

  Lobe den HERRN, meine Seele!

*V ater, ich danke dir, dass du barmherzig und
  geduldig bist, auch wenn ich es nicht verdiene. Selbst
wenn ich etwas tue, das dir nicht gefällt, ist deine Liebe*

stärker als dein Zorn, weil ich dein Kind bin. Du willst mich
nicht bestrafen, sondern mir helfen, es besser zu machen.
Du erziehst mich wie ein guter Vater sein Kind.

Mein Leben ist so kurz im Vergleich zur Ewigkeit! Ich bin
wie eine Blume auf dem Feld, die blüht – und schon bald
verwelkt. Mir ist bewusst, dass meine Lebenszeit schnell
vorübergeht. Hilf mir deshalb, sie gut zu nutzen! Ich bin
so dankbar, dass nach diesem Leben nicht alles vorbei ist,
sondern ich für immer bei dir sein darf. Ja, deine Liebe währt
ewig. Immer darf ich sie genießen!

Psalm 104

Lob des Schöpfers

1 Lobe den HERRN, meine Seele!
    HERR, mein Gott, du bist sehr herrlich;
    du bist schön und prächtig geschmückt.

2 Licht ist dein Kleid, das du anhast.
    Du breitest den Himmel aus wie einen Teppich;

3 du baust deine Gemächer über den Wassern.
    Du fährst auf den Wolken wie auf einem Wagen
    und kommst daher auf den Fittichen des Windes,

4 der du machst Winde zu deinen Boten
    und Feuerflammen zu deinen Dienern;

5 der du das Erdreich gegründet hast auf festen Boden,
    dass es bleibt immer und ewiglich.

6 Mit Fluten decktest du es wie mit einem Kleide,
    und die Wasser standen über den Bergen.

7 Aber vor deinem Schelten flohen sie,
    vor deinem Donner fuhren sie dahin.

8 Die Berge stiegen hoch empor,
    und die Täler senkten sich herunter
    zum Ort, den du ihnen gegründet hast.
9 Du hast eine Grenze gesetzt, darüber kommen sie nicht
    und dürfen nicht wieder das Erdreich bedecken.

10 Du lässest Wasser in den Tälern quellen,
    dass sie zwischen den Bergen dahinfließen,
11 dass alle Tiere des Feldes trinken
    und das Wild seinen Durst lösche.
12 Darüber sitzen die Vögel des Himmels
    und singen unter den Zweigen.
13 Du feuchtest die Berge von oben her,
    du machst das Land voll Früchte, die du schaffest.
14 Du lässest Gras wachsen für das Vieh
    und Saat zu Nutz den Menschen,
    dass du Brot aus der Erde hervorbringst,
15 dass der Wein erfreue des Menschen Herz
    und sein Antlitz schön werde vom Öl
    und das Brot des Menschen Herz stärke.
16 Die Bäume des HERRN stehen voll Saft,
    die Zedern des Libanon, die er gepflanzt hat.
17 Dort nisten die Vögel,
    und die Reiher wohnen in den Wipfeln.
18 Die hohen Berge geben dem Steinbock Zuflucht
    und die Felsklüfte dem Klippdachs.
19 Du hast den Mond gemacht, das Jahr danach zu teilen;
    die Sonne weiß ihren Niedergang.
20 Du machst Finsternis, dass es Nacht wird;
    da regen sich alle wilden Tiere,
21 die jungen Löwen, die da brüllen nach Raub
    und ihre Speise suchen von Gott.

22 Wenn aber die Sonne aufgeht, heben sie sich davon
   und legen sich in ihre Höhlen.
23 So geht dann der Mensch aus an seine Arbeit
   und an sein Werk bis an den Abend.

24 **HERR, wie sind deine Werke so groß und viel!**
   Du hast sie alle weise geordnet, und die Erde ist voll
   deiner Güter.
25 Da ist das Meer, das so groß und weit ist,
   da wimmelt's ohne Zahl, große und kleine Tiere.
26 Dort ziehen Schiffe dahin;
   da sind große Fische, die du gemacht hast, damit zu spielen.

Herr, ich staune immer wieder, wie kreativ du bist. Ja, du bist der Schöpfer, der alles geschaffen hat: den Himmel mit seinen wunderbaren Sternen, die Sonne, den Mond. Durch sie wird es Tag und Nacht auf dieser Erde. Dann die Lebewesen, die in einem genialen System miteinander verbunden sind. Wenn wir Menschen in dieses System eingreifen, geht so viel verloren. Herr, ich habe Angst, dass wir deine wunderbare Schöpfung zerstören mit unserer Gier, immer mehr haben zu wollen.

Bewahre mich davor, nur meine kleine Welt zu sehen und nicht das große Ganze, das du komponiert hast. Herr, ich danke dir, dass du alles so gut gemacht hast. Ich freue mich darüber, wenn die Meisen in meinem Garten ihr Nest bauen. Wenn sich das Eichhörnchen meine Nüsse schnappt und sie so geschickt verbuddelt, dass ich im Jahr darauf überall kleine Walnussbäume finde. Danke, dass du uns zutraust, deine Schöpfung zu bewahren und sie für uns zu nutzen. Du großer Herr und Gott. Du weiser und umsichtiger Gott. Danke.

Geber aller Weisheit

Allmächtiger Gott, der du der Geber aller Weisheit bist;
erleuchte unseren Verstand mit der Erkenntnis, was recht ist,
und regiere unseren Willen durch deine Gesetze,
dass kein Betrug uns in die Irre leite
und keine Versuchung uns zum Schlechten verführe;
dass wir immer bestrebt seien, Gutes zu tun und Böses
zu verhindern.

Inmitten aller Hoffnungen und Ängste dieser Welt
nimm deinen Heiligen Geist nicht von uns;
sondern gib, dass unsere Gedanken auf dich gerichtet sind
und dass wir dereinst die ewige Glückseligkeit erlangen,
um Jesu Christi willen.
Amen.

Book of Congregational Prayer

Gottes Willen erkennen

„HERR, weise mir deinen Weg und leite mich auf ebener Bahn um meiner Feinde willen."

Psalm 27,11

„Zeige mir, HERR, den Weg deiner Gebote, dass ich sie bewahre bis ans Ende."

Psalm 119,33

„Dein Reich komme. Dein Wille geschehe wie im Himmel so auf Erden."

Matthäus 6,10

„Stellt euch nicht dieser Welt gleich, sondern ändert euch durch Erneuerung eures Sinnes, damit ihr prüfen könnt, was Gottes Wille ist, nämlich das Gute und Wohlgefällige und Vollkommene."

Römer 12,2

„Seid dankbar in allen Dingen; denn das ist der Wille Gottes in Christus Jesus an euch."

1. Thessalonicher 5,18

27 Es warten alle auf dich,
    dass du ihnen Speise gebest zur rechten Zeit.
28 Wenn du ihnen gibst, so sammeln sie;
    wenn du deine Hand auftust,
    so werden sie mit Gutem gesättigt.
29 Verbirgst du dein Angesicht, so erschrecken sie;
    nimmst du weg ihren Odem, so vergehen sie
    und werden wieder Staub.
30 Du sendest aus deinen Odem, so werden sie geschaffen,
    und du machst neu die Gestalt der Erde.
31 Die Herrlichkeit des HERRN bleibe ewiglich,
    der HERR freue sich seiner Werke!
32 Er schaut die Erde an, so bebt sie;
    er rührt die Berge an, so rauchen sie.
33 Ich will dem HERRN singen mein Leben lang
    und meinen Gott loben, solange ich bin.
34 Mein Reden möge ihm wohlgefallen.
    Ich freue mich des HERRN.
35 Die Sünder sollen ein Ende nehmen auf Erden /
    und die Gottlosen nicht mehr sein.
    Lobe den HERRN, meine Seele! Halleluja!

Herr, durch deinen Atem hast du die Welt geschaffen. Durch deine Macht erhältst du sie jeden Tag. Gebirge entfalten sich. Vulkane speien Feuer. Die gewaltigen Ozeane und Meere bevölkerst du mit unvorstellbar vielen geheimnisvollen Lebewesen. Winzig kleinen und riesengroßen. Große Wale und kleine Heringe ziehen ihre kilometerlangen Bahnen, um an ganz bestimmten Plätzen ihre Nahrung zu finden. Sie wissen, was gut für sie ist und wo sie es finden. Du hast ihnen einen inneren Navigator geschenkt, der sie führt.

Du hältst den Schlüssel zum Leben und zum Sterben in deiner Hand. Dein Atem ist kraftvoll und mächtig. So mächtig, dass er mir manchmal Angst macht. Denn ich bin nur ein kleiner Mensch im großen Weltgefüge. Und doch siehst du mich an! Das kann ich oft nicht begreifen. Du, der Erschaffer der Welt, interessierst dich für meine kleinen Anliegen! Du bist der Schöpfer, der seine Geschöpfe liebt und sie mit seiner Kraft ausstattet, sodass sie dich bezeugen und von dir erzählen können. Du mächtiger, liebender Gott.

Psalm 105

Lob Gottes für seine Heilstaten
in Israels Frühzeit

1 Danket dem Herrn und rufet an seinen Namen;
   verkündigt sein Tun unter den Völkern!

2 Singet und spielet ihm,
   redet von allen seinen Wundern!

3 Rühmet seinen heiligen Namen;
   es freue sich das Herz derer, die den Herrn suchen!

4 Fraget nach dem Herrn und nach seiner Macht,
   suchet sein Antlitz allezeit!

5 Gedenket seiner Wunderwerke, die er getan hat,
   seiner Zeichen und der Urteile seines Mundes,

6 du Geschlecht Abrahams, seines Knechts,
   ihr Söhne Jakobs, seine Auserwählten!

Ja, Vater im Himmel, wie berührend ist es, wenn wir einander erzählen, wie du in unser Leben eingegriffen hast! Wie du Umstände und uns selbst verändert hast!

Ich denke an die Krankheit in meinem Leben, die meinen Alltag so eingeschränkt hat. Wie oft hatte ich Angst, etwas falsch zu machen. Wie oft ging es mir schlecht. Wie oft hat die Krankheit meine Pläne und Wünsche durchkreuzt. Doch du hast mich davon befreit! Danke! Du stärkst mein Immunsystem und schenkst mir neue Kraft und Freiheit. Herr, ich will das nicht vergessen. Bewahre mir die Freude darüber! Ich will sie einfließen lassen in jedes Tischgebet. Und bitte schenke mir Einfühlungsvermögen in andere, denen es nicht gut geht. Hilf mir, auf sie Rücksicht zu nehmen, ihnen liebevoll zu helfen und Mut zu machen. Amen.

7 Er ist der HERR, unser Gott,
    er richtet in aller Welt.
8 Er gedenkt ewiglich an seinen Bund,
    an das Wort, das er verheißen hat für tausend Geschlechter,
9 an den Bund, den er geschlossen hat mit Abraham,
    und an den Eid, den er Isaak geschworen hat.
10 Er stellte ihn auf für Jakob als Satzung
    und für Israel als ewigen Bund
11 und sprach: »Dir will ich das Land Kanaan geben,
    das Los eures Erbteils«,
12 als sie noch gering waren an Zahl,
    nur wenige und Fremdlinge im Lande.

13 Und sie zogen von Volk zu Volk,
    von einem Königreich zum andern.
14 Er ließ keinen Menschen ihnen Schaden tun
    und wies Könige zurecht um ihretwillen:

15 »Tastet meine Gesalbten nicht an,
   und tut meinen Propheten kein Leid!«

16 Und er ließ eine Hungersnot ins Land kommen
   und nahm weg allen Vorrat an Brot.

17 Er sandte einen Mann vor ihnen hin;
   Josef wurde als Knecht verkauft.

18 Sie zwangen seine Füße in Fesseln,
   sein Leib musste in Eisen liegen,

19 bis sein Wort eintraf
   und die Rede des HERRN ihm Recht gab.

20 Da sandte der König hin und ließ ihn losgeben,
   der Herr über Völker, er gab ihn frei.

21 Er setzte ihn zum Herrn über sein Haus,
   zum Herrscher über alle seine Güter,

22 dass er seine Fürsten unterwiese nach seinem Willen
   und seine Ältesten Weisheit lehrte.

23 Und Israel zog nach Ägypten,
   und Jakob ward ein Fremdling im Lande Hams.

Himmlischer Vater, Millionen deiner Kinder werden auf dieser Welt verfolgt. Sie leiden, weil sie an dich glauben. Für sie möchte ich heute beten. Sie sind so mutig: Sie bleiben dir treu auch im Leid. Lege jetzt deine Hände auf diejenigen, die in Arbeitslagern leiden, wie die Christen in Nordkorea. Tröste du alle, deren Würde tief verletzt ist, sprich Worte der Ermutigung und Liebe in ihr Herz. Richte die Traurigen und Mutlosen auf. Erinnere sie daran, wer sie in dir sind: erlöste Gotteskinder, Tempel des Heiligen Geistes, Erben deines Reiches. Erlaube den Wärtern heute nicht, ihre Schlagstöcke gegen deine Kinder zu erheben. Den Frauen, deren Männer in Gefängnissen sind, gib deinen Beistand und Schutz. Versorge sie mit allem, was sie brauchen. Den vielen

Witwen und Waisen – besonders im Norden von Nigeria – sende Zeichen deiner Liebe durch deine weltweite Gemeinde. Danke, dass wir mit ihnen verbunden sind und von ihnen lernen dürfen.

Bitte gib denen Standhaftigkeit im Glauben, die bedroht und eingeschüchtert werden, weil sie sich zu dir bekennen. Verherrliche dich unter ihnen durch Zeichen und Wunder, durch die Kraft deines lebendigen Wortes. Lass durch ihre Zeugnisse manche ihrer Feinde und Verfolger zum Glauben an dich kommen. Amen.

24 Und der Herr ließ sein Volk sehr wachsen
    und machte sie mächtiger als ihre Feinde.
25 Diesen verwandelte er das Herz, /
  dass sie seinem Volk gram wurden
    und Arglist übten an seinen Knechten.
26 Er sandte seinen Knecht Mose
    und Aaron, den er erwählt hatte.
27 Die taten seine Zeichen unter ihnen
    und seine Wunder im Lande Hams.
28 Er ließ Finsternis kommen und machte es finster;
    doch sie blieben ungehorsam seinen Worten.
29 Er verwandelte ihre Wasser in Blut
    und tötete ihre Fische.
30 Ihr Land wimmelte von Fröschen
    bis in die Kammern ihrer Könige.
31 Er gebot, da kam Ungeziefer,
    Stechmücken in all ihr Gebiet.
32 Er gab ihnen Hagel statt Regen,
    Feuerflammen in ihrem Lande
33 und schlug ihre Weinstöcke und Feigenbäume
    und zerbrach die Bäume in ihrem Gebiet.

34 Er gebot, da kamen Heuschrecken geflogen
   und gekrochen ohne Zahl;
35 sie fraßen alles, was da wuchs in ihrem Lande,
   und fraßen auch die Frucht ihres Ackers.
36 Er schlug alle Erstgeburt in Ägypten,
   alle Erstlinge ihrer Kraft.

37 Er führte sie heraus mit Silber und Gold;
   es war kein Gebrechlicher unter ihren Stämmen.
38 Ägypten wurde froh, dass sie auszogen;
   denn Furcht vor ihnen war auf sie gefallen.
39 Er breitete eine Wolke aus, sie zu decken,
   und ein Feuer, des Nachts zu leuchten.
40 Sie baten, da ließ er Wachteln kommen,
   und er sättigte sie mit Himmelsbrot.
41 Er öffnete den Felsen, da flossen Wasser heraus,
   dass Bäche liefen in der dürren Wüste.
42 Denn er gedachte an sein heiliges Wort
   und an Abraham, seinen Knecht.

Lieber Gott, du bist mein Vater, der mich liebt und sein Kind nennt. Ich danke dir, dass ich für alle Ewigkeit zu deiner Familie gehören darf. Du bist ein Gott, der seit jeher auf seine Familie achtgibt. Somit schenkst du auch mir deine ungeteilte Aufmerksamkeit.

Du siehst die Umstände und die Menschen, die mir momentan das Leben schwermachen. Ich fühle mich angegriffen und manchmal schutzlos ausgeliefert. Darum bitte ich dich um deine Hand, die mich sicher und gesund aus meinen Schwierigkeiten herausführen wird. Ich lege jetzt voller Vertrauen meine Hand in deine Hand und bitte dich um deine Wegweisung. Ich möchte mich nicht länger von Situationen

und anderen Menschen bestimmen lassen. Stattdessen ent-
scheide ich mich zu glauben, dass du den Ausweg für mich
kennst. Du kannst verschlossene Türen öffnen. Du hast die
Macht, in meinem Leben einen neuen Weg zu schaffen. Bitte
zeige mir Schritt für Schritt deinen Plan, damit ich siegreich
und gestärkt durch mein Leben schreiten kann. Danke, Vater,
für deinen Segen und deine Gunst, die jetzt in mein Leben
fließen werden. Amen.

43 So führte er sein Volk in Freuden heraus
   und seine Auserwählten mit Jubel
44 und gab ihnen die Länder der Heiden,
   dass sie die Güter der Völker gewannen,
45 damit sie seine Gebote hielten
   und seine Gesetze bewahrten. Halleluja!

*Mächtiger Gott, es stimmt: Du führst dein Volk in
Freuden heraus und deine Auserwählten mit
Jubel! Ich danke dir dafür, dass du auch mich aus der Wüste
führst. Manchmal erscheint mir der Weg so unendlich lang.
Kein Ende ist in Sicht. Nur Wüste! Aber du hast auch dein
Volk Israel durch die Wüste hindurchgeführt. Sie haben ihr
Ziel erreicht. Halleluja – die Mauern von Jericho sind gefallen
und dein Volk hat das verheißene Land in Besitz genommen!*

*Danke, dass ich dein Kind sein darf und du mich hinaus-
führst ins Freie. In das Land deiner Verheißung. Du hast
mir Füße geschenkt, deren Fußspitzen nach vorne schauen
und nicht nach hinten. Also will ich fröhlich vorwärtsgehen.
Schritt für Schritt dem Ziel entgegen. Danke, dass deine
Gnade mich begleitet. Amen.*

Die Ruhe der Nacht

Unser Abendgebet steige auf zu dir, Herr,
und es senke sich auf uns herab dein Erbarmen.
Dein ist der Tag und dein ist die Nacht.
Lass, wenn des Tages Schein verlischt,
das Licht deiner Wahrheit uns leuchten.
Geleite uns zur Ruhe der Nacht
und dereinst zur ewigen Vollendung
durch unseren Herrn Jesus Christus.

Altes Kirchengebet

In schweren Zeiten

„Gott ist unsre Zuversicht und Stärke, eine Hilfe
in den großen Nöten, die uns getroffen haben."
Psalm 46,2

„Wenn du durch Wasser gehst, will ich bei dir sein,
dass dich die Ströme nicht ersäufen sollen; und wenn
du ins Feuer gehst, sollst du nicht brennen, und die
Flamme soll dich nicht versengen."
Jesaja 43,2

„Ich freue mich und bin fröhlich über deine Güte,
dass du mein Elend ansiehst und nimmst dich meiner
an in Not."
Psalm 31,8

„Der HERR ist gütig und eine Feste zur Zeit der Not
und kennt die, die auf ihn trauen."
Nahum 1,7

„Aber in dem allen überwinden wir weit durch den,
der uns geliebt hat."
Römer 8,37

Psalm 106

Gottes Gnade und Israels Undank

1 Halleluja!
  Danket dem HERRN; denn er ist freundlich,
  und seine Güte währet ewiglich.
2 Wer kann die großen Taten des HERRN alle erzählen
  und sein Lob genug verkündigen?
3 Wohl denen, die das Gebot halten
  und tun immerdar recht!

4 HERR, gedenke meiner nach der Gnade,
  die du deinem Volk verheißen hast;
  erweise an uns deine Hilfe,
5 dass wir sehen das Heil deiner Auserwählten
  und uns freuen, dass es deinem Volke so gut geht,
  und uns rühmen mit denen, die dein Eigen sind.

6 Wir haben gesündigt samt unsern Vätern,
  wir haben unrecht getan und sind gottlos gewesen.
7 Unsre Väter in Ägypten
  wollten deine Wunder nicht verstehen.
  Sie gedachten nicht an deine große Güte
  und waren ungehorsam am Meer, am Schilfmeer.
8 Er aber half ihnen um seines Namens willen,
  dass er seine Macht beweise.
9 Er schalt das Schilfmeer, da wurde es trocken,
  und führte sie durch die Tiefen wie durch trockenes Land

10 und half ihnen aus der Hand dessen, der sie hasste,
  und erlöste sie von der Hand des Feindes.
11 Und die Wasser ersäuften ihre Widersacher,
  dass nicht **einer** übrig blieb.
12 Da glaubten sie an seine Worte
  und sangen sein Lob.

Großer Gott, wie fasziniert bin ich, wenn ich dein Wort lese! Wie nahe bist du den Menschen! Du sagst ihnen, was sie tun und lassen sollen. Dein Volk hat oft erlebt, wie gut es ist, dir gehorsam zu sein. Wie viel Segen daraus entsteht. Trotzdem ist es oft eigene Wege gegangen.

Vater, lass mich dein Reden nicht überhören. Manchmal nehme ich deine leise Stimme in meinem Herzen wahr. Aber oft ist alles um mich herum so laut! Dann höre ich dich nicht. Und manchmal will ich dich gar nicht hören. Das tut mir leid, lieber Vater. Du meinst es gut mit mir. Deine Anweisungen helfen mir in meinem Leben. Wie oft habe ich das schon erlebt! Deshalb will ich dir heute mein Herz neu geben. Bitte halte mich nah bei dir. Hilf mir, wo ich den Überblick verliere, und weise mich zurecht, wo ich verkehrt denke. Ich danke dir, dass du mich trotz meiner Fehler liebst und mich niemals fallen lässt. Amen.

13 Aber sie vergaßen bald seine Werke,
  sie warteten nicht auf seinen Rat.
14 Und sie wurden lüstern in der Wüste
  und versuchten Gott in der Einöde.
15 Er aber gab ihnen, was sie erbaten,
  und sandte ihnen genug, bis ihnen davor ekelte.

16 Und sie empörten sich wider Mose im Lager,
   wider Aaron, den Heiligen des HERRN.
17 Die Erde tat sich auf und verschlang Datan
   und deckte zu die Rotte Abirams,
18 und Feuer wurde unter ihrer Rotte angezündet,
   die Flamme verbrannte die Gottlosen.
19 Sie machten ein Kalb am Horeb
   und beteten das gegossene Bild an
20 und verwandelten die Herrlichkeit ihres Gottes
   in das Bild eines Ochsen, der Gras frisst.
21 Sie vergaßen Gott, ihren Heiland,
   der so große Dinge in Ägypten getan hatte,
22 Wunder im Lande Hams
   und schreckliche Taten am Schilfmeer.
23 Und er gedachte, sie zu vertilgen,
   wäre nicht Mose gewesen, sein Auserwählter;
   der trat vor ihm in die Bresche,
   seinen Grimm abzuwenden, dass er sie nicht verderbe.

Herr, ich rufe zu dir, gnädiger Gott! Da sind Menschen in meiner Familie und Verwandtschaft, Freunde, die mir wichtig sind. Sie haben ihr Leben bisher ohne dich gelebt. Ihre eigene Ehre suchen sie, falschen Zielen jagen sie nach. Dich haben sie links liegen lassen, weil sie so verblendet sind. Doch ohne dich gehen sie verloren.

Deshalb bitte ich dich: Herr, stell dich ihnen in deiner Allmacht in den Weg! Lass Ereignisse geschehen, durch die sie zum gründlichen Nachdenken kommen. Brich ihren Stolz und lass sie erkennen, dass du der lebendige Gott bist, den sie brauchen.

Ich trete für sie ein vor dir, denn ich weiß, dass du Gebete erhörst. Du kannst ihnen nachts durch Träume und Visionen begegnen, wenn sie dein lebendiges Wort der Heiligen Schrift ablehnen. Ich bitte, dass sie durch ihre Lebensumstände deutliche Hinweise auf dich bekommen. Führe Begegnungen im Alltag herbei, wo sie mit Christen ins Gespräch kommen, die ihnen deine Botschaft sagen. Sie liegen mir so am Herzen. Herr, ich bitte um ihre Errettung, weil ich sie liebe und möchte, dass sie die Ewigkeit bei dir verbringen. Amen.

24 Und sie achteten das köstliche Land gering;
    sie glaubten seinem Worte nicht
25 und murrten in ihren Zelten;
    sie gehorchten der Stimme des HERRN nicht.
26 Da erhob er seine Hand wider sie,
    dass er sie niederschlüge in der Wüste
27 und würfe ihre Nachkommen unter die Heiden
    und zerstreute sie in die Länder.
28 Und sie hängten sich an den Baal-Peor
    und aßen von den Opfern für die Toten
29 und erzürnten den Herrn mit ihrem Tun.
    Da brach die Plage herein über sie.
30 Da trat Pinhas hinzu und vollzog das Gericht;
    da wurde der Plage gewehrt;
31 das wurde ihm gerechnet zur Gerechtigkeit
    von Geschlecht zu Geschlecht ewiglich.
32 Und sie erzürnten den Herrn am Haderwasser,
    und Mose ging es übel um ihretwillen;
33 denn sie erbitterten sein Herz,
    dass ihm unbedachte Worte entfuhren.

34 Auch vertilgten sie die Völker nicht,
  wie ihnen der HERR doch geboten hatte,
35 sondern sie ließen sich ein mit den Heiden
  und lernten ihre Werke
36 und dienten ihren Götzen;
  die wurden ihnen zum Fallstrick.
37 Und sie opferten ihre Söhne
  und ihre Töchter den bösen Geistern
38 und vergossen unschuldig Blut,
  das Blut ihrer Söhne und Töchter,
  die sie opferten den Götzen Kanaans,
  sodass das Land mit Blutschuld befleckt war.
39 Sie machten sich unrein mit ihren Werken
  und wurden abtrünnig durch ihr Tun.
40 Da entbrannte der Zorn des HERRN über sein Volk,
  und sein Erbe wurde ihm zum Abscheu.
41 Er gab sie in die Hand der Heiden,
  dass über sie herrschten, die ihnen gram waren.
42 Und ihre Feinde ängsteten sie,
  und sie wurden gedemütigt unter ihre Hand.
43 Er rettete sie oftmals; /
  aber sie erzürnten ihn mit ihrem Vorhaben
  und schwanden dahin um ihrer Missetat willen.
44 Da sah er ihre Not an,
  als er ihre Klage hörte,
45 und gedachte an seinen Bund mit ihnen,
  und es reute ihn nach seiner großen Güte.
46 Und er ließ sie Barmherzigkeit finden
  bei allen, die sie gefangen hielten.
47 Hilf uns, HERR, unser Gott,
  und bring uns zusammen aus den Heiden,
  dass wir preisen deinen heiligen Namen
  und uns rühmen, dass wir dich loben können!

48 Gelobt sei der HERR, der Gott Israels,
   von Ewigkeit zu Ewigkeit,
und alles Volk spreche: Amen!
   Halleluja!

Gott, zu dir schreie ich in meiner Not! Durch eigenes Verschulden habe ich mich von dir entfernt. Habe nicht mehr nach dir gefragt, dir einfach den Rücken zugedreht. Ich habe mein Leben gelebt, wie ich es selbst für richtig hielt. So habe ich mich immer tiefer in den Sumpf von Schuld und Sünde verirrt.

Ich sehe meine Fehler ein und schreie nun zu dir. Wohin sonst sollte ich mich wenden? Du bist treu, selbst wenn ich untreu war. Du deckst meine Schuld zu und wartest mit ausgestreckten Armen auf mich. Du heißt mich im Vaterhaus willkommen. Ich darf an deinem Herzen wieder zur Ruhe kommen. Du vergibst mir und reinigst mich in deiner großen Liebe und Güte. Danke, Vater, dass du mich erhörst, wenn ich zu dir rufe, und dass du so nahe bist, egal, wie weit ich mich von dir entfernt habe.

FÜNFTES BUCH

Psalm 107

Danklied der Erlösten

1 Danket dem HERRN; denn er ist freundlich,
    und seine Güte währet ewiglich.

2 So sollen sagen, die erlöst sind durch den HERRN,
    die er aus der Not erlöst hat,

3 die er aus den Ländern zusammengebracht hat
    von Osten und Westen, von Norden und Süden.

4 Die irregingen in der Wüste, auf ungebahntem Wege,
    und fanden keine Stadt, in der sie wohnen konnten,

5 die hungrig und durstig waren
    und deren Seele verschmachtete,

6 DIE DANN ZUM HERRN RIEFEN IN IHRER NOT
    UND ER ERRETTETE SIE AUS IHREN ÄNGSTEN

7 und führte sie den richtigen Weg,
    dass sie kamen zur Stadt, in der sie wohnen konnten:

8 DIE SOLLEN DEM HERRN DANKEN FÜR SEINE GÜTE /
    UND FÜR SEINE WUNDER,
    DIE ER AN DEN MENSCHENKINDERN TUT,

9 dass er sättigt die durstige Seele
    und die Hungrigen füllt mit Gutem.

Vater, ich danke dir, dass du meinen Weg kennst und mich führst. Mit dir unterwegs zu sein, heißt auch manchmal weiterzuziehen. Nun ist wieder Aufbruchsstimmung. Es fühlt sich an, als würde ich entwurzelt werden, aus meinem geborgenen Nest gerissen. Mein Herz fragt:

Wo werde ich in Zukunft zu Hause sein? Wo werde ich eine neue Heimat finden? Ich weiß es nicht. Nur die Gegenwart steht mir klar vor Augen: Ich muss mein vertrautes Zuhause loslassen, meine geliebte Heimat hinter mir lassen.

Doch mit dir, Jesus, breche ich auf. Denn ich bin gewiss: Du führst mich. Dir, meinem Gott, will ich vertrauen. Du bist mein Versorger und mein Wegweiser. Du bestimmst meinen neuen Ort, ja, du hältst schon ein neues Zuhause für mich bereit. Und ich werde wieder geborgen wohnen – mit dir! Ich werde wieder wie ein Baum gepflanzt und verwurzelt sein – in dir! Wo es auch sein wird, ich werde wieder ganz zu Hause sein – mit dir in meinem Herzen! Danke, Jesus, dass du schon weißt, wohin mein Weg geht.

10 Die da sitzen mussten in Finsternis und Dunkel,
   gefangen in Zwang und Eisen,
11 weil sie Gottes Geboten ungehorsam waren
   und den Ratschluss des Höchsten verachtet hatten,
12 sodass er ihr Herz durch Unglück beugte
   und sie dalagen und ihnen niemand half,
13 DIE DANN ZUM HERRN RIEFEN IN IHRER NOT
   UND ER HALF IHNEN AUS IHREN ÄNGSTEN
14 und führte sie aus Finsternis und Dunkel
   und zerriss ihre Bande:
15 DIE SOLLEN DEM HERRN DANKEN FÜR SEINE GÜTE /
   UND FÜR SEINE WUNDER,
   DIE ER AN DEN MENSCHENKINDERN TUT,
16 dass er zerbricht eherne Türen
   und zerschlägt eiserne Riegel.

Ich danke dir, Herr, dass du mich von einem Leben fern von dir errettet hast. Mein Leben war geprägt von Angst vor dem morgigen Tag und Furcht vor dem Leben selbst. Sorgen und Traurigkeit waren Teil meines Alltags. Erst als ich dein Gnadengeschenk annahm, erkannte ich, wie tief ich in meinen eigenen Nöten verwurzelt war. Wie trostlos mein Leben bis dahin verlaufen war. Auch wenn manche Umstände sich nicht verändert haben – seither ist doch alles anders geworden. Meine Angst wandelt sich Schritt für Schritt zum immer tiefer werdenden Vertrauen in deine Gnade und deine Hilfe.

Herr, du hast mir einen Weg aus meiner Menschenfurcht und meiner Lebensangst gezeigt. Danke, dass ich erkennen durfte: Du selbst bist dieser Weg. Bewahre mich und hilf mir, die Furcht, die immer wieder in mir aufkeimt, in deine sichere Hand zu legen. Bewahre meine Gedanken und Träume in der Nacht. Hilf mir, zur Ruhe zu kommen und dir zu vertrauen, dass du auch morgen da sein wirst mit deiner Gnade und deiner Hilfe. Amen.

Bleibe bei uns, Herr

Bleibe bei uns, Herr, denn es will Abend werden,
und der Tag hat sich geneigt.
Bleibe bei uns und bei allen Menschen.
Bleibe bei uns am Abend des Tages,
am Abend des Lebens, am Abend der Welt.
Bleibe bei uns mit deiner Gnade und Güte,
mit deinem Wort und Sakrament,
mit deinem Trost und Segen.
Bleibe bei uns, wenn über uns kommt
die Nacht der Trübsal und Angst,
die Nacht des Zweifels und der Anfechtung,
die Nacht des bitteren Todes.
Bleibe bei uns und bei allen deinen Kindern
in Zeit und Ewigkeit.

Altes Kirchengebet

Nahe bei Gott

„Denn ein Tag in deinen Vorhöfen ist besser als
sonst tausend. Ich will lieber die Tür hüten in meines
Gottes Hause als wohnen in der Gottlosen Hütten."

Psalm 84,11

„Bleibt in mir und ich in euch. Wie die Rebe
keine Frucht bringen kann aus sich selbst,
wenn sie nicht am Weinstock bleibt, so auch
ihr nicht, wenn ihr nicht in mir bleibt."

Johannes 15,4

„Ich aber darf dir immer nahe sein, mein Herr und
Gott; das ist mein ganzes Glück!
Dir vertraue ich, deine wunderbaren Taten will ich
weitererzählen."

Psalm 73,28 (Hfa)

„Du zeigst mir den Weg, der zum Leben führt.
Du beschenkst mich mit Freude, denn du bist bei mir.
Ich kann mein Glück nicht fassen, nie hört es auf."

Psalm 16,11 (Hfa)

17 Die Toren, die geplagt waren um ihrer Übertretung
    und um ihrer Sünde willen,
18 dass ihnen ekelte vor aller Speise
    und sie todkrank wurden,
19 DIE DANN ZUM HERRN RIEFEN IN IHRER NOT
    UND ER HALF IHNEN AUS IHREN ÄNGSTEN,
20 er sandte sein Wort und machte sie gesund
    und errettete sie, dass sie nicht starben:
21 DIE SOLLEN DEM HERRN DANKEN FÜR SEINE GÜTE /
    UND FÜR SEINE WUNDER,
      DIE ER AN DEN MENSCHENKINDERN TUT,
22 und sollen Dank opfern
    und seine Werke erzählen mit Freuden.

23 Die mit Schiffen auf dem Meere fuhren
    und trieben ihren Handel auf großen Wassern,
24 die des HERRN Werke erfahren haben
    und seine Wunder auf dem Meer,
25 wenn er sprach und einen Sturmwind erregte,
    der die Wellen erhob,
26 und sie gen Himmel fuhren und in den Abgrund sanken,
    dass ihre Seele vor Angst verzagte,
27 dass sie taumelten und wankten wie ein Trunkener
    und wussten keinen Rat mehr,
28 DIE DANN ZUM HERRN SCHRIEN IN IHRER NOT
    UND ER FÜHRTE SIE AUS IHREN ÄNGSTEN
29 und stillte das Ungewitter,
    dass die Wellen sich legten
30 und sie froh wurden, dass es still geworden war
    und er sie zum erwünschten Lande brachte:

31 DIE SOLLEN DEM HERRN DANKEN FÜR SEINE GÜTE /
   UND FÜR SEINE WUNDER,
      DIE ER AN DEN MENSCHENKINDERN TUT,
32 und ihn in der Gemeinde preisen
      und bei den Alten rühmen.

Ach, Herr, ich fühle mich so elend! Warum geht es mir so schlecht? Habe ich gesündigt vor dir? Durch meine Krankheit bin ich plötzlich aus meinem Alltag gerissen worden. Es gibt so viel zu tun und ich liege hier und habe keine Kraft. Wenn ich darüber nachdenke, wird mir bewusst: In letzter Zeit war ich so beschäftigt, dass ich mich mehr und mehr von dir entfernt habe. Ich habe meine Prioritäten falsch gesetzt. Das tut mir leid. Herr, bitte vergib mir! Lehre mich, weise zu leben! Nun rufe ich zu dir, meinem Retter: Sende dein Wort und heile mich! Ein Wort von dir genügt, um mich ganz wiederherzustellen.

Ja, du hast dein Wort gesandt: das Wort, das Mensch wurde, Jesus, meinen Erlöser. So wie Jesus den Sturm auf dem See gestillt hat, so stillt er auch den Sturm meiner Gefühle und Ängste. Danke, dass ich bei dir zur Ruhe komme, dass ich mich mit meinem kranken Körper und meiner unruhigen Seele dir anvertrauen kann. Das tut mir so gut. Ich will dich vor den Menschen rühmen, ja, ich will mich freuen, weil du so gut zu mir bist. Du bist ein Gott, der Wunder tut.

33 Er machte Bäche trocken
      und ließ Wasserquellen versiegen,
34 dass fruchtbares Land zur Salzwüste wurde
      wegen der Bosheit derer, die dort wohnten.

35 Er machte das Trockene wieder wasserreich
    und gab dem dürren Lande Wasserquellen
36 und ließ die Hungrigen dort bleiben,
    dass sie eine Stadt bauten, in der sie wohnen konnten,
37 und Äcker besäten und Weinberge pflanzten,
    die jährlich Früchte trugen.
38 Und er segnete sie, dass sie sich sehr mehrten,
    und gab ihnen viel Vieh.
39 Aber sie wurden gering an Zahl und geschwächt
    von der Last des Unglücks und des Kummers.
40 Er schüttete Verachtung aus auf die Fürsten
    und ließ sie irren in der Wüste, wo kein Weg ist;
41 aber die Armen schützte er vor Elend
    und mehrte ihr Geschlecht wie eine Herde.
42 Das werden die Frommen sehen und sich freuen,
    und aller Bosheit wird das Maul gestopft werden.
43 Wer ist weise und behält dies?
    Der wird merken, wie viel Wohltaten der HERR erweist.

Herr, du bist mächtig und erhaben über alle Umstände und Widrigkeiten meines Lebens. Du siehst jede herausfordernde Situation meines Alltags. Ich danke dir, dass du mich immer wieder aufrichtest, mir zur Seite stehst und mich trägst. Treu stehst du zu mir und vergibst mir, wenn ich meine eigenen egoistischen Wege gegangen bin.

Danke, Herr, für die Gewissheit, dass du mich nicht verlässt und mich bedingungslos liebst. Du segnest die, die dir treu sind und deine Gebote halten. Auch ich habe dies schon oft in meinem Leben erfahren und bin von Herzen dankbar dafür. Bitte hilf mir, deine bedingungslose Liebe und dein

ganzes Wesen immer mehr zu verstehen und zu erfassen. Ich
wünsche mir eine tiefe, innige Beziehung mit dir. Mein Leben
soll ein Zeugnis deiner Liebe und deiner Freundlichkeit sein.

Psalm 108

Lob Gottes und Zuversicht in Kriegsnot

1 EIN PSALMLIED DAVIDS.
2 Gott, mein Herz ist bereit,
  ich will singen und spielen. Wach auf, meine Seele!
3 Wach auf, Psalter und Harfe!
  Ich will das Morgenrot wecken.
4 Ich will dir danken, HERR, unter den Völkern,
  ich will dir lobsingen unter den Leuten.
5 Denn **deine Gnade reicht, so weit der Himmel ist,**
  und deine Treue, so weit die Wolken gehen.
6 Erhebe dich, Gott, über den Himmel
  und deine Herrlichkeit über alle Lande!

7 Lass deine Freunde errettet werden,
  dazu hilf mit deiner Rechten und erhöre uns!
8 Gott hat in seinem Heiligtum geredet:
  Ich will frohlocken;
  ich will Sichem verteilen
  und das Tal Sukkot ausmessen.
9 Gilead ist mein, Manasse ist auch mein, /
  und Ephraim ist der Schutz meines Haupts,
  Juda ist mein Zepter.
10 Moab ist mein Waschbecken, /
  ich will meinen Schuh auf Edom werfen,
  über die Philister will ich jauchzen.

11 Wer wird mich führen in die feste Stadt?
   Wer wird mich nach Edom leiten?
12 Wirst du es nicht tun, Gott, der du uns verstoßen hast,
   und ziehst nicht aus, Gott, mit unserm Heer?
13 Schaff uns Beistand vor dem Feind;
   denn Menschenhilfe ist nichts nütze.
14 Mit Gott wollen wir Taten tun.
   Er wird unsre Feinde niedertreten.

Himmlischer Vater, wie lacht mein Herz, wenn ich an dich denke! Du bist der Gott, der Mose als kleines Baby vor dem Tod bewahrte und in die sicheren Arme der Tochter des Pharaos führte. Du bist der Gott, der Daniel am Leben hielt, als dieser in die Löwengrube geworfen wurde. Du bist der Gott, der dem jungen David den Sieg über den großen, Angst einflößenden Goliat verschaffte.

Viel zu oft lese ich diese alten Geschichten aus der Perspektive des Happy Ends. Aber welche Angst und Sorge müssen alle Beteiligten gehabt haben! Als sie das durchlebten, war das Ende noch nicht geschrieben, und sie waren darauf angewiesen, dir voll und ganz zu vertrauen. Du hast dich ihnen offenbart und bist nicht von ihrer Seite gewichen.

Vater, mein Herz jubelt vor Freude, dass ich dich an meiner Seite wissen darf! Nichts kommt dir gleich. Du hältst alles in deiner Hand. Du hältst auch mich in deiner Hand. Alle meine Wege vertraue ich dir an, denn bei dir bin ich sicher. Jeden Tag neu!

Psalm 109

Ein Ruf zu Gott
gegen erbarmungslose Widersacher

1 EIN PSALM DAVIDS, VORZUSINGEN.
   Gott, mein Ruhm, schweige nicht!
2 Denn sie haben ihr gottloses
      Lügenmaul wider mich aufgetan.
   Sie reden wider mich mit falscher Zunge /
3 und reden giftig wider mich allenthalben
      und streiten wider mich ohne Grund.
4 Dafür, dass ich sie liebe, feinden sie mich an;
      ich aber bete.
5 Sie erweisen mir Böses für Gutes
      und Hass für Liebe.

6 Gib ihm einen Gottlosen zum Gegner,
      und ein Verkläger stehe zu seiner Rechten.
7 Wenn er gerichtet wird, soll er schuldig gesprochen werden,
      und sein Gebet werde zur Sünde.
8 Seiner Tage sollen wenige werden,
      und sein Amt soll ein andrer empfangen.
9 Seine Kinder sollen Waisen werden
      und seine Frau eine Witwe.
10 Seine Kinder sollen umherirren und betteln
      und vertrieben werden aus ihren Trümmern.
11 Es soll der Wucherer alles fordern, was er hat,
      und Fremde sollen seine Güter rauben.
12 Und niemand soll ihm Gutes tun,
      und niemand erbarme sich seiner Waisen.
13 Seine Nachkommen sollen ausgerottet werden,
      ihr Name soll schon im zweiten Glied getilgt werden.

14 Der Schuld seiner Väter soll gedacht werden vor dem HERRN,
and seiner Mutter Sünde soll nicht getilgt werden.

15 Der HERR soll sie nie mehr aus den Augen lassen,
und ihr Andenken soll ausgerottet werden auf Erden,

16 weil er so gar keine Barmherzigkeit übte,
sondern verfolgte den Elenden und Armen und den
Betrübten,
ihn zu töten.

17 Er liebte den Fluch,
so komme er auch über ihn;
er wollte den Segen nicht,
so bleibe er auch fern von ihm.

18 Er zog den Fluch an wie sein Hemd;
der dringe in ihn hinein wie Wasser
und wie Öl in seine Gebeine;

19 er werde ihm wie ein Kleid, das er anhat,
und wie ein Gürtel, mit dem er allezeit sich gürtet.

20 So geschehe denen vom HERRN, die wider mich sind
und die Böses reden wider mich.

Jesus, bitte hilf mir, dass ich niemals jemanden so schlecht behandle, dass er so über mich denkt wie David über seinen ehemaligen Freund! Manche Beziehungen sind so kompliziert und oft bin ich so egoistisch. Hilf, dass ich bereit bin, den anderen höher zu achten als mich selbst!

Jetzt ist es Abend geworden. Beruhige mein aufgewühltes Herz, nimm fort meine Sorgen und Ängste und erfülle mich mit deinem Frieden! Wie Stille auf Erden regiert, wenn es Nacht wird, so lass die Stille auch in meinem Herzen regieren. Die Probleme des heutigen Tages werden auch morgen noch da sein. Doch ich weiß: Auch du wirst da sein. Vergib meine Zweifel und hilf mir, mich ganz auf dich zu verlassen,

*während ich nach Antworten suche auf meine quälenden
Fragen. Schenke mir erholsamen Schlaf und neue Kraft,
sodass ich mich mit Freude den Herausforderungen des
morgigen Tages stellen kann.*

*Du allein bist der Herr meines Lebens und der Retter meiner
Seele! Vater, ich bete zu dir durch deine Gnade, in dem
heiligen, kostbaren Namen deines Sohnes Jesus Christus.
Amen.*

21 Aber du, Herr, /
 sei du mit mir um deines Namens willen;
  denn deine Gnade ist mein Trost: Errette mich!
22 Denn ich bin arm und elend;
  mein Herz ist zerschlagen in mir.
23 Ich fahre dahin wie ein Schatten, der schwindet,
  und werde abgeschüttelt wie Heuschrecken.
24 Meine Knie sind schwach vom Fasten,
  und mein Leib ist mager und hat kein Fett.
25 Ich bin ihnen zum Spott geworden;
  wenn sie mich sehen, schütteln sie den Kopf.

26 Steh mir bei, Herr, mein Gott!
  Hilf mir nach deiner Gnade,
27 und lass sie innewerden, dass dies deine Hand ist
  und du, Herr, das tust.
28 Fluchen sie, so segne du. /
 Erheben sie sich gegen mich, so sollen sie zuschanden werden;
  aber dein Knecht soll sich freuen.
29 Meine Widersacher sollen mit Schmach angezogen
  und mit ihrer Schande bekleidet werden wie mit einem
  Mantel.

Wie ein Wanderer in einer einsamen Wüste ohne Hoffnung am Horizont – so elend fühle ich mich. So schwer sind meine Schritte! Erschöpft ist meine Seele, mein Körper zerschlagen und wund. Wenn du mir nicht beistehst, Herr, bin ich verloren. Wenn du in mein Elend nicht eingreifst, habe ich keine Kraft für das Morgen. Ich verdiene deine Hilfe nicht, oh Gott! Nichts kann ich von dir fordern. Nur auf deine Gnade, Güte und Barmherzigkeit hoffen. Du selbst bist mir Rettung und Licht.

Wärst du nur Richter, was hätte ich zu erwarten? Wärst du selbstgerecht, wie wir Menschen es sind, wie kläglich würde ich enden! Doch du bist Gott, Erbarmer und barmherziger Heiland. Deine Gnadenflügel bedecken meine Niedrigkeit und mein Versagen. So kann ich bestehen, gesund werden und weiterleben – zu deiner Ehre!

Das Vaterunser

Unser Vater im Himmel!
Dein Name werde geheiligt.
Dein Reich komme.
Dein Wille geschehe wie im Himmel so auf Erden.
Unser tägliches Brot gib uns heute.
Und vergib uns unsere Schuld, wie auch wir vergeben
unsern Schuldigern.
Und führe uns nicht in Versuchung, sondern erlöse uns
von dem Bösen.
Denn dein ist das Reich und die Kraft und die
Herrlichkeit in Ewigkeit.
Amen.

Matthäus 6,9–13

Die Kraft des Glaubens

„Alles, was ihr bittet in eurem Gebet, glaubt nur, dass ihr's empfangt, so wird's euch zuteil werden."
Markus 11,24

„Er bitte aber im Glauben und zweifle nicht; denn wer zweifelt, der gleicht einer Meereswoge, die vom Winde getrieben und bewegt wird."
Jakobus 1,6

„Denn wenn du mit deinem Munde bekennst, dass Jesus der Herr ist, und in deinem Herzen glaubst, dass ihn Gott von den Toten auferweckt hat, so wirst du gerettet."
Römer 10,9

„Lasst uns festhalten an dem Bekenntnis der Hoffnung und nicht wanken; denn er ist treu, der sie verheißen hat."
Hebräer 10,23

„Es ist aber der Glaube eine feste Zuversicht auf das, was man hofft, und ein Nichtzweifeln an dem, was man nicht sieht."
Hebräer 11,1

30 Ich will dem HERRN sehr danken mit meinem Munde
und ihn rühmen vor der Menge.
31 Denn er steht dem Armen zur Rechten,
dass er ihm helfe von denen, die ihn verurteilen.

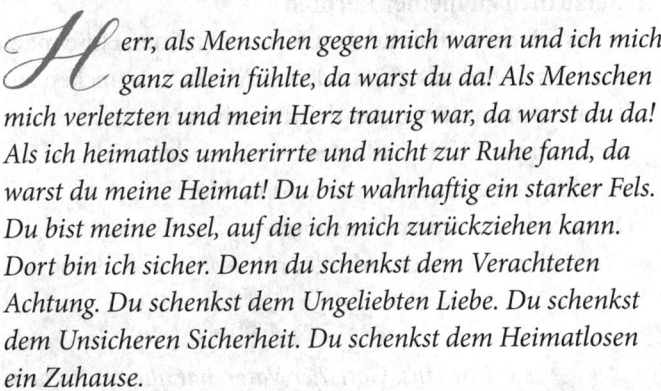

*Herr, als Menschen gegen mich waren und ich mich
ganz allein fühlte, da warst du da! Als Menschen
mich verletzten und mein Herz traurig war, da warst du da!
Als ich heimatlos umherirrte und nicht zur Ruhe fand, da
warst du meine Heimat! Du bist wahrhaftig ein starker Fels.
Du bist meine Insel, auf die ich mich zurückziehen kann.
Dort bin ich sicher. Denn du schenkst dem Verachteten
Achtung. Du schenkst dem Ungeliebten Liebe. Du schenkst
dem Unsicheren Sicherheit. Du schenkst dem Heimatlosen
ein Zuhause.*

*Dafür will ich dir danken. Immer wieder darf ich in deine
Gegenwart kommen, um mich mit dem füllen zu lassen,
wonach mein Herz verlangt. Du verschenkst dich an mich
aus lauter Liebe. Du bist meine Quelle, aus der ich schöpfe.
Du versorgst mich sogar so reichlich, dass ich davon weiter-
geben kann, damit auch andere Menschen erfahren, wer du
bist. Hab Dank dafür, mein großer Gott!*

377

Psalm 110

Der ewige König und Priester

1 EIN PSALM DAVIDS.

   Der HERR sprach zu meinem Herrn: /
   »Setze dich zu meiner Rechten,
     bis ich deine Feinde zum Schemel deiner Füße mache.«
2 Der HERR wird das Zepter deiner Macht ausstrecken aus Zion.
   Herrsche mitten unter deinen Feinden!
3 Wenn du dein Heer aufbietest, wird dir dein Volk
     willig folgen in heiligem Schmuck.
   Deine Söhne werden dir geboren
     wie der Tau aus der Morgenröte.

Jesus Christus, Gott, der Vater, hat alles unter deine Füße getan. Aber ich sehe es noch nicht: Denn deine Feinde und der Tod, Krankheit und Sünde haben immer noch Macht in der Welt. Hilf mir, dich dennoch zu sehen: dich auf dem Thron der Herrlichkeit, in der Schönheit deines Heiligtums. Hilf mir, deinen Namen, der über alle Namen ist, zu loben und dir zu vertrauen. Ja, ich wünsche mir, dass du herrschst. Und ich will nie vergessen, dass das Heil aus Zion gekommen ist: dass du mir dein Wort durch das jüdische Volk gegeben hast, dass du aus dem jüdischen Volk gekommen bist. Wie beschämt bin ich, dass mein Volk diesem Volk zum Feind geworden ist – dem Volk, das du von Anfang an begehrt hast! Hilf mir, als Christin nicht nur mich selbst zu sehen, sondern deinen großen Plan zu verstehen.

*Jetzt will ich dir dienen. Du hast mir alles gegeben. Du hast
mich vom Mutterleib an gewollt und geliebt. So wie der Tau
dem Land Israel in der regenlosen Zeit Leben bringt, so wirst
du mir auch Kraft geben. Nimm meine Müdigkeit und erfrische
mich, Herr! Danke für deine Liebe.*

4 Der HERR hat geschworen und es wird ihn nicht gereuen:
»Du bist ein Priester ewiglich
nach der Weise Melchisedeks.«
5 Der Herr zu deiner Rechten wird zerschmettern
die Könige am Tage seines Zorns.
6 Er wird richten unter den Heiden, /
wird viele erschlagen,
wird Häupter zerschmettern auf weitem Gefilde.
7 Er wird trinken vom Bach auf dem Wege,
darum wird er das Haupt emporheben.

*Du bist der ewige Herrscher, Jesus. Voller Macht und
Stärke. Gewaltig und herrlich.*

*Vor dir zittert die Welt, wenn dein gerechter Zorn ausbricht
über das Unrecht dieser Zeit. Wer kann vor dir bestehen?*

*Und doch bist du auch mein Hohepriester – der Einzige und
Ewige, der treu für mich kämpft und betet, über mir wacht und
mich verteidigt. Deine starke Liebe erhält mich am Leben. Ich
kann sie kaum fassen. Nicht mit dem Blut von Lämmern hast
du mich erkauft. Nein, mit deinem eigenen Blut hast du für
meine Schuld bezahlt. Wieso bedeute ich dir nur so viel? Ich
weiß es nicht. Dankbar beuge ich meine Knie und gebe mich dir
ganz hin. Von Herzen will ich dir gehören und vertrauen.*

Psalm 111

Preis der Gottesgnade

1 Halleluja!
   Ich danke dem HERRN von ganzem Herzen
      im Rate der Frommen und in der Gemeinde.
2 Groß sind die Werke des HERRN;
      wer sie erforscht, der hat Freude daran.
3 Was er tut, das ist herrlich und prächtig,
      und seine Gerechtigkeit bleibt ewiglich.
4 Er hat ein Gedächtnis gestiftet seiner Wunder,
      der gnädige und barmherzige HERR.
5 Er gibt Speise denen, die ihn fürchten;
      er gedenkt ewig an seinen Bund.
6 Er lässt verkündigen seine gewaltigen Taten seinem Volk,
      dass er ihnen gebe das Erbe der Heiden.

Mein Gott und Vater, dein Wort macht mich froh! Ich danke dir, dass du mich so gut versorgst. Ich danke dir für alles Schöne, das ich erlebe, das ich genießen und aus deiner Hand annehmen darf. All das, was ich bin und habe, ist ein unverdientes Geschenk.

Dein Wort sagt: Du gibst Speise denen, die dich fürchten. Doch was ist mit den Christen, die verfolgt werden oder in unglaublicher Armut leben? Was ist mit denen, die psychisch krank oder von anderen Leiden beschwert sind? Herr, wo bleibt da deine Versorgung? Auch wenn ich manches nicht verstehe – wer bin ich, dass ich über dich urteilen könnte?

*Deine Gedanken sind höher als meine Gedanken. Du wirst
deines Bundes ewig gedenken. Ich bitte dich für die Hungernden, dass du sie sättigst. Hilf mir, auch meinen Teil zu tun,
um das Leid deiner Kinder zu lindern. Amen.*

7   Die Werke seiner Hände sind Wahrheit und Recht;
      alle seine Ordnungen sind beständig.
8   Sie stehen fest für immer und ewig;
      sie sind recht und verlässlich.
9   Er sendet eine Erlösung seinem Volk; /
    er verheißt, dass sein Bund ewig bleiben soll.
      Heilig und hehr ist sein Name.
10 Die Furcht des HERRN ist der Weisheit Anfang. /
    Klug sind alle, die danach tun.
      Sein Lob bleibet ewiglich.

*Lehre mich einen guten, weisen Lebensstil, Herr. Dein
Wort sagt: Wer dich fürchtet, dem wirst du den
Weg zeigen, den er wählen soll (Psalm 25,12). Ja, Herr, du
wirst die Frau leiten, die dich fürchtet. Darum will ich alle
meine Sinne schärfen, auf dich zu achten. Bewahre mich
vor Fehltritten in Wort und Tat. Ich will dein Wort lieben
und deinen Heiligen Geist beachten. Hilf mir, auf meine
Gewohnheiten zu achten, auf meinen Tagesablauf und auf
meine Zeit mit dir. Denn daraus entspringt die Quelle des
Lebens.*

*Ich bitte dich um Klugheit und Weisheit für mein Handeln
morgen. Danke, Herr, dass du da bist. Dein Lob bleibt ewiglich. Du bist derselbe gestern, heute und in Ewigkeit. Wie gut,
dass ich mich darauf verlassen kann!*

Deine Worte sind Freude

Herr, mein Gott,
deine Worte sind Freude für mich.
Hilf mir, dass ich sie nicht missdeute und andere in die Irre
führe.
Herr, wende dich mir zu und hab Erbarmen.
Du bist das Licht der Blinden und die Kraft der Schwachen.
Du bist das Licht für die Sehenden und die Stärke der
Starken.
Dein sind Tag und Nacht, deine Hand lenkt die Zeiten.
Schenke mir ein wenig Zeit, damit ich in deine Gesetze
eindringe.
Verschließe nicht die Tür vor dem, der anklopft.
Herr, vollende dein Werk an mir, und erschließe mir
dein Wort.
Deine Stimme ist mir Freude, teurer als jedes andere
Vergnügen.

Augustinus

Geborgen bei Gott

„Alle, die dir vertrauen, werden sich freuen und
dich loben, denn bei dir sind sie geborgen.
Wer dich liebt, wird jubeln vor Freude."

Psalm 5,12 (Hfa)

„Ja, dir will ich singen und musizieren,
denn du bist meine Stärke. Bei dir, Gott,
weiß ich mich geborgen. Ja, Herr, wie gut
bist du zu mir!"

Psalm 59,18 (Hfa)

„Gott rettet mich, er steht für meine Ehre ein.
Er schützt mich wie ein starker Fels, bei ihm bin
ich geborgen."

Psalm 62,8 (Hfa)

„Du aber darfst sagen: ‚Beim Herrn bin ich geborgen!'
Ja, bei Gott, dem Höchsten, hast du Heimat gefunden."

Psalm 91,9 (Hfa)

„Sein Leben ist ein Beweis dafür, dass der Herr
seine Versprechen hält. Bei Gott bin ich sicher und
geborgen; was er tut, ist nie verkehrt!"

Psalm 92,16 (Hfa)

Psalm 112

Preis der Gottesfurcht

1 Halleluja!
  Wohl dem, der den HERRN fürchtet,
    der große Freude hat an seinen Geboten!
2 Sein Geschlecht wird gewaltig sein im Lande;
    die Kinder der Frommen werden gesegnet sein.
3 Reichtum und Fülle wird in ihrem Hause sein,
    und ihre Gerechtigkeit bleibt ewiglich.
4 Den Frommen geht das Licht auf in der Finsternis
    von dem Gnädigen, Barmherzigen und Gerechten.

Jetzt am Abend komme ich zu dir, Herr, und bedenke den vergangenen Tag. Über manches, was passiert ist, bin ich wirklich froh. Andere Sachen und Momente möchte ich ganz schnell vergessen. Du weißt das alles, weil du alles gesehen hast. Ich lege es dir jetzt hin: das Gute und das nicht so Gute und auch das, was wirklich schlecht war.

Für alles Gute und Gelungene will ich dir von Herzen Danke sagen. Bei dem, was nicht so gut war, erbitte ich deine Gnade und Barmherzigkeit. Und wo ich's ganz vermasselt habe, wo andere durch mich gelitten haben, wo ich dir und Menschen Liebe und Aufmerksamkeit schuldig geblieben bin, da vergib mir bitte! Hilf mir, es morgen besser zu machen.

Ich danke dir, dass dein Wort mir Orientierung gibt. Schon so oft habe ich erfahren, wie deine Maßstäbe sich als lebensfördernd und heilsam erwiesen haben. Auch heute wieder war ich froh, auf deiner Spur unterwegs zu sein und zu wissen:

Du gehst mit. Und wenn morgen ein neuer Tag beginnt, dann wünsche ich mir das wieder. Hilf mir, ganz dicht an dir dranzubleiben!

5 Wohl dem, der barmherzig ist und gerne leiht
und das Seine tut, wie es recht ist!
6 Denn er wird ewiglich bleiben;
der Gerechte wird nimmermehr vergessen.
7 Vor schlimmer Kunde fürchtet er sich nicht;
sein Herz hofft unverzagt auf den HERRN.
8 Sein Herz ist getrost und fürchtet sich nicht,
bis er auf seine Feinde herabsieht.
9 Er streut aus und gibt den Armen; /
seine Gerechtigkeit bleibt ewiglich.
Seine Kraft wird hoch in Ehren stehen.
10 Der Gottlose wird's sehen und es wird ihn verdrießen; /
mit den Zähnen wird er knirschen und vergehen.
Denn was die Gottlosen wollen, das wird zunichte.

Lieber Herr Jesus, wenn es um Besitz und Geld geht, komme ich immer wieder an meine Grenzen. Ich mache mir so viele Sorgen darum, ob ich auch leben kann und ob es reichen wird. Dabei vergesse ich ganz und gar, dass du mich versorgen willst. Du willst mir so viel geben, dass ich noch an andere abgeben kann.

Bitte vergib mir, dass ich mich so sehr um mich selber drehe. Weil ich von deiner Großzügigkeit lebe, will ich auch großzügig sein. Herr, da hast du noch Arbeit mit mir! Aber ich möchte gerne so werden wie du. Ich möchte Herz und Hände öffnen für die Menschen, denen ich auf meinem Weg begegne. Wenn ich im Vertrauen auf dich freigebig bin, wirst du mich nicht enttäuschen. Hilf mir, zu entdecken, dass ich mich nicht vor der Zukunft fürchten muss. Ich kann mich auf dich verlassen. Du gibst gerne und hast versprochen, für mich zu sorgen. Was du gibst, reicht für mich und andere. Amen.

Psalm 113

Gottes Hoheit und Huld
(Ps 113,1–118,29; vgl. Mt 26,30)

1 Halleluja!
Lobet, ihr Knechte des HERRN,
   lobet den Namen des HERRN!
2 Gelobt sei der Name des HERRN
   von nun an bis in Ewigkeit!
3 Vom Aufgang der Sonne bis zu ihrem Niedergang
   sei gelobet der Name des HERRN!

4 Der HERR ist hoch über alle Völker;
   seine Herrlichkeit reicht, so weit der Himmel ist.

Mein Herr und Gott, so selbstverständlich nehme ich den Aufgang der Sonne hin. Genauso selbstverständlich sollte es für mich sein, mit meinem ersten Augenaufschlag am Morgen dich zu loben und den ersten Gedanken des Tages dir zu widmen! Du bist es, der mich aufwachen lässt, und du bist es, der mich durch den Tag begleitet und jeden meiner Schritte beachtet. Das ist so unvorstellbar! Aber auch so erstaunlich und wohltuend, dass ich dich immer wieder im Laufe des Tages loben möchte. Und am Ende

des Tages, wenn die Sonne untergeht, soll dir mein letzter
Gedanke gehören – dir gebührt alle Ehre! Ich will dich loben,
solange ich denken kann, solange ich atme und bin.

Egal, wie ich mich fühle, du siehst mich und bist um mich.
Du bist auch in der Tiefe bei mir. Auch dafür will ich dich
loben. So brauche ich keine Furcht zu haben vor der Dunkel-
heit der Nacht, sondern darf in deinem Frieden schlafen.

5 Wer ist wie der HERR, unser Gott,
   im Himmel und auf Erden?
6 Der oben thront in der Höhe,
   der herniederschaut in die Tiefe,
7 der den Geringen aufrichtet aus dem Staube
   und erhöht den Armen aus dem Schmutz,
8 dass er ihn setze neben die Fürsten,
   neben die Fürsten seines Volkes;
9 der die Unfruchtbare im Hause zu Ehren bringt,
   dass sie eine fröhliche Kindermutter wird. Halleluja!

Vater, der Psalmist jubelt: „Du bringst die Un-
fruchtbare zu Ehren, dass sie eine fröhliche Mutter
wird." Ist das nicht eine Verheißung? Warum habe ich
dann keine Kinder? Ich fühle mich genauso, wie es mal ein
Freund beschrieb: wie das einzige Kind in der Familie, das zu
Weihnachten bei der Bescherung von seinen Eltern vergessen
wurde. Und noch dazu macht sich der Neid breit, wenn ich
Mütter mit ihren kleinen Kindern sehe!

Bitte, Gott, hilf mir! Gib mir ein Herz voller Anteilnahme
und Mitgefühl, dass ich mich mit anderen freuen kann,
denen du diesen Segen schenkst. Ich will lernen, mein Leben

*nicht nach dem zu beurteilen, was ich nicht habe, sondern
nach dem, was ich habe.*

*Kinder sind Geschenke von dir. Und auch wenn ich dieses
Geschenk nicht bekommen habe, so hast du mir doch andere
Geschenke gegeben: Menschen, denen ich von dir erzählen
und eine Mutter sein kann, auch wenn sie nicht meine
leiblichen Kinder sind. Einsame, denen ich Geborgenheit
schenken kann, weil ich sie verstehe. So ist deine Familie
gewachsen. Nein, ich will nicht neidisch sein, sondern
fröhlich über die Geschenke, die du mir gegeben hast!*

Psalm 114

Gottes Wunder beim Auszug aus Ägypten

1 Als Israel aus Ägypten zog,
   das Haus Jakob aus dem fremden Volk,
2 da wurde Juda sein Heiligtum,
   Israel sein Königreich.

3 Das Meer sah es und floh,
   der Jordan wandte sich zurück.
4 Die Berge hüpften wie die Lämmer,
   die Hügel wie die jungen Schafe.
5 Was war mit dir, du Meer, dass du flohest,
   und mit dir, Jordan, dass du dich zurückwandtest?
6 Ihr Berge, dass ihr hüpftet wie die Lämmer,
   ihr Hügel, wie die jungen Schafe?

7 Vor dem Herrn erbebe, du Erde,
 vor dem Gott Jakobs,
8 der den Felsen wandelte in einen See
 und die Steine in Wasserquellen!

Gnädiger Vater im Himmel! Der Tag hat sich geneigt und ich danke dir für alle Segnungen, mit denen du mich und andere heute beschenkt hast. Wenn du Großes tust und deine Gnade sichtbar machst – oh Vater, ich will mich nicht ausschließen wie der Bruder des verlorenen Sohnes, der draußen blieb, als sein Vater die Rückkehr seines Kindes feierte! Ich preise dich für das, was du im Leben anderer tust! Ich preise dich für das, was du für mich tust!

Für das Rote Meer, das du für mich geteilt hast.

Für die Wüste, in der du mir Wasser gabst.

Für den Jordan, den ich überqueren durfte, um das Land deiner Verheißung zu betreten.

Danke, Vater. Vergib mir meine Sünden in Worten und Gedanken, in Taten und Begierden, mit denen ich heute gegen dich und meinen Nächsten gesündigt habe. Erfülle mich mit der Gewissheit deiner Vergebung. Schenke mir deinen Frieden, der alles Verstehen übersteigt, den dein Sohn Jesus Christus für mich erworben hat. Schenke mir erholsamen Schlaf und wecke mich morgen mit neuer Kraft, dass ich dir diene von ganzem Herzen, ganzem Verstand, ganzer Seele und ganzer Kraft. Amen.

Nimm hin, o Herr

Nimm hin, o Herr, meine ganze Freiheit.
Nimm an mein Gedächtnis, meinen Verstand,
meinen ganzen Willen.
Was ich habe und besitze, hast du mir geschenkt.
Ich stelle es dir wieder ganz und gar zurück
und übergebe alles dir, dass du es lenkest
nach deinem Willen.
Nur deine Liebe schenke mir mit deiner Gnade
und ich bin reich genug und suche nichts weiter.

Ignatius von Loyola

Hingabe

„Ich aber und meine Familie,
wir wollen dem Herrn dienen."

Josua 24,15 (Hfa)

„Seid ein lebendiges Opfer, das Gott dargebracht wird
und ihm gefällt. Ihm auf diese Weise zu dienen ist die
angemessene Antwort auf seine Liebe."

Römer 12,1 (Hfa)

„Seit ich Christus kenne, ist für mich alles wertlos, was
ich früher für so wichtig gehalten habe. Denn das ist mir
klar geworden: Gegenüber dem unvergleichlichen Gewinn,
dass Jesus Christus mein Herr ist, hat alles andere seinen
Wert verloren.
Ja, alles andere ist für mich nur noch Dreck,
wenn ich bloß Christus habe. Zu ihm will ich
gehören. … Um Christus allein geht es mir. Ihn will
ich immer besser kennenlernen und die Kraft seiner
Auferstehung erfahren, aber auch seine Leiden möchte
ich mit ihm teilen und seinen Tod mit ihm sterben."

Philipper 3,7–10 (Hfa)

„Du sollst den Herrn, deinen Gott, lieben von ganzem
Herzen, von ganzer Seele, von ganzem Gemüt und von
allen deinen Kräften."

Markus 12,30

Psalm 115

Gott allein die Ehre!

(Verse 4–11: vgl. Psalm 135,15–20)

1 Nicht uns, HERR, nicht uns, /
    sondern deinem Namen gib Ehre
        um deiner Gnade und Treue willen!
2 Warum sollen die Heiden sagen:
        Wo ist denn ihr Gott?
3 **Unser Gott ist im Himmel;**
        er kann schaffen, was er will.

4 Ihre Götzen aber sind Silber und Gold,
        von Menschenhänden gemacht.
5 Sie haben Mäuler und reden nicht,
        sie haben Augen und sehen nicht,
6 sie haben Ohren und hören nicht,
        sie haben Nasen und riechen nicht,
7 sie haben Hände und greifen nicht, /
    Füße haben sie und gehen nicht,
        und kein Laut kommt aus ihrer Kehle.

Mein Gott, du bist im Himmel – das scheint mir manchmal sehr weit weg zu sein. Doch dann wage ich zu glauben, dass der Himmel hier bei mir ist – in mir, um mich. Ich begreife, dass deine Nähe keine Frage des Ortes ist, sondern dass du in deiner Allmacht und Größe mehr kannst, als ich verstehe. Du bist überall. Du schaffst alles, was du willst. Und du bist gut – gut zu mir ganz persönlich.

*Ich gebe dir alle meine Vorbehalte und Ängste, dass ich von
deiner Gnade und Güte ausgenommen sein könnte. Ich will
dir vertrauen, dass dir nichts unmöglich ist. Dass du den
Überblick hast. Und dass deine Pläne mit mir vollkommen
sind. Du wirkst jenseits von Raum und Zeit. Durch dich
ist alles möglich, auch das, was mir unmöglich erscheint.
Geheiligt werde dein Name!*

8 Die solche Götzen machen, sind ihnen gleich,
    alle, die auf sie hoffen.
9 Aber Israel hoffe auf den HERRN!
    Er ist ihre Hilfe und Schild.
10 Das Haus Aaron hoffe auf den HERRN!
    Er ist ihre Hilfe und Schild.
11 Die ihr den HERRN fürchtet, hoffet auf den HERRN!
    Er ist ihre Hilfe und Schild.
12 **Der HERR denkt an uns und segnet uns;**
    er segnet das Haus Israel,
    er segnet das Haus Aaron.
13 Er segnet, die den HERRN fürchten,
    die Kleinen und die Großen.
14 Der HERR segne euch je mehr und mehr,
    euch und eure Kinder!
15 Ihr seid die Gesegneten des HERRN,
    der Himmel und Erde gemacht hat.

16 Der Himmel ist der Himmel des HERRN;
    aber die Erde hat er den Menschenkindern gegeben.
17 Die Toten werden dich, HERR, nicht loben,
    keiner, der hinunterfährt in die Stille;
18 aber **wir** loben den HERRN
    von nun an bis in Ewigkeit.
    Halleluja!

err, wieder geht ein Tag zu Ende. Nun darf ich ihn in deine Hände legen. Du bist ein großer, allmächtiger Gott. Ich staune immer wieder darüber, dass ich kleiner Mensch dir so wichtig bin und du Tag und Nacht bei mir bist. Nichts entgeht dir. Du weißt um jede Freude und um jeden Schmerz. Du kennst auch meine Zweifel, wenn ich in schwierigen Situationen deine Gegenwart nicht spüre. Es scheint dann, als wärst du nicht da, als hättest du mich hängen lassen. Aber ich weiß, lieber Vater, dass deine Liebe zu mir beständig ist und dass dein Segen auf mir ruht – ob ich es spüre oder nicht! Du wirst mich niemals verlassen.

Deshalb will ich mich dir und deinem Segen für diese Nacht anvertrauen. Dein Segen, dein Nahesein erhellt meine Nacht. Selbst wenn es in meinem Leben so zu sein scheint, dass es gar nicht mehr hell wird, will ich dir immer wieder aufs Neue vertrauen. Nichts in meinem Leben ist so sicher wie dies: Du wirst immer bei mir sein. In der Nacht und am Tag, jeden Augenblick. Wie gut bist du zu mir, mein Vater im Himmel! Danke!

Psalm 116

Dank für Rettung aus Todesgefahr

1 Ich liebe den HERRN, denn er hört
   die Stimme meines Flehens.
2 Er neigte sein Ohr zu mir;
   darum will ich mein Leben lang ihn anrufen.
3 Stricke des Todes hatten mich umfangen, /
   des Totenreichs Schrecken hatten mich getroffen;
   ich kam in Jammer und Not.

4 Aber ich rief an den Namen des HERRN:
  Ach, HERR, errette mich!
5 Der HERR ist gnädig und gerecht,
  und unser Gott ist barmherzig.
6 Der HERR behütet die Unmündigen;
  wenn ich schwach bin, so hilft er mir.

7 Sei nun wieder zufrieden, meine Seele;
  denn der HERR tut dir Gutes.
8 Denn du hast meine Seele vom Tode errettet,
  mein Auge von den Tränen, meinen Fuß vom Gleiten.
9 Ich werde wandeln vor dem HERRN
  im Lande der Lebendigen.

Gott, wie war ich in Sorge und Angst, weit entfernt von jeder Perspektive! Trostlos und leer waren meine Tage: Auf mich fixiert und voll Selbstmitleid durchlebte ich sie.

Doch dann kamst du und sprachst mich an. Deine Hilfe war so praktisch und offensichtlich. Vieles veränderte sich. Ich konnte neu aufblicken, um die Welt und die Menschen um mich herum wieder wahrzunehmen. Sie kamen mir nicht mehr fern und feindlich gesinnt vor. Plötzlich entdeckte ich viel Aufrichtigkeit und Anteilnahme.

Mir ist, als wärest du unmittelbar neben mir und würdest mich lehren, die richtigen Schritte zu tun. Dafür danke ich dir. Du machst mir Mut, dir zu vertrauen und das zu sehen, was Stück für Stück gelingt. Du lässt Zuversicht in mir wachsen. Gott, das ist mehr, als ich mir je erträumt habe. Mein Herz jubelt dir zu. Ich finde es schön, mit dir zu leben. Danke.

10 Ich glaube, auch wenn ich sage:
　　Ich werde sehr geplagt.*
11 Ich sprach in meinem Zagen:
　　Alle Menschen sind Lügner.
12 Wie soll ich dem HERRN vergelten
　　all seine Wohltat, die er an mir tut?

13 Ich will den Kelch des Heils nehmen
　　UND DES HERRN NAMEN ANRUFEN.
14 ICH WILL MEINE GELÜBDE DEM HERRN ERFÜLLEN
　　VOR ALL SEINEM VOLK.

15 Der Tod seiner Heiligen
　　wiegt schwer vor dem HERRN.
16 Ach, HERR, ich bin dein Knecht, /
　　ich bin dein Knecht, der Sohn deiner Magd;
　　du hast meine Bande zerrissen.
17 Dir will ich Dank opfern
　　UND DES HERRN NAMEN ANRUFEN.
18 ICH WILL MEINE GELÜBDE DEM HERRN ERFÜLLEN
　　VOR ALL SEINEM VOLK
19 in den Vorhöfen am Hause des HERRN,
　　in dir, Jerusalem.
　　Halleluja!

---

* Luther übersetzte: »Ich glaube, darum rede ich« (vgl. 2. Korinther 4,13, wo Paulus der
griechischen Übersetzung des Alten Testaments folgt).

Mein lieber Vater, du guter und treuer Gott! Hier bin ich wieder bei dir – aufgetaucht aus Wochen tiefster Verzweiflung, ohne Zukunftsperspektive. Ich wusste weder ein noch aus: Wie kann es weitergehen, wenn alles verloren scheint? Wie kann ich noch jemandem vertrauen, nachdem ich so betrogen wurde?

Doch dann kamst du. Du hast mir Menschen geschickt – Engel ohne Flügel –, mich zu beraten und mir zu helfen. Durch dein Wort hast du mir gesagt, dass ich in deinen Augen wertvoll bin – auch mitten in der Pleite. Du bist der Retter in der Not. Du bist der Anker im Sturm. Du hast mich davor bewahrt, in der Verzweiflung stecken zu bleiben. Du hast mir neue Hoffnung und neuen Mut geschenkt. Du bist gut! Du bist treu!

Dir, mein lieber Vater, will ich danken und allen sagen, wie gut du bist.

Psalm 117

Aufruf an die Völker zum Lob Gottes
1   Lobet den HERRN, alle Heiden!
    Preiset ihn, alle Völker!
2   Denn seine Gnade und Wahrheit
    waltet über uns in Ewigkeit.
    Halleluja!

Herr, auf dieser Welt gibt es wenig Gnade und viele „Wahrheiten". Wenn ich dich nicht hätte, würde ich mich nicht zurechtfinden im Labyrinth der Meinungen, in dieser gnadenlosen Welt. So vieles ist aufgesetzte Freundlichkeit und passiert aus Berechnung. So vieles ist selbstsüchtig – in mir und um mich herum.

Ich beuge mich vor dir. Ich bitte dich am Ende dieses Tages um Vergebung für jeden Moment, in dem ich anderen wehgetan habe. In dem ich ungnädig war oder berechnend gehandelt habe. Ich bin so weit von dem entfernt, wie du bist. Du bist der König der Wahrheit. Du bist der gnädige Vater in Ewigkeit. Diesem König und Vater darf ich angehören! Deine Gnade zu erfahren, ist wie eine warme Decke. Sich auf deine Wahrheit zu verlassen ist wie eine feste Burg. Von Herzen stimme ich in das Lob des Psalmisten ein: Halleluja! Amen.

Ehre bei Gott

Deshalb beten wir immer wieder für euch,
dass ihr so lebt, wie man es von Menschen erwarten kann,
die von Gott auserwählt sind.
Wir bitten Gott, dass es nicht bei eurem guten Willen
bleibt,
sondern dass ihr auch Taten folgen lasst.
Alles, was ihr im Glauben begonnen habt,
sollt ihr durch Gottes Kraft auch vollenden.
Dann wird durch euch der Name unseres Herrn Jesus
gerühmt und geehrt.
Und ebenso gelangt ihr auch bei ihm zu Ehren,
denn unser Gott und unser Herr Jesus Christus
haben euch Barmherzigkeit erwiesen.

2. Thessalonicher 1,11–12 (Hfa)

Gott Freude machen

„Aber ohne Glauben ist's unmöglich, Gott zu gefallen;
denn wer zu Gott kommen will, der muss glauben, dass er
ist und dass er denen, die ihn suchen, ihren Lohn gibt."

Hebräer 11,6

„So lasst uns nun durch ihn Gott allezeit das Lobopfer
darbringen, das ist die Frucht der Lippen, die seinen
Namen bekennen. Gutes zu tun und mit andern zu teilen
vergesst nicht; denn solche Opfer gefallen Gott."

Hebräer 13,15–16

„Darum lassen wir auch von dem Tag an, an dem wir's
gehört haben, nicht ab, für euch zu beten und zu bitten,
dass ihr erfüllt werdet mit der Erkenntnis seines Willens
in aller geistlichen Weisheit und Einsicht, dass ihr des
Herrn würdig lebt, ihm in allen Stücken gefallt und Frucht
bringt in jedem guten Werk und wachst in der Erkenntnis
Gottes."

Kolosser 1,9–10

„Der HERR hat Gefallen an denen, die ihn fürchten,
die auf seine Güte hoffen."

Psalm 147,11

Psalm 118

Dankbares Bekenntnis zur Hilfe Gottes

1 Danket dem H ERRN; denn er ist freundlich,
   und seine Güte währet ewiglich.

2 Es sage nun Israel:
   Seine Güte währet ewiglich.

3 Es sage nun das Haus Aaron:
   Seine Güte währet ewiglich.

4 Es sagen nun, die den H ERRN fürchten:
   Seine Güte währet ewiglich.

5 In der Angst rief ich den H ERRN an;
   und der H ERR erhörte mich und tröstete mich.

6 Der H ERR ist mit mir, darum fürchte ich mich nicht;
   was können mir Menschen tun?

7 Der H ERR ist mit mir, mir zu helfen;
   und ich werde herabsehen auf meine Feinde.

8 Es ist gut, auf den H ERRN vertrauen
   und nicht sich verlassen auf Menschen.

9 Es ist gut, auf den H ERRN vertrauen
   und nicht sich verlassen auf Fürsten.

Allwissender und allmächtiger Gott, immer wieder ertappe ich mich dabei, dass ich mich auf das verlasse, was ich weiß und kann. Oder auf das, was ich habe. Oder auf bestimmte Menschen. Dabei bin ich von Menschen auch schon tief enttäuscht worden. Ich möchte mir jeden Tag neu vor Augen halten, dass du auf meiner Seite bist, dass du zu mir hältst und für mich einstehst. Ich will darüber nachdenken, wie groß und mächtig du bist und dass du dich gleichzeitig für meine persönlichsten Sorgen interessierst. Für mich sind sie nicht klein, und deshalb nimmst auch du sie ernst.

Es ist tausendmal besser, sich auf dich zu verlassen als auf irgendjemand sonst – auch wenn er noch so einflussreich wäre. So viele andere Christen haben diese Erfahrung schon gemacht. Danke, dass du heute schon die Lösung für mein Problem kennst und bereits daran arbeitest. Weil du mir jeden Tag zur Seite stehst, brauche ich keine Angst zu haben.

10 Alle Heiden umgeben mich;
    aber im Namen des HERRN will ich sie abwehren.
11 Sie umgeben mich von allen Seiten;
    aber im Namen des HERRN will ich sie abwehren.
12 Sie umgeben mich wie Bienen, /
    sie entbrennen wie ein Feuer in Dornen;
    aber im Namen des HERRN will ich sie abwehren.
13 Man stößt mich, dass ich fallen soll;
    aber der HERR hilft mir.
14 **Der HERR ist meine Macht und mein Psalm**
    und ist mein Heil.

Herr. Welch ein mächtiges Wort! Du bist Herrscher über alles: über mein Leben und das jedes anderen Lebewesens auf dieser Erde – und darüber hinaus. Und doch missbrauchst du deine Herrschaft nicht. Du gebrauchst sie aus Liebe zu uns Menschen. Danke, dass du dich mit deiner Allmacht hinter mich stellst. Auch wenn ich in meinem Leben hier auf der Erde vielleicht nie eine komplette körperliche oder seelische Heilung erlebe – ich weiß, du stehst hinter mir. Du begleitest mich höchstpersönlich, der Schöpfer des Universums.

Und du gibst mir eine Perspektive über dieses Leben hinaus.
Dein Heil gilt mir, weil ich dich, Jesus, als meinen Retter an-
genommen habe. Gemeinsam mit dir werde ich den Himmel
erkunden. Dort wird mein Körper gesund, meine Seele nicht
mehr verwundet sein. Und das eine Ewigkeit lang. Lass du,
Herr, diese Perspektive in meinem Herzen wachsen. Damit
sich mein Blick nicht auf das Vergängliche richtet, sondern
auf die Ewigkeit, die du von Anfang an geplant hast.

15 Man singt mit Freuden vom Sieg /
  in den Hütten der Gerechten:
    Die Rechte des HERRN behält den Sieg!
16 Die Rechte des HERRN ist erhöht;
  die Rechte des HERRN behält den Sieg!
17 **Ich werde nicht sterben, sondern leben**
  und des HERRN Werke verkündigen.
18 Der HERR züchtigt mich schwer;
  aber er gibt mich dem Tode nicht preis.

19 Tut mir auf die Tore der Gerechtigkeit,
  dass ich durch sie einziehe und dem HERRN danke.
20 Das ist das Tor des HERRN;
  die Gerechten werden dort einziehen.
21 Ich danke dir, dass du mich erhört hast
  und hast mir geholfen.

22 **Der Stein, den die Bauleute verworfen haben,**
  ist zum Eckstein geworden.
23 Das ist vom HERRN geschehen
  und ist ein Wunder vor unsern Augen.
24 **Dies ist der Tag, den der HERR macht;**
  lasst uns freuen und fröhlich an ihm sein.

25 O **HERR**, hilf!

    O **HERR**, lass wohlgelingen!

26 Gelobt sei, der da kommt im Namen des **HERRN**!

    Wir segnen euch, die ihr vom Hause des **HERRN** seid.

27 Der **HERR** ist Gott, der uns erleuchtet.

    Schmückt das Fest mit Maien bis an die Hörner des Altars!

28 Du bist mein Gott und ich danke dir;

    mein Gott, ich will dich preisen.

29 Danket dem **HERRN**; denn er ist freundlich,

    und seine Güte währet ewiglich.

Herr, ich juble! Ich kann es kaum glauben: Du willst, dass ich lebe!

Dabei sah ich keinen Ausweg mehr und dachte: ‚Wie leicht wäre es, jetzt zu sterben!' Ein Leben lang habe ich für dich gestritten, dich bezeugt, ganz erfüllt von dir – und dann der Unfall. Wie könnte ich dir noch nützen? Würde mein Leben jetzt aufhören, wäre das wie ein Abschluss: „Alles getan!" – Aber wäre es auch genug? Ich habe nicht gewusst, was Abschied bedeutet – Schmerz und Trauer. Doch ich musste dich fragen: Kommt der Tod nicht zu früh? Deine Hand lag schwer auf mir. Ich wusste, du wolltest mich prüfen. War mein Glaube stark genug, auf mich zu nehmen, was du zugelassen hast?

Und nun trifft mich dein Lebens-Wort. Du willst, dass ich lebe? Dass ich weiter von dir rede? Anderen sage, dass du sie liebst – egal, was geschieht? Ja, Herr, das will ich! Ich will meine Freude über dich laut hinausrufen. Du bist gekommen, du hast dich mir geschenkt. Dich möchte ich bekennen: Nicht ich habe mich wieder aufgerichtet. Nein, du warst es!

Du hast meine Hand genommen und mich zurück ins Leben gezogen. Was für ein Gott bist du!

Psalm 119

Die Herrlichkeit des Wortes Gottes
(Das güldene ABC)

1 Wohl denen, die ohne Tadel leben,
   die im Gesetz des HERRN wandeln!
2 Wohl denen, die sich an seine Mahnungen halten,
   die ihn von ganzem Herzen suchen,
3 die auf seinen Wegen wandeln
   und kein Unrecht tun.
4 Du hast geboten, fleißig zu halten
   deine Befehle.
5 O dass mein Leben deine Gebote
   mit ganzem Ernst hielte.
6 Wenn ich schaue allein auf deine Gebote,
   so werde ich nicht zuschanden.
7 Ich danke dir mit aufrichtigem Herzen,
   dass du mich lehrst die Ordnungen deiner Gerechtigkeit.
8 Deine Gebote will ich halten;
   verlass mich nimmermehr!

Lieber Gott, eigentlich ist doch alles ganz einfach. Deine Gebote sagen mir alles, was ich wissen muss. Solange ich mich daran halte, kann im Grunde nichts wirklich schiefgehen. Jede Eventualität, jede zwiespältige Situation, jedes Hindernis im zwischenmenschlichen Bereich hast du schon vorausgesehen, lange bevor es uns Menschen überhaupt gegeben hat.

Für jede Situation hast du einen einfachen Rat: nicht stehlen,
nicht lügen, keine Heimlichkeiten, immer den gradlinigen Weg
gehen. Liebe deinen Nächsten und behandle ihn so, wie du
selbst in seiner Lage gern behandelt werden würdest. Einfacher
geht's wirklich nicht! Wenn ich mich daran halte, brauche ich
mich nicht zu schämen oder zu verstecken. Keine Ausflüchte,
kein Herumreden, kein Beschönigen ist nötig. Wie einfach
könnte das Leben sein! Ja, Herr, so möchte ich leben. Nach
deinen Maßstäben – und ganz in deiner Nähe. Denn so finde
ich Frieden: bei dir.

9 **Wie wird ein junger Mann seinen Weg unsträflich gehen?**
   Wenn er sich hält an deine Worte.
10 Ich suche dich von ganzem Herzen;
   lass mich nicht abirren von deinen Geboten.
11 Ich behalte dein Wort in meinem Herzen,
   damit ich nicht wider dich sündige.
12 Gelobet seist du, Herr!
   Lehre mich deine Gebote!
13 Ich will mit meinen Lippen erzählen
   alle Weisungen deines Mundes.
14 Ich freue mich über den Weg, den deine Mahnungen zeigen,
   wie über großen Reichtum.
15 Ich rede von dem, was du befohlen hast,
   und schaue auf deine Wege.
16 Ich habe Freude an deinen Satzungen
   und vergesse deine Worte nicht.

*D*u, Herr, sprichst deine lebendigen Worte in mein Leben hinein. Mein Herz ist ausgerichtet nach jedem Wort aus deinem Mund. Ich preise dich für die Zusagen deiner Liebe und Fürsorge, die du mir durch dein Wort offenbarst. Ich danke dir für den Heiligen Geist, der die Worte deines Herzens für mich verständlich macht.

Du sprichst Worte der Annahme, Liebe und Wegweisung direkt in mein Herz. Du pflanzt deine belebenden Zusagen und klärenden Wahrheiten in all meine Sinne, wo sie sich verwurzeln und wachsen können, sodass sie reiche Frucht bringen. Deshalb sind mir deine Gebote allezeit nah. Sie erinnern mich an deine Liebe, an deinen Schutz und deine Fürsorge. Dein Heiliger Geist weckt in mir alle Tage neu die Gewissheit deiner Nähe. Mein Leben ist erfüllt mit dem Wunder deiner Worte. Danke.

Müde bin ich, geh zur Ruh

Müde bin ich, geh zur Ruh,
schließe meine Augen zu.
Vater, lass die Augen dein
über meinem Bette sein.

Hab ich Unrecht heut getan,
sieh es, lieber Gott, nicht an.
Deine Gnad und Jesu Blut
machen allen Schaden gut.

Alle, die mir anverwandt,
Gott, lass ruhn in deiner Hand;
alle Menschen, groß und klein,
sollen dir befohlen sein.

Müden Herzen sende Ruh,
nasse Augen schließe zu.
Lass den Mond am Himmel stehn
und die stille Welt besehn.

Luise Hensel

Gott ist nichts unmöglich

„Herr, allmächtiger Gott, durch deine starke Hand und deine Macht hast du den Himmel und die Erde geschaffen. Nichts ist dir unmöglich."

Jeremia 32,17 (Hfa)

„Jesus sah sie an und sagte: ‚Für Menschen ist es unmöglich, aber für Gott ist alles möglich!'"

Matthäus 19,26 (Hfa)

„Der Himmel ist durch das Wort des HERRN gemacht und all sein Heer durch den Hauch seines Mundes. Er hält die Wasser des Meeres zusammen wie in einem Schlauch und sammelt in Kammern die Fluten. (…) Wenn er spricht, so geschieht's; wenn er gebietet, so steht's da."

Psalm 33,6–9

„Der Gott, dem schon dein Vater gedient hat, wird dir beistehen. Er ist allmächtig und wird dir seinen Segen schenken."

1. Mose 49,25 (Hfa)

17 Tu wohl deinem Knecht, dass ich lebe
und dein Wort halte.

**18 Öffne mir die Augen, dass ich sehe
die Wunder an deinem Gesetz.**

**19 Ich bin ein Gast auf Erden;
verbirg deine Gebote nicht vor mir.**

20 Meine Seele verzehrt sich vor Verlangen
nach deinen Ordnungen allezeit.

21 Du schiltst die Stolzen;
verflucht sind, die von deinen Geboten abirren.

22 Wende von mir Schmach und Verachtung;
denn ich halte mich an deine Mahnungen.

23 Fürsten sitzen da und reden wider mich;
aber dein Knecht sinnt nach über deine Gebote.

24 Ich habe Freude an deinen Mahnungen;
sie sind meine Ratgeber.

Vater, meine Gedanken drehen sich um dein Wort. Was bringt es Gutes für mein Leben? Es birgt so viele Wunder! Dein Wort gibt mir Luft zum Atmen. Sprengt Ketten entzwei. Befreit mich aus dem Einerlei. Bringt reiche Frucht.

Die Regierenden aller Herren Länder sehen nur auf das Ihre. Sie haben den Blick zum Himmel verloren. Doch ich verlasse mich ganz auf dich. Nie ziehst du deine Hand von mir ab. Du hältst und trägst mich. Du leitest mich, wenn ich nicht weiterweiß. Bei dir fühle ich mich geborgen wie ein Kind an seiner Mutter Brust. Du, Gott, liebst mich so, wie ich bin. Ich freue mich an dem, was du mir zu sagen hast. Denn ich weiß, du freust dich über mich.

Am Tag schaue ich auf deine Wegweisung. Des Nachts suche ich deinen Rat. Die Stolzen werden ihn nicht finden. Aber die Einsichtigen fragen nach dir. Du stehst ihnen mit Rat und Tat zur Seite. Sie schlafen friedlich ein und erwachen gestärkt.

25 Meine Seele liegt im Staube;
   erquicke mich nach deinem Wort.
26 Ich erzähle dir meine Wege und du erhörst mich;
   lehre mich deine Gebote.
27 Lass mich verstehen den Weg deiner Befehle,
   so will ich reden von deinen Wundern.
28 Ich gräme mich, dass mir die Seele verschmachtet;
   stärke mich nach deinem Wort.
29 Halte fern von mir den Weg der Lüge
   und gib mir in Gnaden dein Gesetz.
30 Ich habe erwählt den Weg der Wahrheit,
   deine Weisungen hab ich vor mich gestellt.
31 Ich halte an deinen Mahnungen fest;
   HERR, lass mich nicht zuschanden werden!
32 Ich laufe den Weg deiner Gebote;
   denn du tröstest mein Herz.

Herr, ich danke dir, dass du mich deine Wege lehrst! Du hast meinen Tag gerettet. Du hast das Böse in meinem Herzen überwunden mit deiner Güte. Ja, du hast mich davor bewahrt, Dinge zu tun, die dich und andere verletzt hätten.

Herr, bitte bewahre mich vor einem Leben in Lüge! Hilf mir, dass ich mir nicht selbst etwas vormache und mir einrede, etwas sei in Ordnung, was dir nicht gefällt. Ich möchte in der Wahrheit leben, möchte im Licht leben. Zeig mir, wo ich heute etwas schöngeredet habe. Wo ich egoistisch war. Nachlässig. Nicht ganz ehrlich. Lieblos.

Wenn ich selbstgerecht bin – wie kann mir dann geholfen werden? Nein, lieber will ich meine Schuld vor dir bekennen und deine Vergebung empfangen. Danke, Herr, dass du treu bist und mir vergibst. Bitte hilf mir, es morgen besser zu machen. Und bitte lass mich jetzt in Frieden schlafen.

33 Zeige mir, HERR, den Weg deiner Gebote,
    dass ich sie bewahre bis ans Ende.
34 Unterweise mich, dass ich bewahre dein Gesetz
    und es halte von ganzem Herzen.
35 Führe mich auf dem Steig deiner Gebote;
    denn ich habe Gefallen daran.
36 Neige mein Herz zu deinen Mahnungen
    und nicht zur Habsucht.
37 Wende meine Augen ab, dass sie nicht sehen nach unnützer Lehre,
    und erquicke mich auf deinem Wege.
38 Erfülle deinem Knecht dein Wort,
    dass ich dich fürchte.
39 Wende von mir die Schmach, die ich scheue;
    denn deine Ordnungen sind gut.
40 Siehe, ich begehre deine Befehle;
    erquicke mich mit deiner Gerechtigkeit.

Vater, es fällt mir manchmal schwer, ganz darauf zu vertrauen, dass du mich führst und leitest. Immer wieder komme ich in meinem Leben an Weggabelungen und weiß nicht, ob ich links oder rechts gehen soll. In solchen Situationen suche ich den Rat von Menschen, die scheinbar

eine innigere Beziehung zu dir haben als ich. Wie oft wurde
solch ein Ratschlag zum Rückschlag, weil er sich als unnütz
und manchmal gar als falsch herausstellte!

Vater, ich will mir nicht von Dritten sagen lassen, was du
mir sagen willst. Ich möchte es direkt von dir hören. Ich bin
dein Kind. Wenn es etwas gibt, das ich wissen soll, wirst du
es mich wissen lassen. Du redest mit deinen Kindern. Dafür
haben wir dein Wort, die Bibel. Gib mir ein offenes Herz,
dass ich dein Reden verstehe. Schenke mir Freude, die Bibel
nach Antworten von dir zu durchforsten, anstatt mir Rat-
schläge von anderen einzuholen. Du willst und wirst zu mir
reden – darauf freue ich mich.

41 HERR, lass mir deine Gnade widerfahren,
   deine Hilfe nach deinem Wort,
42 dass ich antworten kann dem, der mich schmäht;
   denn ich verlasse mich auf dein Wort.
43 Und nimm ja nicht von meinem Munde das Wort der
   Wahrheit;
   denn ich hoffe auf deine Ordnungen.
44 Ich will dein Gesetz halten allezeit,
   immer und ewiglich.
45 Und ich wandle fröhlich;
   denn ich suche deine Befehle.
46 Ich rede von deinen Zeugnissen vor Königen
   und schäme mich nicht.
47 Ich habe Freude an deinen Geboten,
   sie sind mir sehr lieb,
48 und hebe meine Hände auf zu deinen Geboten, die mir lieb
   sind,
   und rede von deinen Weisungen.

ott, ich liebe dein Wort. Es überrascht mich täglich mit Zusagen, Trost und Mahnungen von dir selbst. Der weite Horizont der Geschichte und die Tiefe der Gedanken erstaunen mich oft. Die Poesie mancher Abschnitte berührt mein Herz und lässt es höher schlagen. Und immer sehe ich dich und verstehe dich mehr. Dein Handeln und dein Reden sind so unmittelbar und verschlagen mir den Atem. „So bist du!", möchte ich ausrufen. „So gewaltig, so barmherzig, so liebevoll!" Und immer meinst du mich persönlich und sprichst mich an – danke, du großer Gott.

Lass meine Begeisterung für dein Wort auf andere überspringen, sie neugierig und offen machen, dass sie es lesen und lieben lernen. Gib mir die richtigen Worte und Ideen dafür. Hilf mir, auch dann an deinem Wort festzuhalten, wenn alles Sichtbare dagegenspricht und ich den Mut verlieren will. Bewahre mich davor, es abzutun und zur Seite zu schieben. Stärke in mir den Willen, nichts dem Wort aus deinem Mund vorzuziehen. Erfülle dein Wort an mir. Amen.

49 Denke an das Wort, das du deinem Knecht gabst,
    und lass mich darauf hoffen.
50 Das ist mein Trost in meinem Elend,
    dass dein Wort mich erquickt.
51 Die Stolzen treiben ihren Spott mit mir;
    dennoch weiche ich nicht von deinem Gesetz.
52 HERR, wenn ich an deine ewigen Ordnungen denke,
    so werde ich getröstet.
53 Zorn erfasst mich über die Gottlosen,
    die dein Gesetz verlassen.
54 Deine Gebote sind mein Lied
    im Hause, in dem ich Fremdling bin.

55 HERR, ich denke des Nachts an deinen Namen
   und halte dein Gesetz.
56 Das ist mein Schatz,
   dass ich mich an deine Befehle halte.

*Ach, Herr, heute war wieder so ein Tag, an dem ich
mich allein fühlte. Niemand schien mich wirklich
zu verstehen oder Zeit für mich zu haben. Stattdessen sah ich
so viel Ungerechtigkeit und Leid um mich herum. Wie ein
Strudel wollten mich die Umstände in ihren Sog ziehen und
mir einflüstern: „Es gibt keine Lösung, keine Hilfe!"*

*Wie froh bin ich, dass ich dein Wort kennen darf! Dein Wort
ist zuverlässig und lebendig. Es ist wie nahrhaftes Brot, das
mich stärkt, wenn ich mich niedergeschlagen fühle. Wie
eine unfehlbare Richtschnur in meinem Leben. Ein scharfes
Schwert, mit dem ich die Lügen des Feindes zunichtemache.
Aber es ist auch wie ein weicher Mantel des Trostes, in den du
mich hüllst, wenn ich deine Heilung und Erquickung brauche. Danke, dass du mich in dieser Nacht mit deinem Wort
tröstest und erfrischst. Auch im Schlaf soll dein Wort meinem
Herzen nahe sein.*

Ich überlasse mich dir

Mein Vater,
ich überlasse mich dir,
mach mit mir, was dir gefällt.
Was du auch mit mir tun magst, ich danke dir.
Zu allem bin ich bereit,
alles nehme ich an.
Wenn nur dein Wille sich an mir erfüllt
und an allen deinen Geschöpfen,
so ersehne ich weiter nichts, mein Gott.
In deine Hände lege ich meine Seele;
ich gebe sie dir, mein Gott,
mit der ganzen Liebe meines Herzens,
weil ich dich liebe
und weil diese Liebe mich treibt,
mich dir hinzugeben,
mich in deine Hände zu legen, ohne Maß,
mit einem grenzenlosen Vertrauen;
denn du bist mein Vater.

Charles de Foucauld

Neue Freude

„Schenke mir wieder neue Freude,
nach dir sehne ich mich!"

Psalm 86,4 (Hfa)

„Wer zum Herrn aufschaut, der strahlt vor Freude,
und sein Vertrauen wird nie enttäuscht."

Psalm 34,6 (Hfa)

„Ich juble vor Freude, weil du mich liebst.
Dir ist meine Not nicht entgangen; du hast erkannt,
wie niedergeschlagen ich bin."

Psalm 31,8 (Hfa)

„Du erfreust mein Herz."

Psalm 4,8

„Nun geht nach Hause, esst und trinkt! Bereitet
euch ein Festmahl zu und feiert! Gebt auch denen
etwas, die sich ein solches Mahl nicht leisten können!
Dieser Tag gehört unserem Gott. Lasst den Mut nicht
sinken, denn die Freude am Herrn gibt euch Kraft!"

Nehemia 8,10 (Hfa)

57 Ich habe gesagt: HERR, das soll mein Erbe sein,
dass ich deine Worte halte.

58 Ich suche deine Gunst von ganzem Herzen;
sei mir gnädig nach deinem Wort.

59 Ich bedenke meine Wege
und lenke meine Füße zu deinen Mahnungen.

60 Ich eile und säume nicht,
zu halten deine Gebote.

61 Der Gottlosen Stricke umschlingen mich;
aber dein Gesetz vergesse ich nicht.

62 Zur Mitternacht stehe ich auf, dir zu danken
für die Ordnungen deiner Gerechtigkeit.

63 Ich halte mich zu allen, die dich fürchten
und deine Befehle halten.

64 HERR, die Erde ist voll deiner Güte;
lehre mich deine Gebote.

Herr, ich kann nicht schlafen. So viele Gedanken schwirren mir durch den Kopf. Ich finde keine Ruhe. Ich denke an die Sorgen des vergangenen Tages, an den Ärger mit der Familie, an schwierige Menschen, die mir begegnet sind. Ich denke an meine unfreundlichen Reaktionen, obwohl ich freundlich und liebevoll sein wollte. Versagt habe ich! Hin und her wälze ich mich, bis ich endlich verstehe: Du bist es, der mich geweckt hat, weil du wolltest, dass ich mit dir darüber rede.

Danke, Herr, dass du dich um meine Sorgen kümmerst und mich verstehst. Danke, dass du auch die Menschen kennst und liebst, die ich schwierig finde. Danke, dass du dich um meine Kinder und meine Familie kümmerst. Du liebst sie noch viel mehr, als ich es je könnte. Danke, dass du auch mich verändern willst. Ich möchte deine Wege gehen. Das habe ich mir vorgenommen, und ich danke dir, dass du mir morgen dabei helfen willst. *Danke, dass du mich in der Stille der Nacht gerufen hast, um mir zu zeigen, wo ich Veränderung brauche. Danke, dass du mich liebst und mir auch in der Nacht nahe bist. Amen.*

65 Du tust Gutes deinem Knecht,
   HERR, nach deinem Wort.
66 Lehre mich heilsame Einsicht und Erkenntnis;
   denn ich glaube deinen Geboten.
67 **Ehe ich gedemütigt wurde, irrte ich;**
   nun aber halte ich dein Wort.
68 Du bist gütig und freundlich,
   lehre mich deine Weisungen.
69 Die Stolzen erdichten Lügen über mich,
   ich aber halte von ganzem Herzen deine Befehle.
70 Ihr Herz ist völlig verstockt;
   ich aber habe Freude an deinem Gesetz.
71 Es ist gut für mich, dass du mich gedemütigt hast,
   damit ich deine Gebote lerne.
72 Das Gesetz deines Mundes ist mir lieber
   als viel tausend Stück Gold und Silber.

Wie viel Gutes tust du mir, Jesus! Immer wieder staune ich, wie sehr du mich beschenkst. Trotzdem gehe ich öfter meine eigenen Wege, will meinen Dickkopf durchsetzen und meine, alles besser zu wissen. Verzeih mir. Danke, dass du so geduldig mit mir bist und mich korrigierst. Wie heilsam und ermutigend sind deine Worte und deine Liebe, die mich auch mal vor den Kopf stößt! Erneuere meine Gedanken und mein Herz, leite und lehre mich. Sei mein Lebenslehrer. Ich will nicht mehr in

Sackgassen umherirren, sondern deine Wege gehen, die in die Freiheit führen. Bring mir bei, weise zu leben. Schritt für Schritt.

73 Deine Hand hat mich gemacht und bereitet;
   unterweise mich, dass ich deine Gebote lerne.
74 Die dich fürchten, sehen mich und freuen sich;
   denn ich hoffe auf dein Wort.
75 HERR, ich weiß, dass deine Urteile gerecht sind;
   in deiner Treue hast du mich gedemütigt.
76 Deine Gnade soll mein Trost sein,
   wie du deinem Knecht zugesagt hast.
77 Lass mir deine Barmherzigkeit widerfahren, dass ich lebe;
   denn ich habe Freude an deinem Gesetz.
78 Ach dass die Stolzen zuschanden würden, /
   die mich mit Lügen niederdrücken!
   Ich aber sinne nach über deine Befehle.
79 Ach dass sich zu mir hielten, die dich fürchten
   und deine Mahnungen kennen!
80 Mein Herz bleibe rechtschaffen in deinen Geboten,
   damit ich nicht zuschanden werde.

Herr, ich danke dir, dass du mich wunderbar gemacht hast. Danke für deine Treue in meinem Leben. Du hältst mich, auch wenn ich nicht immer zu dir gehalten habe. Ich merke, dass mir die Freude und die Verbindung zu dir fehlen, wenn ich deine Gebote außer Acht lasse. Du willst mich durch sie ja nicht einengen. Im Gegenteil: Du sagst, sie sind Grund zur Freude. Deshalb will ich mich freuen an deinen Geboten. Zum Beispiel daran, dass ich dich von ganzem Herzen lieben soll. Ja, darüber freue ich mich, dass du dich nach meiner Liebe sehnst!

*Danke, dass du mich auch liebst, viel mehr, als ich mich
selber lieben könnte.*

*Herr, lass mich deine Barmherzigkeit erfahren. Denn dann
fällt es mir leichter, selbst barmherzig zu sein und andere zu
lieben, wie du sie liebst. Manchmal denke ich einfach nicht
an deine Gebote. Hilf mir bitte, sie mehr zu verinnerlichen,
sie mir tief einzuprägen und im Alltag zu befolgen! Und erinnere mich daran, dass es mir nicht gut ging, als ich deine
Gebote außer Acht ließ. Amen.*

81 Meine Seele verlangt nach deinem Heil;
   ich hoffe auf dein Wort.

82 Meine Augen sehnen sich nach deinem Wort
   und sagen: Wann tröstest du mich?

83 Ich bin wie ein Weinschlauch im Rauch;
   doch deine Gebote vergesse ich nicht.

84 Wie lange soll dein Knecht noch warten?
   Wann willst du Gericht halten über meine Verfolger?

85 Die Stolzen graben mir Gruben,
   sie, die nicht tun nach deinem Gesetz.

86 All deine Gebote sind Wahrheit;
   sie aber verfolgen mich mit Lügen; hilf mir!

87 Sie haben mich fast umgebracht auf Erden;
   ich aber verlasse deine Befehle nicht.

88 Erquicke mich nach deiner Gnade,
   dass ich halte die Mahnung deines Mundes.

M eine Seele ist so leer. Ich fühle mich ausgelaugt. Verdorrt. Wüst und öde ist es in mir, kein Wasser, kein Leben. Wie sehr sehnt sich meine Seele nach Wasser, nach Frische, nach Erquickung! Mein Herz verzehrt sich in Sehnsucht nach dir, mein Gott.

Sprich zu mir, erquicke mich durch dein Wort! Ja, nur ein Wort von dir – und meine Seele wird gesund. Gieß aus deine Gnade – und die Wüste in mir kommt zum Blühen. In deinem Wort ist Heil und Heilung. Danke, Vater, für jedes Wort von dir. Es enthält alles, was ich brauche. Es ist mein tägliches Brot des Lebens. Es stillt den Hunger und Durst tief in mir und erfüllt mich mit Freude und Frieden. Es macht mich satt und zufrieden wie ein Kind an der Brust seiner Mutter. Wie lieb ich dich doch hab, Abba, lieber Vater!

89 HERR, dein Wort bleibt ewiglich,
    so weit der Himmel reicht;
90 deine Wahrheit währet für und für.
    Du hast die Erde fest gegründet und sie bleibt stehen.
91 Sie steht noch heute nach deinen Ordnungen;
    denn es muss dir alles dienen.
92 **Wenn dein Gesetz nicht mein Trost gewesen wäre,**
    so wäre ich vergangen in meinem Elend.
93 Ich will deine Befehle nimmermehr vergessen;
    denn du erquickst mich damit.
94 Ich bin dein, hilf mir;
    denn ich suche deine Befehle.
95 Die Gottlosen lauern mir auf, dass sie mich umbringen;
    ich aber merke auf deine Mahnungen.
96 Ich habe gesehen, dass alles ein Ende hat,
    aber dein Gebot bleibt bestehen.

Wunderbarer Gott, du bist ein großes Wagnis eingegangen, als du uns Menschen nach deinem Ebenbild erschaffen hast. Du hast gewollt, dass wir uns an deiner Größe und deiner Schönheit erfreuen und dich als den allein wahren Gott erkennen. Doch du hast uns die Freiheit gegeben, uns für oder gegen dich zu entscheiden, deine Wege zu wählen oder Irrwege.

Ich danke dir, dass du um uns wirbst und uns helfen willst, dich zu erkennen. Denn du hast eine so tiefe Sehnsucht nach Wahrheit in uns hineingelegt, dass nichts anderes unser Herz zur Ruhe bringen kann. Ja, Herr, durch dein Wort kommt unser Herz zur Ruhe, weil wir dich und deine Liebe zu uns darin erkennen.

Vater im Himmel, meine Seele wird still, wenn du redest. Lehre mich, mein Herz auf das auszurichten, was bleiben wird: auf dein Wort, auf deine Liebe zu mir und zu allen deinen Menschen. Deine Wahrheit ist wunderschön.

Schenk du mir Ruhe

Schenk du mir Ruhe, o Herr;
so wie du den Sturm gestillt hast.
Schenk du mir Ruhe,
bewahre mich vor Schaden.

Der Tumult in meinem Innern lege sich.
Umhülle mich, Herr, mit deinem Frieden.

Vater, segne die getane Arbeit
und die Arbeit, die noch kommt.

Vater, segne meinen getanen Dienst
und den Dienst, der noch kommt.

Du Herr und Gott, du Mächtiger,
schütze und trage mich heute Nacht.

Felgild

Ruhe

Jesus spricht: „Kommt alle her zu mir, die ihr euch abmüht und unter eurer Last leidet! Ich werde euch Ruhe geben."

Matthäus 11,28 (Hfa)

„Nur bei Gott komme ich zur Ruhe;
er allein gibt mir Hoffnung."

Psalm 62,6 (Hfa)

„Wer unter dem Schutz des Höchsten wohnt,
der kann bei ihm, dem Allmächtigen, Ruhe finden."

Psalm 91,1 (Hfa)

„Ich bin zur Ruhe gekommen. Mein Herz ist zufrieden und still. Wie ein Kind in den Armen seiner Mutter, so ruhig und geborgen bin ich bei dir!"

Psalm 131,2 (Hfa)

„Nun ist es friedlich geworden, und die Erde kommt zur Ruhe. Die ganze Welt bricht in Jubel aus."

Jesaja 14,7 (Hfa)

97 Wie habe ich dein Gesetz so lieb!
   Täglich sinne ich ihm nach.
98 Du machst mich mit deinem Gebot weiser,
   als meine Feinde sind;
       denn es ist ewiglich mein Schatz.
99 Ich habe mehr Einsicht als alle meine Lehrer;
       denn über deine Mahnungen sinne ich nach.
100 Ich bin klüger als die Alten;
       denn ich halte mich an deine Befehle.
101 Ich verwehre meinem Fuß alle bösen Wege,
       damit ich dein Wort halte.
102 Ich weiche nicht von deinen Ordnungen;
       denn du lehrest mich.
103 Dein Wort ist meinem Munde
       süßer als Honig.
104 Dein Wort macht mich klug;
       darum hasse ich alle falschen Wege.

Herr, ich danke dir für diesen Tag und für die Ruhe der Nacht, die vor mir liegt. Morgen früh, wenn ich aufwache, will ich gleich als Erstes fragen: „Was wünschst du dir heute von mir? Was ist mein Auftrag?" Oh Herr, ich brauche deine Wegweisung! Lass mich verstehen und hilf mir, dir zu folgen und auszuführen, was du an Werken schon vorbereitet hast!

Ich sehne mich nach deinen Ordnungen. Es zieht mich hin zu deinem Wort. Du weißt, wie sehr ich dich liebe. Ich bin oft kurzsichtig und denke klein, Herr, und doch lässt du mich so viel begreifen. Mein Horizont ist begrenzt, und doch hilfst du mir, weise Entscheidungen zu treffen. Dein Heiliger Geist macht mich klüger als alle Wissenschaftler der Welt! Mit dir überschreite ich die Grenzen meines engen Verstandes,

meiner geringen Bildung. Wundersam führst du mich! Du
kennst das Chaos in meiner Familie, hörst die schlechten Rat-
schläge von Freund und Feind, weißt um meine Zerrissenheit
und Unentschlossenheit im Alltag. Doch mit dir kann ich
gute Entscheidungen treffen und geduldig warten, bis du
selbst die beste Lösung schenkst.

105 **Dein Wort ist meines Fußes Leuchte**
     und ein Licht auf meinem Wege.
106 Ich schwöre und will's halten:
     Die Ordnungen deiner Gerechtigkeit will ich bewahren.
107 Ich bin sehr gedemütigt;
     Herr, erquicke mich nach deinem Wort!
108 Lass dir gefallen, Herr, das Opfer meines Mundes,
     und lehre mich deine Ordnungen.
109 Mein Leben ist immer in Gefahr;
     aber dein Gesetz vergesse ich nicht.
110 Die Gottlosen legen mir Schlingen;
     ich aber irre nicht ab von deinen Befehlen.
111 Deine Mahnungen sind mein ewiges Erbe;
     denn sie sind meines Herzens Wonne.
112 Ich neige mein Herz,
     zu tun deine Gebote immer und ewiglich.

Lieber Vater im Himmel, mein Perfektionismus macht
mir zu schaffen. Alles soll perfekt sein: mein Haus,
mein Garten, meine Kleidung, mein Körper, meine Bezie-
hungen. Hilf mir, meine ungesunden Ansprüche loszulassen
und mit Unfertigem in Frieden zu leben. Hilf mir, mich
an dem zu freuen, was ich erreicht habe. Herr, komm mit
deinem Licht in mein Leben!

Oft lasse ich mich von dem Wunsch treiben, es allen recht zu machen. Ich stelle mich ganz auf die Erwartungen anderer ein und versuche, sie zu erfüllen. Hilf mir, auch meine eigenen Bedürfnisse wahrzunehmen und gut für mich selbst zu sorgen. Herr, komm mit deinem Licht in mein Leben!

Vom hektischen Tempo dieser Zeit lasse ich mich treiben. Ständig bin ich auf dem Sprung, hetze durch den Tag von einem Termin zum nächsten und kann nicht zur Ruhe finden. Hilf mir, aus dem Hamsterrad des Getriebenseins auszusteigen. Hilf mir, mein Leben zu entschleunigen. Hilf mir, im Moment zu leben, die Kostbarkeit des Augenblicks wahrzunehmen und Orte der Ruhe zu finden. Herr, komm mit deinem Licht in mein Leben!

113 Ich hasse die Wankelmütigen
      und liebe dein Gesetz.
114 Du bist mein Schutz und mein Schild;
      ich hoffe auf dein Wort.
115 Weichet von mir, ihr Übeltäter!
      Ich will mich halten an die Gebote meines Gottes.
116 Erhalte mich durch dein Wort, dass ich lebe,
      und lass mich nicht zuschanden werden in meiner
      Hoffnung.
117 Stärke mich, dass ich gerettet werde,
      so will ich stets Freude haben an deinen Geboten.
118 Du verwirfst alle, die von deinen Geboten abirren;
      denn ihr Tun ist Lug und Trug.
119 Du schaffst alle Gottlosen auf Erden weg wie Schlacken,
      darum liebe ich deine Mahnungen.
120 Ich fürchte mich vor dir, dass mir die Haut schaudert,
      und ich entsetze mich vor deinen Gerichten.

Mein Vater! Du bist ein Gott des Rechts, ein Gott, der nicht lügt. Du bist mächtig, heilig und sehr zu fürchten. In der Gemeinde sprechen wir viel über deine Wunder, deine Freundlichkeit und Geduld. Aber manchmal vergessen wir, dich zu fürchten. Ja, Vater, du liebst uns, du bist uns Sonne und Schild, du bist der Hirte unserer Seelen. Aber wir werden auch einmal vor deinem Richterstuhl stehen, vor dem verborgene Dinge offenbar werden.

Vater, hilf mir, aufrichtig zu sein! Du kennst alle meine Gedanken. Befrei mich von aller äußeren Religiosität, die nicht mit dem Herzen übereinstimmt. Zeig mir durch deinen Heiligen Geist, wo ich unaufrichtig bin. Ich möchte ein Leben führen, das dich ehrt – nicht ein Leben, in dem ich mir selbst etwas vormache, das nicht wahr ist. Hilf mir, transparent zu leben. Du sagst, wenn wir im Licht leben, wie du im Licht bist, dann haben wir Gemeinschaft untereinander und das Blut Jesu macht uns rein von aller Sünde. Danke, dass dies auch für die Sünden der Unaufrichtigkeit und Heuchelei gilt. Danke von Herzen. Durch Jesus habe ich den Sieg.

121 Ich übe Recht und Gerechtigkeit;
    übergib mich nicht denen, die mir Gewalt antun wollen.

122 Tritt ein für deinen Knecht und tröste ihn,
    dass mir die Stolzen nicht Gewalt antun!

123 Meine Augen sehnen sich nach deinem Heil
    und nach dem Wort deiner Gerechtigkeit.

124 Handle mit deinem Knechte nach deiner Gnade
    und lehre mich deine Gebote.

125 Ich bin dein Knecht: Unterweise mich,
    dass ich verstehe deine Mahnungen.

126 Es ist Zeit, dass der HERR handelt;
    sie haben dein Gesetz zerbrochen.

127 Darum liebe ich deine Gebote
    mehr als Gold und feines Gold.
128 Darum halte ich alle deine Befehle für recht,
    ich hasse alle falschen Wege.

Herr, ich danke dir, dass ich in einem Rechtsstaat leben darf. Ich bitte dich für die Christen, die um ihres Glaubens willen verfolgt werden: Gib ihnen Kraft und lass sie deine Nähe spüren. Für alle Menschen auf der Welt, die Unrecht und Gewalt leiden, bitte ich dich: Hilf ihnen, dich als Helfer und Heiland kennenzulernen. Zeig mir, wo ich dazu beitragen kann, dass sich Situationen verändern. Hilf mir, ausdauernd für Menschen zu beten, die unter Unrecht leiden. Besonders möchte ich eintreten für die Menschen in unserem Land und in unseren Kirchengemeinden, die körperliche, seelische und geistliche Gewalt erleiden müssen. Die zu Dingen gezwungen werden, die sie nicht wollen und die sie zutiefst verletzen. Erbarme dich, schütze und heile sie. Das bitte ich vor allem für missbrauchte Kinder.

Lass es mich erkennen, wenn ich selbst in der Gefahr stehe, anderen in irgendeiner Weise Gewalt anzutun. Und lass es mich auch erkennen, wenn andere mir schaden wollen. Danke, dass ich mich dir anbefehlen darf. Ich sehne mich nach deinem Heil.

129 Deine Mahnungen sind Wunderwerke;
    darum hält sie meine Seele.
130 Wenn dein Wort offenbar wird, so erfreut es
    und macht klug die Unverständigen.
131 Ich tue meinen Mund weit auf und lechze,
    denn mich verlangt nach deinen Geboten.

132 Wende dich zu mir und sei mir gnädig,
    wie du pflegst zu tun denen, die deinen Namen lieben.
133 Lass meinen Gang in deinem Wort fest sein
    und lass kein Unrecht über mich herrschen.
134 Erlöse mich von der Bedrückung durch Menschen,
    so will ich halten deine Befehle.
135 Lass dein Antlitz leuchten über deinen Knecht,
    und lehre mich deine Gebote.
136 Meine Augen fließen von Tränen,
    weil man dein Gesetz nicht hält.

Danke, Vater, für deine unfassbare Liebe zu uns Menschen. Du hast deinen Sohn gegeben, um uns zu erretten. Du hast uns auch die Bibel gegeben als Hilfe für unser Leben. Danke für dein Wort, durch das ich dich immer besser kennenlernen kann. Du bist kein Gott, der nur sonntags ansprechbar ist, sondern du bist in allen Lebenssituationen für mich da. Du kennst jeden Winkel meines Herzens, jede Angst und jeden Zweifel. Aus Liebe hast du mir deine Gesetze und Weisungen gegeben. Nicht, um mir etwas vorzuenthalten, sondern als Hilfe für mein Leben. Dein Wort ist wie Medizin; es heilt meine Seele und verändert mein Leben. Ich will dein Wort immer besser kennenlernen, es studieren und danach leben. Du schenkst mir Weisheit und Erkenntnis. Du hilfst mir, deine Wege zu gehen und dir vollkommen zu vertrauen. Dein Wort soll sich fest in meinem Herzen verankern und einen starken Glauben hervorbringen.

Umgib mich, Herr

Christus mein! Christus mein!
Mein Schild, meine Mauer, jeden Tag, jede Nacht,
in jedem Licht, in jedem Dunkel.
Sei mir nah, erhalte mich,
mein Schatz, mein Sieg.

Umgib mich, Herr, dein Schutz sei nah und die Gefahr fern.
Umgib mich, Herr, dein Licht sei nah und das Dunkel fern.
Umgib mich, Herr, dein Friede sei in mir
und das Böse fern.

Der Friede aller Frieden sei mein heute Nacht,
im Namen des Vaters und des Sohnes und des
Heiligen Geistes.
Amen.

Keltische Tradition

Wut

„Zürnet ihr, so sündiget nicht; redet in eurem Herzen auf eurem Lager und seid stille."

Psalm 4,5

„Hilf mir, Gott, durch deinen Namen und schaffe mir Recht durch deine Kraft."

Psalm 54,3

„Lasst die Sonne nicht über eurem Zorn untergehen und gebt nicht Raum dem Teufel."

Epheser 4,26–27

„Ein jeder Mensch sei schnell zum Hören, langsam zum Reden, langsam zum Zorn."

Jakobus 1,19

„Rächt euch nicht selbst, meine Lieben, sondern gebt Raum dem Zorn Gottes; denn es steht geschrieben: ‚Die Rache ist mein; ich will vergelten, spricht der Herr.'"

Römer 12,19

137 HERR, du bist gerecht,
   und deine Urteile sind richtig.
138 Du hast deine Mahnungen geboten
   in Gerechtigkeit und großer Treue.
139 Ich habe mich fast zu Tode geeifert,
   weil meine Widersacher deine Worte vergessen.
140 Dein Wort ist ganz durchläutert,
   und dein Knecht hat es lieb.
141 Ich bin gering und verachtet;
   ich vergesse aber nicht deine Befehle.
142 Deine Gerechtigkeit ist eine ewige Gerechtigkeit,
   und dein Gesetz ist Wahrheit.
143 Angst und Not haben mich getroffen;
   ich habe aber Freude an deinen Geboten.
144 Deine Mahnungen sind gerecht in Ewigkeit;
   unterweise mich, so lebe ich.

Dieser Psalm ist ein hohes Lied der Liebe auf dein Wort, mein Gott! Hier betet einer, der wirklich viel Raum braucht, um seine Begeisterung auszudrücken. Herr, hilf mir, diesen Psalm im Herzen zu bewahren, Teile daraus auswendig zu lernen. Immer wieder frage ich mich: Warum lese ich so selten laut daraus vor, wenn ich mit anderen zusammen bin und bete? Es tut mir leid, Herr. Deine Worte sind ja keine Modeslogans, die heute faszinieren und im nächsten Jahr schon keine Rolle mehr spielen. Sie haben Ewigkeitswert. Warum lerne ich sie so wenig auswendig? Hilf mir, sie nicht nur im Kopf zu haben, sondern auch tief im Herzen. Denn was ich im Herzen trage, habe ich eingepackt in meinen „Lebenskoffer". Das kann ich mir vorsagen, wenn die Angst anklopft oder wenn ich unsicher bin. Das habe ich bei mir, wenn ich mit anderen bete oder ein ermutigendes Wort für sie brauche.

Herr, ich danke dir für deine Worte und Gedanken. Durch sie
wird der Weg hell für mein Denken und Reden. Und – wenn
du mir hilfst, sie im richtigen Moment weiterzugeben – auch
für andere. Amen.

145 Ich rufe von ganzem Herzen;
   erhöre mich, HERR; ich will deine Gebote halten.
146 Ich rufe zu dir, hilf mir;
   ich will mich an deine Mahnungen halten.
147 Ich komme in der Frühe und rufe um Hilfe;
   auf dein Wort hoffe ich.
148 Ich wache auf, wenn's noch Nacht ist,
   nachzusinnen über dein Wort.
149 Höre meine Stimme nach deiner Gnade;
   HERR, erquicke mich nach deinem Recht.
150 Meine arglistigen Verfolger nahen;
   aber sie sind fern von deinem Gesetz.
151 HERR, du bist nahe,
   und alle deine Gebote sind Wahrheit.
152 Längst weiß ich aus deinen Mahnungen,
   dass du sie für ewig gegründet hast.

Lieber Vater, wie gut, dass ich zu dir kommen kann!
Manchmal wache ich nachts auf, weil mich eine be-
stimmte Sache beschäftigt. Morgens fühle ich mich hilflos
und voller Sorge. Aber dann kann ich zu dir kommen. Dann
will ich mich entscheiden, dass die schweren Gedanken mich
nicht beherrschen sollen. Ich denke über dein Wort nach. Wie
viele Zusagen hast du mir gemacht! Die rufe ich mir ins Ge-
dächtnis. Ich bitte dich, dass du mir gnädig begegnest. Ja, du
hast Jesus geschickt, um mir deine ganze Liebe zu schenken.
Ich erinnere mich an Sätze, die ich in der Bibel gelesen habe.

*Liedverse schwingen in meinen Gedanken. Ich wiederhole
Bibelworte und versuche, sie unterschiedlich zu betonen. Auf
diese Weise komme ich ins Gespräch mit dir. Es tut gut, bei
dir zu Hause zu sein. So finde ich Ruhe. Danke für dein Wort
und dafür, dass ich dir in der Bibel begegnen kann. Amen.*

153 Sieh doch mein Elend und errette mich;
     denn ich vergesse dein Gesetz nicht.
154 Führe meine Sache und erlöse mich;
     erquicke mich durch dein Wort.
155 Das Heil ist fern von den Gottlosen;
     denn sie achten deine Gebote nicht.
156 HERR, deine Barmherzigkeit ist groß;
     erquicke mich nach deinem Recht.
157 Meiner Verfolger und Widersacher sind viele;
     ich weiche aber nicht von deinen Mahnungen.
158 Ich sehe die Verächter und es tut mir wehe,
     dass sie dein Wort nicht halten.
159 Siehe, ich liebe deine Befehle;
     HERR, erquicke mich nach deiner Gnade.
160 Dein Wort ist nichts als Wahrheit,
     alle Ordnungen deiner Gerechtigkeit währen ewiglich.

*Herr, das war heute ein richtig schwieriger Tag.
Ich bin mit meinen Mitmenschen nicht zurecht-
gekommen, habe mich über sie und auch über mich selbst
geärgert. Aber jetzt suche ich deine Nähe und deine Hilfe, die
dein Wort mir verspricht, weil du es gut mit mir meinst. Ja,
es stimmt: Was du zusagst, das hältst du auch! Wie oft hast
du mir schon geholfen; hast mich überrascht und wieder froh
gemacht! So bitte ich dich: Vergib mir, was ich heute falsch
gemacht habe, und hilf mir, es morgen besser zu machen.*

An manchen Tagen scheint wirklich alles schiefzugehen.
Nichts gelingt und Menschen machen mir das Leben schwer.
Herr, hilf! Nimm dich meiner Anliegen an und zeige mir, was
ich besser machen kann. Ich rechne ganz fest mit deiner Hilfe
und finde neuen Mut durch dein Wort. Amen.

161 Fürsten verfolgen mich ohne Grund;
    aber mein Herz fürchtet sich nur vor deinen Worten.

162 Ich freue mich über dein Wort
    wie einer, der große Beute macht.

163 Lügen bin ich Feind, und sie sind mir ein Gräuel;
    aber dein Gesetz habe ich lieb.

164 Ich lobe dich des Tages siebenmal
    um deiner gerechten Ordnungen willen.

165 Großen Frieden haben, die dein Gesetz lieben;
    sie werden nicht straucheln.

166 HERR, ich warte auf dein Heil
    und tue nach deinen Geboten.

167 Meine Seele hält sich an deine Mahnungen
    und liebt sie sehr.

168 Ich halte deine Befehle und deine Mahnungen;
    denn alle meine Wege liegen offen vor dir.

Mein Gott, vor dir kann ich nichts verbergen.
Du kennst mich durch und durch. Du weißt,
dass ich mich bemühe, dir zu gefallen und deinen Willen zu
tun. Aber du siehst auch, wie oft ich versage. Hab Dank für
dein Wort. Da finde ich Trost und Leitung für jede Situation
in meinem Alltag. Ich liebe deine Richtlinien, weil sie mir
helfen, dass mein Leben gelingt. Manchmal jedoch empfinde
ich sie als einengend, weil ich denke, du würdest mir etwas
vorenthalten. Aber so bist du nicht. Du meinst es immer gut

mit mir. Deshalb bin ich froh, dass du alles über mich weißt.
Ich muss mich nicht vor dir verstecken, weil du alle meine
Gefühle verstehst, auch die, für die ich mich schäme.

Leite du mein Denken, Fühlen und Handeln, indem du
durch dein Wort in mein Leben sprichst. Ich liebe dein Reden
und freue mich daran, weil es den Frieden bringt, den ich so
dringend brauche.

169 HERR, lass mein Klagen vor dich kommen;
    unterweise mich nach deinem Wort.

170 Lass mein Flehen vor dich kommen;
    errette mich nach deinem Wort.

171 Meine Lippen sollen dich loben;
    denn du lehrst mich deine Gebote.

172 Meine Zunge soll singen von deinem Wort;
    denn alle deine Gebote sind gerecht.

173 Lass deine Hand mir beistehen;
    denn ich habe erwählt deine Befehle.

174 HERR, mich verlangt nach deinem Heil,
    und an deinem Gesetz habe ich Freude.

175 Lass meine Seele leben, dass sie dich lobe,
    und dein Recht mir helfen.

176 Ich bin wie ein verirrtes und verlorenes Schaf;
    suche deinen Knecht, denn ich vergesse deine Gebote
    nicht.

*L*ieber Herr, wenn ich auf diesen Tag zurückblicke, sehe ich, was heute gelungen ist und was nicht. Ich bringe jetzt beides vor dich – das, worüber ich mich freue, und das, was mich belastet. Danke, dass ich hineinlaufen kann in deine Vergebung und deinen Frieden.

Immer mehr soll mein Leben von deinem Wort geprägt sein, Vater. Danke, dass du geduldig und liebevoll bist und mit mir durch meinen persönlichen Wachstumsprozess gehst. Dein Wort soll dabei der Maßstab sein für alles, was ich tue. Dann wird in meinem Leben vieles gelingen, denn gelungen ist das, was ich nach deinem Willen getan habe. Durch dein Wort willst du mich so durch mein Leben führen, dass ich auf vieles zurückblicken kann, was durch deine Gnade gelungen ist – nicht nur am Abend eines Tages, sondern auch am Abend meines Lebens. Und du sollst dafür die Ehre bekommen. Amen.

Ewiger, allgegenwärtiger Gott

Oh Herr, Allmächtiger,
ewiger und allgegenwärtiger Gott,
gepriesen auf ewig,
wir befehlen uns dir an,
heute und unser ganzes Leben,
unseren Körper und unsere Seele,
unsere Gedanken und Neigungen,
unsere Worte und Handlungen.

Wir flehen dich an:
Sorge für uns und bewahre uns
vor den Gefahren und Versuchungen,
die uns beständig umgeben;
vor allem Bösen und insbesondere vor der Sünde.

Augustinus

In Versuchung

„Lass dich nicht vom Bösen besiegen, sondern besiege
das Böse durch das Gute."

Römer 12,21 (Hfa)

„Denn wir haben nicht einen Hohenpriester,
der nicht könnte mit leiden mit unserer Schwachheit,
sondern der versucht worden ist in allem wie wir,
doch ohne Sünde.
Darum lasst uns hinzutreten mit Zuversicht zu dem
Thron der Gnade,
damit wir Barmherzigkeit empfangen und Gnade
finden zu der Zeit,
wenn wir Hilfe nötig haben."

Hebräer 4,15–16

„Denn worin er selber gelitten hat und versucht worden ist,
kann er helfen denen, die versucht werden."

Hebräer 2,18

„Seid nüchtern und wachsam, denn euer Widersacher,
der Teufel, schleicht wie ein hungriger Löwe um euch
herum … Widersteht ihm standhaft im Vertrauen auf
Gott!"

1. Petrus 5,8–9 (WD)

„Fürchte dich nicht vor dem, was du leiden wirst! …
Sei getreu bis an den Tod, so will ich dir die Krone
des Lebens geben."

Offenbarung 2,10

Psalm 120

Hilferuf gegen Verleumder

1 EIN WALLFAHRTSLIED.
   Ich rufe zu dem HERRN in meiner Not
      und er erhört mich.
2 HERR, errette mich von den Lügenmäulern,
      von den falschen Zungen.
3 Was soll er dir antun, du falsche Zunge,
      und was dir noch geben?
4 Scharfe Pfeile eines Starken
      und feurige Kohlen!

Vater im Himmel, ich danke dir, dass du immer für mich da bist. Es tut so gut zu wissen, dass du meine Sorgen und Probleme kennst und sie ernst nimmst. Ich weiß, dass du einen guten Plan für mein Leben hast. Trotzdem habe ich so oft versucht, alleine klarzukommen. Wollte dich mit meinen Problemen nicht „belästigen". Zu oft habe ich erst spät gemerkt, wie gut es tut, das, was mich belastet, an dich abzugeben.

Wenn ich den Blick auf dich richte, sind Schmerzen und Trauer nicht weg, aber sie rücken in ein anderes Licht. Du bist ein Gott, der tröstet und aufrichtet, ein barmherziger und allmächtiger Gott. Du verlässt mich nicht, sondern du hilfst mir und kennst den richtigen Weg für mich. Dafür danke ich dir von ganzem Herzen.

5 Weh mir, dass ich weilen muss unter Meschech;
    ich muss wohnen bei den Zelten Kedars!
6 Es wird meiner Seele lang,
    zu wohnen bei denen, die den Frieden hassen.
7 Ich halte Frieden; aber wenn ich rede,
    so fangen sie Streit an.

Himmlischer Vater, jeden Tag bin ich unter Menschen, die nichts von dir wissen wollen. Sie lachen über meinen Glauben an dich, drohen mir sogar. Dabei spüre ich eine Kälte und Dunkelheit, die mir Angst macht. Werde ich der Dunkelheit standhalten oder wird sie mich verschlingen? Nur mit dir kann ich bestehen. Bitte halt mich nah bei dir.

Oft fühle ich mich einsam und wie eine Fremde. Ein Außenseiter. Danke, dass du an meiner Seite bleibst – bis ans Ende dieser Welt. Du bist meine Stärke und mein Schutz. Und du hast gesagt: Wer an dich glaubt, von dem werden Ströme lebendigen Wassers fließen. Ja, lass dein Leben und dein Licht durch mich fließen, wo so vieles krank und tot erscheint. Dein Licht durchdringt alle Dunkelheit und besiegt alles Böse. Geborgen bei dir lege ich mich schlafen – mitten in der Fremde.

Psalm 121

Der treue Menschenhüter

1 EIN WALLFAHRTSLIED.
   Ich hebe meine Augen auf zu den Bergen.
   Woher kommt mir Hilfe?*
2 Meine Hilfe kommt vom HERRN,
   der Himmel und Erde gemacht hat.
3 Er wird deinen Fuß nicht gleiten lassen,
   und der dich behütet, schläft nicht.
4 Siehe, der Hüter Israels
   schläft und schlummert nicht.

5 Der HERR behütet dich;
   der HERR ist dein Schatten über deiner rechten Hand,
6 dass dich des Tages die Sonne nicht steche
   noch der Mond des Nachts.
7 **Der HERR behüte dich vor allem Übel,**
   er behüte deine Seele.
8 **Der HERR behüte deinen Ausgang und Eingang**
   von nun an bis in Ewigkeit!

Herr, ich schaue auf meine Sorgen und Probleme. Ich schaue auf meine Schwachheit und Kraftlosigkeit. Ich sehe meine Ohnmacht, bestimmte Situationen zu verändern. Ich grüble und komme nicht zur Ruhe. Wer oder was kann mir helfen? Andere Menschen? Die Erfüllung

---

* Luther übersetzte nach der lateinischen Übersetzung: »... zu den Bergen, von welchen mir Hilfe kommt.«

eines Wunsches? Die Flucht in die Medienwelt, um alles zu
vergessen? Ein langer Urlaub?

Nein, nichts von alledem. Du, Herr, bist der Einzige, der
mir wirklich helfen kann. Du allein kennst mich durch und
durch, weil ich dein Geschöpf bin. Du weißt, was ich wirklich
brauche. Du weißt, was gut für mich ist. Du kannst auswegs-
lose Situationen verändern. Du kannst mich verändern oder
meine Sichtweise. Du sollst derjenige sein, bei dem ich schnell
und als Erstes mein Herz ausschütte. Derjenige, von dem ich
wirklich Hilfe erwarte. Ja, meine Hilfe kommt vom Herrn,
der Himmel und Erde gemacht hat! Danke, dass du Tag
und Nacht und an jedem Ort für mich erreichbar bist. Du
bist nur ein Gebet weit entfernt. Was für ein wunderbarer,
tröstlicher Gedanke!

Psalm 122

Ein Segenswunsch für Jerusalem

1 VON DAVID, EIN WALLFAHRTSLIED.
  Ich freute mich über die, die mir sagten:
    Lasset uns ziehen zum Hause des HERRN!
2 Nun stehen unsere Füße
    in deinen Toren, Jerusalem.

3 Jerusalem ist gebaut als eine Stadt,
    in der man zusammenkommen soll,
4 wohin die Stämme hinaufziehen,
    die Stämme des HERRN,
  wie es geboten ist dem Volke Israel,
    zu preisen den Namen des HERRN.

5 Denn dort stehen die Throne zum Gericht,
  die Throne des Hauses David.

6 Wünschet Jerusalem Glück!
  Es möge wohlgehen denen, die dich lieben!
7 Es möge Friede sein in deinen Mauern
  und Glück in deinen Palästen!
8 Um meiner Brüder und Freunde willen
  will ich dir Frieden wünschen.
9 Um des Hauses des HERRN willen, unseres Gottes,
  will ich dein Bestes suchen.

Aus tiefstem Herzen danke ich dir, dass du mich in deine Familie aufgenommen hast. Zu dir zu gehören, mein Gott, ist meine größte Ehre, ein unverdientes Geschenk! Dein Erlösungswerk für mich, dort in der Stadt Jerusalem, hat mir tiefen Frieden gebracht. Für diese Stadt und für dein Volk bete ich nun – so ernsthaft und von Herzen, als würde ich für meine eigenen Eltern beten: Möge dein Licht über Jerusalem aufgehen! Mögen ihre Bewohner dich erkennen, sodass sie ebenfalls diesen tiefen Herzensfrieden erfahren.

Möge es den Gläubigen, die dort leben, wohlergehen. Ich bitte für die politischen Entscheidungsträger, dass sie den Bürgern wohlgesonnen sind, die an Jesus glauben. Bitte schenke offene Türen, damit das Evangelium dort frei verkündet werden kann.

Danke, dass du auch in Jerusalem auf wunderbare Weise aus Feinden Geschwister gemacht hast – durch dein Evangelium. Ich vertraue darauf, dass du das gute Werk, das du in ihnen begonnen hast, treu zu Ende bringen wirst, damit dein Licht und deine Ehre aus Jerusalem in die ganze Welt strahlen.

Psalm 123

Aufblick zu Gottes Gnade

1 EIN WALLFAHRTSLIED.
  Ich hebe meine Augen auf zu dir,
    der du im Himmel wohnest.
2 Siehe, wie die Augen der Knechte
    auf die Hände ihrer Herren sehen,
  wie die Augen der Magd
    auf die Hände ihrer Frau,
  so sehen unsre Augen auf den HERRN, unsern Gott,
    bis er uns gnädig werde.

3 Sei uns gnädig, HERR, sei uns gnädig;
    denn allzu sehr litten wir Verachtung.
4 Allzu sehr litt unsere Seele den Spott der Stolzen
    und die Verachtung der Hoffärtigen.

L ieber Vater im Himmel! Du bist und bleibst Gott. Du weißt besser über meine Bedürfnisse Bescheid als ich selbst. Du bist näher dran an dem, was ich denke und fühle, als ich es bin. Du hast einen viel besseren Überblick über die Beziehungen in meinem Leben als ich. Es lohnt sich, auf dich zu schauen und auf deine Anweisungen zu hören. Das lehrt mich dein Wort. Auch meine Erfahrungen bestätigen es. Trotzdem verliere ich dich manchmal aus den Augen. Bitte schenk mir eine dienende Herzenseinstellung, damit es mir leichtfällt, dir meine volle Aufmerksamkeit zu schenken. Ich möchte deine Ziele und Pläne verfolgen und mich nach deinen Weisungen richten.

Bitte hilf mir, dankbar auf dich zu schauen, auf dich zu hören und auf dein gnädiges Handeln zu warten. Ich will fest daran glauben, dass du Gutes mit mir vorhast und Gutes in mir vollbringen wirst. Danke, dass du nicht nach meiner Schuld handelst, sondern nach deinem Plan. Danke, dass ich einschlafen kann in dem Wissen, dass du mein Leben in deinem Herzen trägst. Amen.

Christus mit mir

Ich vertraue meine Seele und meinen Leib
heute Nacht deiner Bewahrung an, o Gott,
deiner Bewahrung, o Jesus Christ,
deiner Bewahrung, o Geist vollkommener Wahrheit.
Die drei, die für mich eintreten,
vor Schaden mögen sie mich
bewahren heute Nacht.

Erhelle mein Dunkel, Herr.
Das Licht deiner Gegenwart
vertreibe die Schatten der Nacht.

Christus mit mir beim Schlafen,
Christus mit mir beim Wachen.
Christus mit mir.
Er gebe acht auf jeden Tag und jede Nacht.

Boisil

Leben im Licht

„HERR, lass leuchten über uns das Licht deines Antlitzes!"
Psalm 4,7

„Ja, du machst hell meine Leuchte, der HERR, mein Gott, macht meine Finsternis licht."
Psalm 18,29

„Der HERR ist mein Licht und mein Heil; vor wem sollte ich mich fürchten?
Der HERR ist meines Lebens Kraft; vor wem sollte mir grauen?"
Psalm 27,1

Jesus spricht: „Ich bin das Licht der Welt.
Wer mir nachfolgt, der wird nicht wandeln in der Finsternis, sondern wird das Licht des Lebens haben."
Johannes 8,12

„Denn ihr wart früher Finsternis; nun aber seid ihr Licht in dem Herrn. Lebt als Kinder des Lichts; die Frucht des Lichts ist lauter Güte und Gerechtigkeit und Wahrheit."
Epheser 5,8–9

Psalm 124

Der Helfer in der Not

1 VON DAVID, EIN WALLFAHRTSLIED.
   Wäre der HERR nicht bei uns
      – so sage Israel –,
2 wäre der HERR nicht bei uns,
      wenn Menschen wider uns aufstehen,
3 so verschlängen sie uns lebendig,
      wenn ihr Zorn über uns entbrennt;
4 so ersäufte uns Wasser,
      Ströme gingen über unsre Seele,
5 es gingen Wasser
      hoch über uns hinweg.

6 Gelobt sei der HERR, dass er uns nicht gibt
      zum Raub in ihre Zähne!
7 Unsre Seele ist entronnen wie ein Vogel /
   dem Netze des Vogelfängers;
      das Netz ist zerrissen und wir sind frei.
8 Unsre Hilfe steht im Namen des HERRN,
      der Himmel und Erde gemacht hat.

*Guter Vater! Manchmal denke ich: ‚Wenn es Gott
nicht gäbe … dann könnte ich mal richtig ausrasten,
schimpfen, etwas stehlen, müsste keine stille Zeit machen,
nicht in den Gottesdienst gehen, müsste meinen Nächsten
nicht lieben, wo er doch so ein Blödmann ist, könnte mir
mit Lügen zu meinem Vorteil verhelfen und hätte ein viel
leichteres, unkorrekteres, entspannteres Leben!'*

Was für Lügen, die sich da in meinen Kopf geschlichen haben! Guter Vater, wenn es dich nicht gäbe, hätte mein Leben keinen Sinn, gäbe es für mich keinen Maßstab, an dem ich mich ausrichten kann, wäre nichts für immer, könnte ich mich an niemandem wirklich zuverlässig festhalten, gäbe es keine Wunder und keine Lobpreislieder, keinen Trost in der Not, keine wahre Freude, keine „Ich-kuschel-mich-mit-meiner-Bibel-vor-den-Kamin"-Momente, kein Gebet, das gehört und erhört wird, und keinen Himmel.

Guter Vater, ich bin von Herzen dankbar, dass es dich gibt!

Psalm 125

Der HERR ist um sein Volk her

1 EIN WALLFAHRTSLIED.
Die auf den HERRN hoffen, werden nicht fallen,
    sondern ewig bleiben wie der Berg Zion.
2 Wie um Jerusalem Berge sind,
    so ist der HERR um sein Volk her von nun an bis in Ewigkeit.
3 Denn der Gottlosen Zepter wird nicht bleiben /
über dem Erbteil der Gerechten,
    damit die Gerechten ihre Hand nicht ausstrecken zur
    Ungerechtigkeit.

4 HERR, tu wohl den Guten
    und denen, die frommen Herzens sind.
5 Die aber abweichen auf ihre krummen Wege, /
wird der HERR dahinfahren lassen mit den Übeltätern.
    Friede sei über Israel!

*L*ieber Vater im Himmel, obwohl ich dich nicht sehen kann, umgibst du mich wie ein Schutzwall von Bergen. Obwohl ich hier auf Erden lebe, bin ich nicht irgendwem oder irgendetwas völlig ausgeliefert. Dafür sorgst du. Du stehst auf meiner Seite, auch wenn ich mit falschen Einflüssen in Berührung komme oder in Versuchung gerate. Du lässt es nicht zu, dass ich alle Hoffnung verliere, auch wenn ich Bedrohliches und Schlimmes erlebe. Du kennst die Grenzen meiner Belastbarkeit. Du weißt, wann es genug ist. Nichts und niemand wird meinen Glauben überwinden. Denn du bleibst mir treu. Du hältst mich. Du hast alles in deiner Hand. Bei dir bin ich in Sicherheit in Ewigkeit. Deswegen kann ich mich entspannt ins Bett legen und wissen, du schützt mich! Auch morgen darf ich mit deinem Geschenk von Glück und Frieden rechnen. Amen.

Psalm 126

Der HERR erlöst seine Gefangenen

1 EIN WALLFAHRTSLIED.
  Wenn der HERR die Gefangenen Zions erlösen wird,
    so werden wir sein wie die Träumenden.
2 Dann wird unser Mund voll Lachens
    und unsre Zunge voll Rühmens sein.
  Dann wird man sagen unter den Heiden:
  Der HERR hat Großes an ihnen getan!

3 Der HERR hat Großes an uns getan;
    des sind wir fröhlich.

4 HERR, bringe zurück unsre Gefangenen,
   wie du die Bäche wiederbringst im Südland.
5 Die mit Tränen säen,
   werden mit Freuden ernten.
6 Sie gehen hin und weinen
   und streuen ihren Samen
   und kommen mit Freuden
   und bringen ihre Garben.

Mein wunderbarer Gott, ich kann die Pilger verstehen, die dieses Lied einst sangen. Sie trugen die schmerzhaften Erinnerungen des Exils in ihrem Herzen. Sie kannten die Hitze des Leids – die Wüste des Herzens. Die Nächte, in denen der Wind ihr Seufzen und Klagen gen Himmel trug. Doch diejenigen, die schweren Herzens in die Fremde zogen, kehrten voller Freude nach Hause zurück. Auf den Armen trugen sie Garben des Segens. So wie ich! Auch ich habe Leid erlebt. Doch dann kam die Freude, weil du, Vater, dich darauf verstehst, Tränen abzuwischen und ein Lächeln aufs Gesicht zu malen. Nein, Freude hängt nicht davon ab, ob mich Leid trifft oder nicht, sondern diese Freude erfahre ich mitten im Schmerz.

So hilf mir bitte, Vater! Du hast mich dazu berufen, aus meiner Situation das Beste zu machen – ganz egal, in was für einem „Exil" ich mich befinde. Du wirst mich auch dazu befähigen.

Psalm 127

An Gottes Segen ist alles gelegen

1 VON SALOMO, EIN WALLFAHRTSLIED.
   Wenn der HERR nicht das Haus baut,
     so arbeiten umsonst, die daran bauen.
   Wenn der HERR nicht die Stadt behütet,
     so wacht der Wächter umsonst.
2 Es ist umsonst, dass ihr früh aufsteht
     und hernach lange sitzet
   und esset euer Brot mit Sorgen;
     denn seinen Freunden gibt er es im Schlaf.

Herr, du kennst meine Wünsche, du kennst mein Verlangen! Ich habe mich so abgemüht und es ist so anstrengend. Ich möchte damit aufhören, aus eigener Kraft Dinge hervorzubringen und ihnen nachzujagen. Ich werde nicht zu kurz kommen. Du sorgst dich um mich, das sagst du mir in deinem Wort zu. Du hast mir viel gegeben; ich habe so viele Möglichkeiten, mein Leben zu gestalten.

Doch ich möchte danach fragen, was du willst. Das soll mir das Wichtigste sein. Nicht was ich will, soll geschehen, sondern was du willst! Frieden mit dir zu haben, ist das größte Gut auf Erden. Deshalb lege ich alles in deine Hand. Lenke und leite du mich! Was du dir vorgenommen hast, soll werden. Ich habe alles getan, was ich konnte. Nun lass es so werden, wie du es willst. Ich verlasse mich auf dich.

3   Siehe, Kinder sind eine Gabe des HERRN,
    und Leibesfrucht ist ein Geschenk.
4   Wie Pfeile in der Hand eines Starken,
    so sind die Söhne der Jugendzeit.
5   Wohl dem, der seinen Köcher mit ihnen gefüllt hat!
    Sie werden nicht zuschanden, wenn sie mit ihren Feinden
    verhandeln im Tor.

D anke für meine Kinder, Herr! Ich weiß, sie gehören nicht mir. Sie sind eine Gabe – anvertraut für eine bestimmte Zeit. Sie kamen durch mich in die Welt, aber ihr Ursprung ist in dir und sie sind dein. Hilf mir, ihnen meine Liebe zu geben – aber nicht meine Gedanken, denn sie haben ihre eigenen Gedanken. Hilf mir, sie zu formen – aber nicht zu versuchen, sie mir gleichzumachen.

Wie Pfeile möchte ich meine Kinder in die Welt senden – will ihnen Kraft und Richtung geben, dass sie erfüllen, wozu du sie geschaffen hast. Und ich danke dir, dass du nicht nur die schnellen Pfeile liebst, sondern auch den stabilen Bogen.

Jetzt bitte ich dich: Stell deine Engel um die Betten meiner Kinder heute Nacht! Schenk ihnen süße Träume und guten, erholsamen Schlaf. Danke, dass du über uns wachst, während wir schlafen. Amen.

Meines Herzens Licht

Du Wahrheit und meines Herzens Licht, lass nicht
meine Finsternis zu mir sprechen!
In sie bin ich hinabgesunken, und ich fand mich
wieder im Dunkel;
aber selbst darin habe ich dich geliebt.
Ich bin auf Irrwege geraten, doch ich habe mich an dich
erinnert.
Ich hörte deine Stimme hinter mir, die mich rief,
zu dir zurückzukehren;
doch ich hörte sie nur mit Mühe, weil in mir die
Friedlosigkeit vorherrschte.

Aber jetzt kehre ich zu dir zurück, ich dürste und
sehne mich nach deiner Quelle.
Niemand soll es mir verwehren, mich aus ihr
zu nähren.
Aus ihr will ich trinken und leben.
Ich will nicht selbst mein Leben sein;
denn aus mir habe ich mein Leben verfehlt, bin zum
Tode mir geworden.
In dir lebe ich wieder auf.
Sprich du zu mir und weise mir den Weg!

Augustinus

Gott sehnt sich nach uns

„Siehe, ich stehe vor der Tür und klopfe an.
Wenn jemand meine Stimme hören wird und die Tür
auftun, zu dem werde ich hineingehen und das Abend-
mahl mit ihm halten und er mit mir."

Offenbarung 3,20

„Freue dich und sei fröhlich, du Tochter Zion!
Denn siehe, ich komme und will bei dir wohnen,
spricht der HERR."

Sacharja 2,14

Gott spricht: „Ich will mich mit dir verloben für alle
Ewigkeit, ich will mich mit dir verloben in Gerechtigkeit
und Recht, in Gnade und Barmherzigkeit."

Hosea 2,21

Jesus spricht: „Im Haus meines Vaters gibt es viele Wohnungen. Sonst hätte ich euch nicht gesagt: Ich gehe hin, um
dort alles für euch vorzubereiten. Und wenn alles bereit ist,
werde ich kommen und euch zu mir holen. Dann werdet
auch ihr dort sein, wo ich bin."

Johannes 14,2–3 (Hfa)

Psalm 128

Gesegneter Hausstand

1 EIN WALLFAHRTSLIED.
  Wohl dem, der den HERRN fürchtet
    und auf seinen Wegen geht!
2 Du wirst dich nähren von deiner Hände Arbeit;
    wohl dir, du hast's gut.
3 Deine Frau wird sein wie ein fruchtbarer Weinstock
    drinnen in deinem Hause,
  deine Kinder wie junge Ölbäume
    um deinen Tisch her.
4 Siehe, so wird gesegnet der Mann,
    der den HERRN fürchtet.

5 Der HERR wird dich segnen aus Zion,
    dass du siehst das Glück Jerusalems dein Leben lang
6 und siehst Kinder deiner Kinder.
    Friede sei über Israel!

Himmlischer Vater, du hast uns die Ordnungen dieser Welt gegeben, damit wir als deine Kinder gelassen und glücklich leben können. Du hast dich wiederholt in die Geschichte hineinbegeben – ganz besonders in Jesus Christus –, um uns zu zeigen, was es heißt, voller Vertrauen und sinnerfüllt zu leben. Du willst uns dabei helfen. Du willst uns segnen und zum Segen setzen.

Trotzdem passiert es mir immer wieder, dass ich dich und deinen Willen unterschätze. Immer wieder versuche ich, an deinen Geboten herumzubasteln – etwas zu verändern, wegzulassen oder hinzuzufügen. Dabei mache ich jedes Mal mir und anderen das Leben schwer.

Wenn ich mit dir unterwegs bin, Jesus, wird das mein Leben nicht einschränken oder reduzieren. Vielmehr erweiterst du meine Möglichkeiten!

Ich wünsche mir beständige Lebenskraft, um schöpferisch und erfüllt leben zu können! Danke, dass du mir genau das geben willst. Bitte segne mich, sodass ich auch ein Segen im Leben derer sein kann, die du mir anvertraut hast.

Psalm 129

Hilferuf des bedrängten Israel

1 EIN WALLFAHRTSLIED.
Sie haben mich oft bedrängt von meiner Jugend auf
– so sage Israel –,

2 sie haben mich oft bedrängt von meiner Jugend auf;
aber sie haben mich nicht überwältigt.

3 Die Pflüger haben auf meinem Rücken geackert
und ihre Furchen lang gezogen.

4 Der HERR, der gerecht ist,
hat der Gottlosen Stricke zerhauen.

5 Ach dass zuschanden würden und zurückwichen
alle, die Zion gram sind!

6 Ach dass sie würden wie das Gras auf den Dächern,
das verdorrt, ehe man es ausrauft,

7 mit dem der Schnitter seine Hand nicht füllt
   noch der Garbenbinder seinen Arm;
8 und keiner, der vorübergeht, soll sprechen: /
   Der Segen des HERRN sei über euch!
   Wir segnen euch im Namen des HERRN.

Mein himmlischer Vater, es ist gut zu wissen, dass du meine Situation genau kennst. Immer wieder gibt es Momente, in denen ich mich bedrängt fühle und die Hoffnung aus den Augen verliere. Ich habe Angst und frage mich, wo du bist und warum sich nichts verändert. Ja, das Leben kann sehr schwer sein. Gerade deshalb ist es gut, dass du mich erinnerst: Jesus Christus ist derselbe gestern, heute und in Ewigkeit. So weiß ich auch, dass das letzte Wort nicht auf dieser Erde gesprochen wird. Die Bedrängnis wird einmal ein Ende haben. Wenn ich auch bedrängt bin – unter deinen Flügeln finde ich Zuflucht. Ich möchte lernen, dass wahre Hoffnung in dir ist, oh Gott, und nicht in Menschen oder Dingen. Lass mich erkennen, dass du gerecht bist und ich meine Zuversicht auf dich setzen kann. Hebe meinen Blick wieder auf zu dir und hilf mir, mit Hoffnung dem neuen Tag entgegenzusehen. Amen.

Psalm 130

Aus tiefer Not
(Der sechste Bußpsalm)

1   EIN WALLFAHRTSLIED.
     Aus der Tiefe rufe ich,
     HERR, zu dir. /
2   Herr, höre meine Stimme!
         Lass deine Ohren merken auf die Stimme meines Flehens!
3   Wenn du, HERR, Sünden anrechnen willst –
         Herr, wer wird bestehen?
4   Denn bei dir ist die Vergebung,
         dass man dich fürchte.

5   Ich harre des HERRN, meine Seele harret,
         und ich hoffe auf sein Wort.
6   Meine Seele wartet auf den Herrn
         mehr als die Wächter auf den Morgen;*
     mehr als die Wächter auf den Morgen
7   hoffe Israel auf den HERRN!
     Denn bei dem HERRN ist die Gnade
         und viel Erlösung bei ihm.
8   Und er wird Israel erlösen
         aus allen seinen Sünden.

*V*ater im Himmel, ich flehe dich an und rufe zu
dir aus der Tiefe meines Herzens. Du kennst mein
Herz und meine Gedanken. Du kennst auch alle einzelnen

---

*   Luther übersetzte: »Meine Seele wartet auf den Herrn von einer Morgenwache
bis zur andern.«

Situationen, die mir wie ein großes Loch erscheinen, das mich zu verschlingen droht. Herr, ich sehne mich nach dir und bin dankbar, dass du mich hörst und alle meine Gedanken kennst! Ja, obwohl du mich kennst, liebst du mich. Deinem Wort kann ich vertrauen.

So danke ich dir, dass du mir vergibst, wo ich falsche Gedanken und Schuld auf mich geladen habe. Danke, dass deine Vergebung meiner Seele wieder Luft zum Atmen gibt. Bitte hilf mir, deine Vergebung anzunehmen und auch anderen vergebend zu begegnen. Das ist nicht immer einfach, aber mit deiner Hilfe möglich. Dir möchte ich völlig vertrauen. Hilf mir heute dabei und lass mich dir ganz nahe sein. Amen.

Psalm 131

Kindliche Ergebung

1 VON DAVID, EIN WALLFAHRTSLIED.
HERR, mein Herz ist nicht hoffärtig,
und meine Augen sind nicht stolz.
Ich gehe nicht um mit großen Dingen,
die mir zu wunderbar sind.

2 Fürwahr, meine Seele ist still und ruhig geworden
wie ein kleines Kind bei seiner Mutter;
wie ein kleines Kind,
so ist meine Seele in mir.

3 Israel, hoffe auf den HERRN
von nun an bis in Ewigkeit!

*L*ieber himmlischer Vater, an diesem Abend komme ich zu dir. Ich danke dir dafür, dass ich so kommen darf wie ein kleines Kind, das sich ohne Angst dir anvertraut und nichts als Liebe und Erbarmen erwartet. Nur durch deine Gnade bin ich, was ich bin.

Heute ist manches nicht so gewesen, wie ich es mir gewünscht hätte und wie es vor dir richtig gewesen wäre. Das lege ich an dein Herz mit der Bitte um Vergebung. Es tut mir sehr leid. Wenn ich über deine herrliche Schöpfung nachdenke, über die Vielfalt der bunten Blumen, das Spiel der Wolken am Himmel, den schönen Regenbogen und das Abendrot, dann kann ich deine unermessliche Liebe und verschwenderische Fülle erahnen. In dieser Liebe weiß ich mich geborgen. Danke für die Ruhe der Nacht und das Dunkel, das mich schützend umfängt. Du wachst über meinen Schlaf und hilfst mir, dass ich sicher ausruhen kann. Dein Frieden umhülle mich. Amen.

Psalm 132

Davids Haus und das Heiligtum auf Zion

1 EIN WALLFAHRTSLIED.
   Gedenke, HERR, an David
     und all seine Mühsal,

2 der dem HERRN einen Eid schwor
     und gelobte dem Mächtigen Jakobs:

3 Ich will nicht in mein Haus gehen
     noch mich aufs Lager meines Bettes legen,

4 ich will meine Augen nicht schlafen lassen
     noch meine Augenlider schlummern,

5 bis ich eine Stätte finde für den HERRN,
  eine Wohnung für den Mächtigen Jakobs.

6 Siehe, wir hörten von ihr in Efrata,
  wir haben sie gefunden im Gefilde von Jaar.

7 Wir wollen in seine Wohnung gehen
  und anbeten vor dem Schemel seiner Füße.

8 HERR, mache dich auf zur Stätte deiner Ruhe,
  du und die Lade deiner Macht!

9 Deine Priester lass sich kleiden mit Gerechtigkeit
  und deine Heiligen sich freuen.

10 Weise nicht ab das Antlitz deines Gesalbten
  um deines Knechtes David willen!

11 Der HERR hat David einen Eid geschworen,
  davon wird er sich wahrlich nicht wenden:
  Ich will dir auf deinen Thron setzen
  einen, der von deinem Leibe kommt.

12 Werden deine Söhne meinen Bund halten
  und mein Gebot, das ich sie lehren werde,
  so sollen auch ihre Söhne
  auf deinem Thron sitzen ewiglich.

13 Denn der HERR hat Zion erwählt,
  und es gefällt ihm, dort zu wohnen.

14 »Dies ist die Stätte meiner Ruhe ewiglich;
  hier will ich wohnen, denn das gefällt mir.

15 Ich will ihre Speise segnen
  und ihren Armen Brot genug geben.

16 Ihre Priester will ich mit Heil kleiden,
  und ihre Heiligen sollen fröhlich sein.

17 Dort soll dem David aufgehen ein mächtiger Spross,
  ich habe meinem Gesalbten eine Leuchte zugerichtet;

18 seine Feinde will ich in Schande kleiden,
  aber über ihm soll blühen seine Krone.«

*W*elch ein Herz hatte König David! Welch eine Hingabe, welch eine Entschlossenheit! Und welch ein Durchhaltevermögen! Herr, dir wollte er einen Tempel bauen, dir, dem großen, mächtigen Gott Israels? Dir, dem Gott der Urzeit? Welch ein Gedanke und welch eine Liebe zu dir!

Schenk mir ein solches Herz, eine so tiefe Hingabe an dich. Ich kann dir keinen Tempel bauen und ich kann dir nicht viel bringen. Aber ich komme zu dir, mein Gott, und gebe dir mein Leben an diesem Abend ganz neu. Wohne du in mir. Lass mein Herz ein Tempel deines Heiligen Geistes sein. Und schenke mir die Gnade, dich zu verherrlichen durch das, was ich bin und tu. Lass mich ein Segen sein für die Menschen, mit denen ich jeden Tag zu tun habe. Bitte gib mir auch Durchhaltevermögen: dass ich nicht so schnell entmutigt, sondern dir treu bin und in allem still vertraue. Lass deine erbarmende Liebe mein ganzes Leben durchdringen und verändern.

Nun bitte ich dich, Vater, breite deine schützenden Arme aus über deine Kinder in dieser Nacht. Segne alle, die ich lieb habe. Und bitte segne auch mich. Danke, Herr.

Zum Vater komme ich heute Nacht

Zum Vater komme ich heute Nacht;
zum Sohne komme ich heute Nacht,
zum Heil'gen Geist in Kraft.
Ich komme heute Nacht zu Gott.

Zu Christus komme ich heute Nacht,
mit dem Geist der Güte komme ich,
komme ich zu dir, Jesus.
Jesus, gewähr mir Schutz.

Bei Tag schenkt der Herr mir seine Gnade;
des Nachts ist sein Lied bei mir –
ein Gebet zu dem Gott meines Lebens.

Ich lege mich nieder und schlafe ein,
ich erwache wieder,
denn der Herr beschützt mich.

Ebba

In Einsamkeit

Gott spricht: „Kann eine Mutter ihren Säugling vergessen? Bringt sie es übers Herz, das Neugeborene seinem Schicksal zu überlassen? Und selbst wenn sie es vergessen würde – ich vergesse dich niemals! Unauslöschlich habe ich deinen Namen auf meine Handflächen geschrieben."

Jesaja 49,15–16 (Hfa)

„Mein Vater und meine Mutter verlassen mich, aber der HERR nimmt mich auf."

Psalm 27,10

„Alle eure Sorge werft auf ihn; denn er sorgt für euch."

1. Petrus 5,7

„Denn der Herr hat gesagt: ‚Ich will dich nicht verlassen und nicht von dir weichen.'"

Hebräer 13,5

„Den Einsamen gibt er ein Zuhause."

Psalm 68,7 (Hfa)

Psalm 133

Segen der brüderlichen Eintracht

1 VON DAVID, EIN WALLFAHRTSLIED.
   Siehe, wie fein und lieblich ist's,
   wenn Brüder einträchtig beieinander wohnen!
2 Es ist wie das feine Salböl auf dem Haupte Aarons, /
   das herabfließt in seinen Bart,
     das herabfließt zum Saum seines Kleides,
3 wie der Tau, der vom Hermon herabfällt
     auf die Berge Zions!
   Denn dort verheißt der HERR den Segen
   und Leben bis in Ewigkeit.

Lieber Vater im Himmel, ich bin so froh, dass du keine Unterschiede zwischen deinen Kindern machst! Wie verschieden wir doch sind! Ich gestehe: Mit manchen habe ich so meine Mühe. Noch schwerer fällt es mir, ohne Unterschied für alle dankbar zu sein. Aber dann will ich daran denken, dass du jedes deiner Kinder gleich lieb hast – wie mich. Und dass wir zusammengehören, dass wir eine Familie sind.

Ich staune, mit welch zarten Worten David die Einheit der Gotteskinder in diesem Psalm beschreibt: fein, lieblich! Und David hat erkannt: Du versprichst uns deinen Segen, wenn wir zusammenhalten. Deshalb bitte ich dich jetzt: Lieber Vater, schenke Einheit unter deinen Kindern, unter allen Christen! Lass mich selbst Teil dieser Einheit sein. Bitte erinnere mich daran, immer wieder dafür zu beten. Denn dafür hat auch dein Sohn Jesus Christus gebetet.

Psalm 134

Nächtliches Loblied im Tempel

1 EIN WALLFAHRTSLIED.
Wohlan, lobet den HERRN, alle Knechte des HERRN,
die ihr steht des Nachts im Hause des HERRN!
2 Hebet eure Hände auf im Heiligtum
und lobet den HERRN!
3 Der HERR segne dich aus Zion,
der Himmel und Erde gemacht hat!

*L ieber Vater, heute Abend will ich dich loben. Ich
danke dir für deine Gegenwart in meinem Leben. Ich
preise dich für deine Liebe in meinem Herzen. Ich preise dich
für dein Leben in mir. Danke für den Heiligen Geist, der in
mir wohnt. Was für ein Geschenk! Wenn du mich berührst,
brauche ich nichts anderes mehr. Ja, ich will meine Hände
aufheben zu dir, denn wo wäre ich ohne dich? Ich bin so froh,
dass du mich gefunden und an dein Herz gezogen hast. Das
ist mein wirkliches Zuhause. Es gibt nichts Besseres, als dein
Kind zu sein. Ich liebe es, wenn du zu mir sprichst. Auch
heute Abend.*

*Lieber Vater, ich möchte von deiner wunderbaren Liebe
weitersagen. Andere sollen sehen, wie du mich segnest und
mit deiner Freundschaft verwöhnst. Wie gut es ist, mit dir zusammen zu sein. Zeig mir die Menschen, die dich besonders
brauchen, und schenke mir gleich morgen Gelegenheit dazu,
von dir zu erzählen. Amen.*

Psalm 135

Anbetung des lebendigen Gottes

1 Halleluja!
  Lobet den Namen des HERRN,
    lobet, ihr Knechte des HERRN,
2 die ihr steht im Hause des HERRN,
    in den Vorhöfen am Hause unsres Gottes!
3 Lobet den HERRN, denn der HERR ist freundlich;
    lobsinget seinem Namen, denn er ist lieblich!
4 Denn der HERR hat sich Jakob erwählt,
    Israel zu seinem Eigentum.

5 Ja, ich weiß, dass der HERR groß ist
    und unser Herr über allen Göttern.
6 Alles, was er will, das tut er
    im Himmel und auf Erden,
    im Meer und in allen Tiefen;
7 der die Wolken lässt aufsteigen vom Ende der Erde, /
    der die Blitze samt dem Regen macht,
      der den Wind herausführt aus seinen Kammern;
8 der die Erstgeburten schlug in Ägypten
    bei den Menschen und beim Vieh
9 und ließ Zeichen und Wunder kommen über dich, Ägyptenland,
    über den Pharao und alle seine Knechte;
10 der viele Völker schlug
    und tötete mächtige Könige,
11 Sihon, den König der Amoriter, /
    und Og, den König von Baschan,
      und alle Königreiche in Kanaan,
12 und gab ihr Land zum Erbe,
    zum Erbe seinem Volk Israel.

13 HERR, dein Name währet ewiglich,
　　dein Ruhm, HERR, währet für und für.
14 Denn der HERR schafft Recht seinem Volk
　　und wird seinen Knechten gnädig sein.

15 Die Götzen der Heiden sind Silber und Gold,
　　gemacht von Menschenhänden.
16 Sie haben Mäuler und reden nicht,
　　sie haben Augen und sehen nicht,
17 sie haben Ohren und hören nicht,
　　auch ist kein Odem in ihrem Munde.
18 Die solche Götzen machen, sind ihnen gleich,
　　alle, die auf sie hoffen.

19 Das Haus Israel lobe den HERRN!
　　Lobet den HERRN, ihr vom Hause Aaron!
20 Ihr vom Hause Levi, lobet den HERRN!
　　Die ihr den HERRN fürchtet, lobet den HERRN!
21 Gelobt sei der HERR aus Zion,
　　der zu Jerusalem wohnt!
　　Halleluja!

Heute Abend singe ich für dich, mein Gott: ein Lied über deine Freundlichkeit. Denn heute habe ich wieder erlebt, wie freundlich du zu mir bist. Da ist so viel Gutes in meinem Leben! Wenn ich anfange aufzuzählen, was du mir schon alles geschenkt hast und womit du mir an so vielen Tagen meines Lebens schon Freude gemacht hast, merke ich, wie großzügig du bist und was du mir alles schenkst:

Menschen, die mir viel bedeuten und mein Leben bereichern.

Aufgaben, die mich erfüllen und mir Freude machen.

Dinge, die ich zum Leben benötige, und noch vieles darüber hinaus.

Auch in Schwierigkeiten bist du mir nah und hilfst. Sogar in großer Not kann ich damit rechnen, dass du bei mir bist. Und wenn mir etwas schwerfällt, erlebe ich oft deine stärkende Nähe.

Wo auf der Welt finde ich so viel Freundlichkeit wie bei dir? Wer auf der Welt ist mir stets so zugetan wie du? Herr, ich singe ein Lied für dich, darüber, wie freundlich und wie liebevoll du bist.

Psalm 136

**Gottes Wunder in seiner Schöpfung
und in der Geschichte seines Volkes**

1 Danket dem HERRN; denn er ist freundlich,
   denn seine Güte währet ewiglich.
2 Danket dem Gott aller Götter,
   denn seine Güte währet ewiglich.
3 Danket dem Herrn aller Herren,
   denn seine Güte währet ewiglich.

4 Der allein große Wunder tut,
   denn seine Güte währet ewiglich.
5 Der die Himmel mit Weisheit gemacht hat,
   denn seine Güte währet ewiglich.

6 Der die Erde über den Wassern ausgebreitet hat,
  denn seine Güte währet ewiglich.
7 Der große Lichter gemacht hat,
  denn seine Güte währet ewiglich:
8 die Sonne, den Tag zu regieren,
  denn seine Güte währet ewiglich;
9 den Mond und die Sterne, die Nacht zu regieren,
  denn seine Güte währet ewiglich.

10 Der die Erstgeborenen schlug in Ägypten,
   denn seine Güte währet ewiglich;
11 und führte Israel von dort heraus,
   denn seine Güte währet ewiglich;
12 mit starker Hand und ausgerecktem Arm,
   denn seine Güte währet ewiglich.
13 Der das Schilfmeer teilte in zwei Teile,
   denn seine Güte währet ewiglich;
14 und ließ Israel mitten hindurchgehen,
   denn seine Güte währet ewiglich;
15 der den Pharao und sein Heer ins Schilfmeer stieß,
   denn seine Güte währet ewiglich.

16 Der sein Volk führte durch die Wüste,
   denn seine Güte währet ewiglich.
17 Der große Könige schlug,
   denn seine Güte währet ewiglich;
18 und brachte mächtige Könige um,
   denn seine Güte währet ewiglich;
19 Sihon, den König der Amoriter,
   denn seine Güte währet ewiglich;
20 und Og, den König von Baschan,
   denn seine Güte währet ewiglich;
21 und gab ihr Land zum Erbe,
   denn seine Güte währet ewiglich;

22 zum Erbe seinem Knecht Israel,
   denn seine Güte währet ewiglich.
23 Der an uns dachte, als wir unterdrückt waren,
   denn seine Güte währet ewiglich;
24 und uns erlöste von unsern Feinden,
   denn seine Güte währet ewiglich.
25 Der Speise gibt allem Fleisch,
   denn seine Güte währet ewiglich.

26 Danket dem Gott des Himmels,
   denn seine Güte währet ewiglich.

Herr, ich bin überwältigt von deiner Liebe und Treue! Jeden Tag gibst du mir Kraft und hilfst mir. Du versorgst mich mit allem, was ich zum Leben brauche. Du schenkst mir Freude bei meiner Arbeit. Ich spüre, wie du mir nahe bist, auch in den dunklen und schweren Tagen meines Lebens. Hab Dank dafür! Keinen Moment lässt du mich alleine. Treu leitest du mich durch meinen Tag. Ich sehe die Wunder deiner Schöpfung und staune darüber. Wie wunderbar bist du! Voller Gnade vergibst du mir, wo ich mich schuldig gemacht habe. Dafür will ich dir ewig dankbar sein.

Du hast mich angenommen als dein Kind und in deine Arme darf ich mich immer flüchten, in Freud und Leid. Nur bei dir findet meine Seele Geborgenheit und tiefen Frieden. Mein Herz möchte springen vor Freude, und mein Mund ist voller Jubellieder, die ich dir singen möchte. Tag und Nacht soll dich mein Lob erfreuen. Dir allein, du großer, guter und treuer Gott, sei ewig Dank. Amen.

Psalm 137

Klage der Gefangenen zu Babel

1 An den Wassern zu Babel saßen wir und weinten,
    wenn wir an Zion gedachten.

2 Unsere Harfen hängten wir
    an die Weiden dort im Lande.

3 Denn die uns gefangen hielten,
    hießen uns dort singen
und in unserm Heulen fröhlich sein:
    »Singet uns ein Lied von Zion!«

Einst hast du, oh Gott, deine Menschen in einen Garten gesetzt: Paradies haben wir es genannt. Beschützt, geborgen und mit deinem Vertrauen beschenkt, durften sie frei unter deinen Augen darin leben und arbeiten. Dann hast du ihr Vertrauen geprüft und niemand hat die Probe bestanden.

Ach Herr, seither tragen wir dieses verlorene Paradies in unserem Herzen. Tief in uns suchen wir unablässig nach einer Heimat, aus der uns niemand mehr vertreiben kann. Herr, du weißt, wie sehr auch ich mich danach sehne, an so einem Ort der Geborgenheit leben zu dürfen. Ich danke dir für alles, was du mir jetzt schon schenkst: ein Zuhause; Menschen, für die ich wichtig bin; Aufgaben, die zu mir passen. Und doch: Wie vergänglich ist das alles! Wie schnell kann ich das, was ich liebe, verlieren! Danke, dass ich mit dieser Angst zu dir kommen darf und du selbst die Tür zu meiner ewigen Heimat bist.

Ich will dich hören

O Gott, gern will ich dich hören.
Ich bitte dich, antworte mir,
wenn ich dich demütig frage:
Was ist Wahrheit?
Mache, dass ich die Dinge sehe, wie sie sind.
Nichts soll uns blenden.

Theresia von Lisieux

Gott hört uns

„Herr, erhöre mein Gebet! Achte auf mein Flehen und
antworte mir!
Auf dich kann ich mich verlassen, denn du hältst Wort."
Psalm 143,1 (Hfa)

„Gott, der den Menschen Ohren gegeben hat –
sollte er selbst nicht hören? Er gab ihnen Augen –
sollte er selbst nicht sehen?"
Psalm 94,9 (Hfa)

„Er ruft mich an, darum will ich ihn erhören;
ich bin bei ihm in der Not,
ich will ihn herausreißen und zu Ehren bringen."
Psalm 91,15

Jesus spricht: „Bittet, so wird euch gegeben;
suchet, so werdet ihr finden; klopfet an, so wird
euch aufgetan."
Matthäus 7,7

„Und das ist die Zuversicht, die wir haben zu Gott:
Wenn wir um etwas bitten nach seinem Willen,
so hört er uns.
Und wenn wir wissen, dass er uns hört, worum
wir auch bitten,
so wissen wir, dass wir erhalten, was wir von ihm
erbeten haben."
1. Johannes 5,14–15

4 Wie könnten wir des H<small>ERRN</small> Lied singen
   in fremdem Lande?
5 Vergesse ich dich, Jerusalem,
   so verdorre meine Rechte.
6 Meine Zunge soll an meinem Gaumen kleben,
   wenn ich deiner nicht gedenke,
   wenn ich nicht lasse Jerusalem
   meine höchste Freude sein.

7 H<small>ERR</small>, vergiss den Söhnen Edom nicht, /
   was sie sagten am Tage Jerusalems:
   »Reißt nieder, reißt nieder bis auf den Grund!«
8 Tochter Babel, du Verwüsterin,
   wohl dem, der dir vergilt, was du uns angetan hast!
9 Wohl dem, der deine jungen Kinder nimmt
   und sie am Felsen zerschmettert!

Wie treu und geduldig bist du, mein Gott! Über Jahrhunderte und Jahrtausende hinweg, ja eine ganze Ewigkeit lang. Selbst wenn wir dir den Rücken zukehren, wartest du auf uns – mit offenen Armen. Was du versprichst, darauf ist Verlass. Deshalb weiß ich: Du hast Jerusalem nicht vergessen, denn du hast einen Bund mit Israel geschlossen.

Voller Zuversicht bete ich, Jesus: Wirke durch deinen Heiligen Geist! Offenbare jedem Menschen an der Klagemauer, wer du bist und dass du, der wahre Messias, lebst! Zeige den Händlern, Touristenführern und Bettlern auf den Gassen, die nur auf ein gutes Geschäft hoffen, dass du ihnen einen ewigen Schatz schenken willst. Begegne allen Menschen in ihren Träumen, die dich nur für einen guten Propheten halten. Sprich zu den Pilgern, die Steine berühren, um die Leere ihres Herzens

*zu füllen und Gnade zu finden: „Ich bin nicht hier, ich bin auf-
erstanden!" Stärke die Christen, dass sie nicht in Religiosität
gefangen sind, sondern dein Licht, deine Liebe und Freude
ausstrahlen. Schütze Jerusalem vor allen, die Böses im Sinn
haben. Befreie Menschen von Bitterkeit und Hass. Mach aus
Feinden Freunde. Bring die Verlorenen zurück zu dir.*

*Bitte erinnere mich immer wieder, für dein Volk und Jeru-
salem zu beten, und leite mich dabei. Ich kann es kaum
erwarten, bis du wiederkehrst. Dann werden wir tanzen auf
goldenen Straßen: in Jerusalem!*

Psalm 138

Dank für Gottes Hilfe

1 VON DAVID.
   Ich danke dir von ganzem Herzen,
       vor den Göttern will ich dir lobsingen.
2 Ich will anbeten vor deinem heiligen Tempel
       und deinen Namen preisen für deine Güte und Treue;
   denn du hast deinen Namen und dein Wort
       herrlich gemacht über alles.
3 Wenn ich dich anrufe, so erhörst du mich
       und gibst meiner Seele große Kraft.

4 Es danken dir, HERR, alle Könige auf Erden,
       dass sie hören das Wort deines Mundes;
5 sie singen von den Wegen des HERRN,
       dass die Herrlichkeit des HERRN so groß ist.
6 Denn der HERR ist hoch und sieht auf den Niedrigen
       und kennt den Stolzen von ferne.

7 Wenn ich mitten in der Angst wandle,
   so erquickest du mich
und reckst deine Hand gegen den Zorn meiner Feinde
   und hilfst mir mit deiner Rechten.
8 Der HERR wird meine Sache hinausführen. /
HERR, deine Güte ist ewig.
   Das Werk deiner Hände wollest du nicht lassen.

*Vater, wie oft sehe ich nur die eine Seite der Realität:
die Kämpfe und ungelösten Probleme. Menschen,
die gegen mich sind. Zweifel über die richtige Entscheidung.
Eigene Fehler und die Fehler anderer Menschen. Nöte und
Schmerzen. Es scheint alles wie ein großes Durcheinander –
wie die Unterseite eines gewebten Teppichs.*

*Aber du, Herr, du siehst die andere Seite der Realität: die
Oberseite und das ganze Bild! Du siehst, wie alles zusam-
menpasst. Du verwebst jedes Detail meines Lebens so, dass
es dich ehrt, mir und anderen Segen bringt und Teil eines
wunderbaren Musters wird.*

*Dafür preise ich dich, Vater! Deshalb will ich dir vertrauen –
trotz aller Schmerzen, trotz unbeantworteter Fragen. Denn
deine Treue ist groß. Deine Güte währt ewig und du wirst
mit mir zu deinem guten Ziel kommen. Ja, Vater, das Werk,
das du in mir begonnen hast, das wirst du auch vollenden
(Philipper 1,6).*

Psalm 139

Gott der Allwissende
und Allgegenwärtige

1 EIN PSALM DAVIDS, VORZUSINGEN.
HERR, du erforschest mich
   und kennest mich.
2 Ich sitze oder stehe auf, so weißt du es;
   du verstehst meine Gedanken von ferne.
3 Ich gehe oder liege, so bist du um mich
   und siehst alle meine Wege.
4 Denn siehe, es ist kein Wort auf meiner Zunge,
   das du, HERR, nicht schon wüsstest.
5 Von allen Seiten umgibst du mich
   und hältst deine Hand über mir.
6 Diese Erkenntnis ist mir zu wunderbar und zu hoch,
   ich kann sie nicht begreifen.

7 Wohin soll ich gehen vor deinem Geist,
   und wohin soll ich fliehen vor deinem Angesicht?
8 Führe ich gen Himmel, so bist du da;
   bettete ich mich bei den Toten, siehe, so bist du auch da.
9 Nähme ich Flügel der Morgenröte
   und bliebe am äußersten Meer,
10 so würde auch dort deine Hand mich führen
   und deine Rechte mich halten.
11 Spräche ich: Finsternis möge mich decken
   und Nacht statt Licht um mich sein –,
12 so wäre auch Finsternis nicht finster bei dir,
   und die Nacht leuchtete wie der Tag. Finsternis ist wie
   das Licht.

Wo ich auch stehe, mein Gott, am Morgen des Tages, in der Hitze des Mittags, in der Finsternis der Nacht – du bist da. Du stehst zu mir. Du verstehst meine Gedanken und meine Not. Auch wenn ich mich selbst nicht verstehe, du stehst zu mir. Von Herzen bin ich dankbar dafür.

Wohin ich auch sehe, mein Gott, in die Tiefe meiner Seele auf der Suche nach Frieden, auf der Suche nach mir, nach dir – du bist da. Du siehst mich mit Augen der Liebe an. Nichts ist dir verborgen. Du richtest mich auf. In deinen Augen bin ich wertvoll. Das macht mein Leben reich.

Wohin ich auch gehe, mein Gott, wenn meine Sehnsucht, mein Hunger nach Leben, mich auf die Reise schickt bis ans Ende der Welt – du bist da. Du erfüllst den Raum, die Zeit, meine Träume und Wünsche. Du kommst in meine kleine Welt, geheimnisvoll und doch ganz nah. Ich staune und bete dich an.

13 Denn du hast meine Nieren bereitet
    und hast mich gebildet im Mutterleibe.
14 Ich danke dir dafür,
    dass ich wunderbar gemacht bin;
    wunderbar sind deine Werke;
    das erkennt meine Seele.
15 Es war dir mein Gebein nicht verborgen, /
    als ich im Verborgenen gemacht wurde,
    als ich gebildet wurde unten in der Erde.
16 Deine Augen sahen mich,
    als ich noch nicht bereitet war,
    und alle Tage waren in dein Buch geschrieben,
    die noch werden sollten und von denen keiner da war.

17 Aber wie schwer sind für mich, Gott, deine Gedanken!
   Wie ist ihre Summe so groß!
18 Wollte ich sie zählen, so wären sie mehr als der Sand:
   Am Ende bin ich noch immer bei dir.

19 Ach Gott, wolltest du doch die Gottlosen töten!
   Dass doch die Blutgierigen von mir wichen!
20 Denn sie reden von dir lästerlich,
   und deine Feinde erheben sich mit frechem Mut.
21 Sollte ich nicht hassen, HERR, die dich hassen,
   und verabscheuen, die sich gegen dich erheben?
22 Ich hasse sie mit ganzem Ernst;
   sie sind mir zu Feinden geworden.

23 Erforsche mich, Gott, und erkenne mein Herz;
   prüfe mich und erkenne, wie ich's meine.
24 Und sieh, ob ich auf bösem Wege bin,
   und leite mich auf ewigem Wege.

⤳

Gott, mein Schöpfer, du bringst mich ins Staunen! Bereits ganz am Anfang meines Lebens warst du schon kreativ an mir wirksam. In den neun Monaten, als ich im Bauch meiner Mutter heranwuchs, hast du mich gestaltet. Durch die permanente Zellteilung hast du mir ganz allmählich meine Gestalt gegeben. Das Wunder meiner Menschwerdung. Schon damals wusstest du, welche Anteile vom Erbgut meiner Mutter und meines Vaters in mir maßgeblich sein würden. Der Schutzraum im Mutterleib ist deine Erfindung. Du hast mich schon gekannt, als nur Röntgenstrahlen meine Existenz bewiesen. Du Schöpfergott hast mich in diese Welt gebracht.

*Alle meine Begabungen habe ich von dir empfangen. Du hast
mir Wert und Würde und eine Berufung gegeben. Du hast
hineingesprochen in mein Leben: „Es werde!" Und hier bin
ich. Du hast mir das Siegel deiner Gottesliebe aufgedrückt.
Nach deinem Willen will ich leben, will meine Gaben
entfalten und helfen, dein Reich auszubreiten in dieser Welt.
Danke, dass es keinen Augenblick in meinem Leben gibt,
den du nicht gesehen hast. Amen.*

Psalm 140

**Bitte um Rettung
vor boshaften Feinden**

1 EIN PSALM DAVIDS, VORZUSINGEN.
2 Errette mich, HERR, von den bösen Menschen;
　　behüte mich vor den Gewalttätigen,
3 die Böses planen in ihrem Herzen
　　und täglich Streit erregen.
4 Sie haben scharfe Zungen wie Schlangen,
　　Otterngift ist unter ihren Lippen. SELA.
5 Bewahre mich, HERR, vor der Hand der Gottlosen;
　　behüte mich vor den Gewalttätigen,
　　die mich zu Fall bringen wollen.
6 Die Hoffärtigen legen mir Schlingen /
　　und breiten Stricke aus zum Netz
　　und stellen mir Fallen auf den Weg. SELA.

Ach Herr, wie gut tut es, dass in den Psalmen oft geklagt wird! Auch ich möchte dir heute mein Leid klagen. Das Böse in dieser Welt macht mich manchmal regelrecht kaputt. Es nagt an mir, dass es Menschen gibt, die es nicht gut mit anderen und mir meinen: Neid, Eifersucht, Mobbing, Lästerei … Ich weiß, auch ich habe manches Mal mitgemacht. Aber ich will das nicht mehr. Ich bete von Herzen wie David: „Errette mich, Herr, von den bösen Menschen; behüte mich vor den Gewalttätigen!"

Es tut mir gut, dass du mich jedes Mal innerlich stärkst, wenn ich mich angegriffen fühle – sei es von Arbeitskollegen, Freunden, Nachbarn oder Verwandten. Ich stelle mir vor, wie du mir dann aufmunternd zulächelst.

Herr, errette mich! Schenk mir Weisheit und Kraft, mit solchen Situationen umzugehen. Und hilf, dass die Frucht des Heiligen Geistes in meinem Leben sichtbar wird: Liebe, Barmherzigkeit, Freude, Friede, Geduld, Güte, Treue, Besonnenheit und Sanftmut. Amen.

Der Gott aller Gnade

Der Gott aller Gnade aber,
der euch berufen hat
zu seiner ewigen Herrlichkeit in Christus Jesus,
der wird euch, die ihr eine kleine Zeit leidet,
aufrichten, stärken, kräftigen, gründen.
Ihm sei die Macht von Ewigkeit zu Ewigkeit!
Amen.

1. Petrus 5,10–11

In Trauer und Leid

„Wenn mir gleich Leib und Seele verschmachtet,
so bist du doch, Gott, allezeit meines Herzens Trost
und mein Teil."

Psalm 73,26

„Und ob ich schon wanderte im finstern Tal,
fürchte ich kein Unglück;
denn du bist bei mir, dein Stecken und
Stab trösten mich."

Psalm 23,4

„Gelobt sei Gott, der Vater unseres Herrn Jesus Christus,
der Vater der Barmherzigkeit und Gott allen Trostes,
der uns tröstet in aller unserer Trübsal, damit wir auch
trösten können, die in allerlei Trübsal sind, mit dem Trost,
mit dem wir selber getröstet werden von Gott."

2. Korinther 1,3–4

„Gott wird abwischen alle Tränen von ihren Augen,
und der Tod wird nicht mehr sein, noch Leid noch
Geschrei noch Schmerz wird mehr sein; denn das Erste
ist vergangen."

Offenbarung 21,4

7 Ich aber sage zum Herrn: Du bist mein Gott;
 Herr, vernimm die Stimme meines Flehens!
8 Herr, meine starke Hilfe,
 du beschirmst mein Haupt zur Zeit des Streits.
9 Herr, gib dem Gottlosen nicht, was er begehrt!
 Was er sinnt, lass nicht gelingen, sie könnten sich sonst
 überheben. SELA.
10 Das Unglück, über das meine Feinde beraten,
 komme über sie selber.
11 Er möge feurige Kohlen über sie schütten;
 er möge sie stürzen in Gruben, dass sie nicht mehr aufstehen.
12 Ein böses Maul wird kein Glück haben auf Erden;
 ein frecher, böser Mensch wird verjagt und gestürzt werden.
13 Denn ich weiß, dass der Herr des Elenden Sache führen
 und den Armen Recht schaffen wird.
14 Ja, die Gerechten werden deinen Namen preisen,
 und die Frommen werden vor deinem Angesicht bleiben.

Himmlischer Vater, das Leben ist so laut! Manchmal fällt es mir schwer zu glauben, dass überhaupt noch jemand etwas hört. Ich mache einen Anruf, doch niemand geht ans Telefon. Ich erzähle meinem Mann von einem Erlebnis, doch wir werden von den Kindern unterbrochen. Ich bitte um einen Termin bei meinem Chef, doch dessen Terminkalender ist zu voll. Und so verhallen meine Worte oft, bevor sie den Adressaten überhaupt erreichen. Dabei sehne ich mich so sehr danach, gehört zu werden!

Doch du, Herr, bist anders. Du schläfst nicht, telefonierst nicht, bist nie unaufmerksam oder zu beschäftigt. Wenn ich mit meinem vollen Herzen zu dir komme, empfängst du mich mit offenen Armen – als hättest du nur darauf gewartet, meine Geschichte zu hören. Und mehr: Du liest zwischen den Zeilen; weißt, was ich nicht ausspreche; verstehst, wofür ich keine Worte finde. Von dir gehört und dabei geliebt zu werden, ist das, was ich brauche. Bei dir kommt mein Herz zur Ruhe. Hab Dank dafür!

Psalm 141

Bitte um Bewahrung

1   EIN PSALM DAVIDS.
    HERR, ich rufe zu dir, eile zu mir;
      vernimm meine Stimme, wenn ich dich anrufe.

2 Mein Gebet möge vor dir gelten als ein Räucheropfer,
      das Aufheben meiner Hände als ein Abendopfer.

3 HERR, behüte meinen Mund
      und bewahre meine Lippen!

4 Neige mein Herz nicht zum Bösen, /
  gottlos zu leben mit den Übeltätern;
      ich mag nicht essen von ihren leckeren Speisen.

Wieder zu viel gesagt! Zu viel Kritik, zu viel Geschrei, zu viele Worte, die wehtun wie Nadelstiche. Aus meinem Mund kommt so vieles, was andere verletzt. Ich liebe sie – meine Familie, meine Freunde –, und doch füge ich ihnen Wunden zu, die ich mit meiner Zunge schlage. Ich sage Sätze, die sich tief in ihre Herzen und Seelen bohren und dort Unheil anrichten.

*Herr, rette mich vor mir selbst! Hilf mir, deine liebende Hand
vor meinem Mund wahrzunehmen, die ihn verschließen will,
wenn ich schweigen sollte. Und gib mir den Mut, meinen
Mund zu öffnen, wenn ich Segen bringen kann. Verändere
du mein Herz und mach es zu einer Quelle, die Gutes hervorbringt: Freundlichkeit, Hoffnung, Ermutigung, Liebe und
Zuversicht. Ich weiß, dass nur das aus meinem Mund hervor-
sprudelt, was in meinem Innersten ist. Mach du mein Herz
zu einer Goldgrube, die Schätze an andere weitergibt. Alles,
Herr, was ich sage, soll zu deiner Ehre und Freude sein.*

5   Der Gerechte schlage mich freundlich und weise mich zurecht;
    das wird mir wohltun wie Balsam auf dem Haupte.
  Mein Haupt wird sich dagegen nicht wehren.
    Doch ich bete stets, dass jene mir nicht Schaden tun.
6   Ihre Anführer sollen hinabgestürzt werden vom Felsen;
    dann wird man merken, wie richtig meine Worte gewesen
    sind.
7   Ihre Gebeine werden zerstreut bis zur Pforte des Todes,
    wie wenn einer das Land pflügt und zerwühlt.
8   Ja, auf dich, HERR, sehen meine Augen;
    ich traue auf dich, gib mich nicht in den Tod dahin.
9   Bewahre mich vor der Schlinge, die sie mir gelegt haben,
    und vor der Falle der Übeltäter.
10 Die Gottlosen sollen miteinander in ihr eigenes Netz fallen;
    mich aber lass entrinnen.

*Herr über Zeit und Ewigkeit! Mit jedem Tag, den ich
erlebe, komme ich deiner Ewigkeit einen Schritt
näher. Ich will nicht länger auf meine Sorgen und Probleme
sehen, sondern auf dich. Danke, dass du meine Stimme hörst.*

*Schon morgens, wenn ich aufwache, will ich zuerst an
dich denken, bevor meine Augen etwas anderes entdecken.
Abends, wenn ich die Augen schließe, hilf mir bitte, meinen
inneren Blick auf dich zu richten. Wenn ich auf dich sehe,
spüre ich deine Nähe. Du bist mein Zufluchtsort; bei dir bin
ich geborgen. Wem sollte ich vertrauen? Menschen haben
mich schon oft enttäuscht, aber bei dir bin ich sicher. Ich
brauche deinen Schutz und deine Bewahrung. Du hältst
mein Leben in deiner Hand. Halte mich fest, wenn meine
Tage schwinden, und führe mich sicher auf dem Weg zu dir.*

Psalm 142

Hilferuf in schwerer Bedrängnis

1 EINE UNTERWEISUNG DAVIDS, ALS ER IN DER HÖHLE WAR,
EIN GEBET.

2 Ich schreie zum HERRN mit meiner Stimme,
ich flehe zum HERRN mit meiner Stimme.

3 Ich schütte meine Klage vor ihm aus
und zeige an vor ihm meine Not.

4 Wenn mein Geist in Ängsten ist,
so nimmst du dich meiner an.
Sie legen mir Schlingen
auf dem Wege, den ich gehe.

5 Schau zur Rechten und sieh:
da will niemand mich kennen.
Ich kann nicht entfliehen,
niemand nimmt sich meiner an.

Mein Vater im Himmel, im Moment wird mir einfach alles zu viel! Ich fühle mich so hilflos und traurig. Alle scheinen gegen mich zu sein. Ich werde gemobbt und sehe keinen Ausweg. Herr, schau doch, wie sie mich fertigmachen, mich einfach ignorieren! Aber was soll ich denn tun? Ich kann doch nicht weglaufen! Ich bin wirklich ratlos.

Und doch weiß ich, dass du meinen Lebensweg kennst, mich ständig siehst, dass dir nichts entgeht. Und wenn alle sich gegen mich verbünden, will ich daran denken, wie du mich liebst und wie oft du mir schon geholfen hast. Treuer Vater, du allein kannst mir noch helfen. Du bist da, auch wenn alle mich im Stich lassen. Darum schreie ich in meiner Not auch jetzt: „Herr, hilf mir!" Danke, dass du mich hörst und gewiss antworten wirst. Amen.

6 HERR, zu dir schreie ich und sage: /
Du bist meine Zuversicht,
    mein Teil im Lande der Lebendigen.
7 Höre auf meine Klage,
    denn ich werde sehr geplagt.
Errette mich von meinen Verfolgern,
    denn sie sind mir zu mächtig.
8 Führe mich aus dem Kerker,
    dass ich preise deinen Namen.
Die Gerechten werden sich zu mir sammeln,
    wenn du mir wohltust.

*O*h Herr, ich bin so traurig. Doch niemand hat Verständnis außer dir! Es ist eng und dunkel in meinem Herzen. Doch niemand sieht es außer dir! Ich schreie meine Not gen Himmel: meine quälende Angst und Sorge, meine deprimierende Bedrängnis, meinen lähmenden Schmerz, meine bittere Enttäuschung. Wenn mich auch sonst niemand hört, du, mein Gott, hast ein Ohr für meine Klagen! Du, gnädiger Gott, kennst meine Situation und leuchtest mir in deiner Güte einen hellen Weg aus der dunklen Sackgasse.

Auch wenn meine Welt auseinanderfällt, wenn die zentnerschwere Last mich fast erdrückt, wenn der Schmerz mich überwältigt und die Ungerechtigkeit mich ohnmächtig macht – du, allmächtiger Gott, bist meine Hoffnung! An deiner wundervollen Gnade und bedingungslosen Liebe halte ich mich fest. Mein Körper und mein Herz mögen verzagen, doch ich vertraue dir. Denn du bist meine Stärke. Du allein bist meine Zuflucht und meine Hoffnung, ewiger Vater!

Steh mir bei

Allmächtiger, ewiger Gott!
Wie ist es nur ein Ding um die Welt!
Wie sperrt sie den Leuten die Mäuler auf!
Wie klein und gering ist das Vertrauen der
Menschen auf Gott!
Wie ist das Fleisch so schwach und der Teufel
so gewaltig!
Du, mein Gott, steh du mir bei, wider die Vernunft
und Weisheit der Welt!
Steh mir bei, du treuer, ewiger Gott!
Ich verlasse mich auf keinen Menschen.
Es ist umsonst und vergebens, es hinkt alles,
was fleischlich ist.
Steh mir bei in dem Namen deines lieben Sohnes
Jesu Christi,
der mein Schutz und Schirm ist, ja meine feste Burg.

Martin Luther

Gott ist treu

Gott spricht: „Ich bin der Herr,
der barmherzige und gnädige Gott.
Meine Geduld ist groß, meine Liebe
und Treue kennen kein Ende!"

2. Mose 34,6 (Hfa)

„Denn Gott ist treu, durch den ihr berufen seid
zur Gemeinschaft seines Sohnes Jesus Christus,
unseres Herrn."

1. Korinther 1,9

„Sind wir untreu, bleibt er treu, denn er kann sich
selbst nicht untreu werden."

2. Timotheus 2,13 (Hfa)

„Aber Gott ist treu, der euch nicht versuchen lässt
über eure Kraft, sondern macht, dass die Versuchung
so ein Ende nimmt, dass ihr's ertragen könnt."

1. Korinther 10,13

„Ich bin darin guter Zuversicht, dass der in euch
angefangen hat das gute Werk,
der wird's auch vollenden bis an den Tag Christi Jesu."

Philipper 1,6

Psalm 143

Bitte um Verschonung und Leitung
(Der siebente Bußpsalm)

1 EIN PSALM DAVIDS.

HERR, erhöre mein Gebet, /
vernimm mein Flehen um deiner Treue willen,
   erhöre mich um deiner Gerechtigkeit willen,

2 und **geh nicht ins Gericht mit deinem Knecht;**
   denn vor dir ist kein Lebendiger gerecht.

3 Denn der Feind verfolgt meine Seele
   und schlägt mein Leben zu Boden,
er legt mich ins Finstere
   wie die, die lange schon tot sind.

4 Und mein Geist ist in Ängsten,
   mein Herz ist erstarrt in meinem Leibe.

5 Ich denke an die früheren Zeiten; /
ich sinne nach über all deine Taten
   und spreche von den Werken deiner Hände.

6 Ich breite meine Hände aus zu dir,
   meine Seele dürstet nach dir wie ein dürres Land. SELA.

7 HERR, erhöre mich bald, mein Geist vergeht;
   verbirg dein Antlitz nicht vor mir,
dass ich nicht gleich werde denen,
   die in die Grube fahren.

8 Lass mich am Morgen hören deine Gnade;
   denn ich hoffe auf dich.
Tu mir kund den Weg, den ich gehen soll;
   denn mich verlangt nach dir.

9 Errette mich, mein Gott, von meinen Feinden;
   zu dir nehme ich meine Zuflucht.

10 Lehre mich tun nach deinem Wohlgefallen, /
   denn du bist mein Gott;
      dein guter Geist führe mich auf ebner Bahn.
11 HERR, erquicke mich um deines Namens willen;
      führe mich aus der Not um deiner Gerechtigkeit willen,
12 und vernichte meine Feinde um deiner Güte willen
      und bringe alle um, die mich bedrängen; denn ich bin
      dein Knecht.

*Gnädiger Gott, neige dein Ohr zu mir und höre meine
Bitte. Denn schon am Morgen, wenn ich erwache,
denke ich an deine Güte. Du bist ein gnädiger Gott, deshalb
gehe ich voller Hoffnung und Zuversicht in diesen neuen
Tag. Ich vertraue auf dich und an deiner Seite fühle ich mich
geborgen. Du hältst mich an der Hand. Mit dir zusammen
werde ich den Weg gehen, den du mich sicher führst.*

*Wenn mich Unsicherheit und Zweifel umgeben, wende dich
mir zu! Auf deine Gnade vertraue ich. Nach deiner Weisung
sehne ich mich und deine Gegenwart ist mir sehr kostbar.
Wo ist ein Gott so wie du? Du machst meine Schritte fest,
bei dir bin ich sicher.*

Psalm 144

Gebet um Rettung und Wohlstand

1 VON DAVID.

Gelobt sei der HERR, mein Fels,
    der meine Hände kämpfen lehrt
und meine Fäuste, Krieg zu führen,

2 meine Hilfe und meine Burg,
    mein Schutz und mein Erretter,
mein Schild, auf den ich traue,
    der Völker unter mich zwingt.

3 HERR, was ist der Mensch, dass du dich seiner annimmst,
    und des Menschen Kind, dass du ihn so beachtest?

4 Ist doch der Mensch gleich wie nichts;
    seine Zeit fährt dahin wie ein Schatten.

5 HERR, neige deinen Himmel und fahre herab;
    rühre die Berge an, dass sie rauchen.

6 Sende Blitze und streue sie aus, /
schick deine Pfeile und jage sie dahin,

7 streck aus deine Hand von der Höhe.
    ERLÖSE MICH UND ERRETTE MICH AUS GROSSEN WASSERN,
        AUS DER HAND DER FREMDEN,

8 DEREN MUND UNNÜTZ REDET
    UND DEREN RECHTE HAND TRÜGT.

9 Gott, ich will dir ein neues Lied singen,
    ich will dir spielen auf dem Psalter von zehn Saiten,

10 der du den Königen Sieg gibst
    und erlösest deinen Knecht David vom mörderischen Schwert.

11 ERLÖSE MICH UND ERRETTE MICH
    AUS DER HAND DER FREMDEN,

DEREN MUND FALSCHES REDET
UND DEREN RECHTE HAND TRÜGT.

E in neues Lied will ich mir ausdenken, das ich für
dich singe. Eine neue Geschichte will ich damit
erzählen, Gott, darüber, wie unglaublich und überraschend
du in meinem Leben gehandelt hast:

Wie du dafür gesorgt hast, dass ich dich kennenlerne.

Wie du mir hilfst zu entdecken, was in mir steckt.

*Wie du mir durch deine Lebensregeln ein sicheres
Fundament gibst.*

Wie du mir hilfst, Fehler zu erkennen und einzugestehen.

Wie du mich liebst, sodass ich andere lieben kann.

*Wie du deine guten Gedanken meinen bedrückenden
Gedanken gegenüberstellst.*

Wie du mich begleitest, sodass ich mich nicht einsam fühle.

*Ein Lied, das dich erfreut und mich bestärkt. Ein Lied,
das andere, die es hören, tröstet und aufrichtet.*

12 Unsere Söhne seien wie Pflanzen, /
    die aufschießen in ihrer Jugendkraft –
        unsere Töchter wie Säulen, geschnitzt für Paläste –
13 unsere Kammern gefüllt,
        dass sie Vorrat geben, einen nach dem andern –

unsere Schafe, dass sie Tausende werfen
und Zehntausende auf unsern Triften –
14 unsere Rinder, dass sie tragen ohne Schaden und Verlust –
und kein Klagegeschrei sei auf unsern Gassen. –
15 Wohl dem Volk, dem es so ergeht!
Wohl dem Volk, dessen Gott der HERR ist!

Herr, ich staune über deine Schöpferkraft und Fürsorge! Im Frühling sehe ich das helle Grün der Bäume, wie es aus den kahlen Ästen sprießt. Die Farbenpracht der Blumen und ihr Duft überwältigen mich. Im Sommer erfreust du mich mit den warmen Strahlen der Sonne und den Früchten, die du wachsen lässt. Danke für das herrliche Aroma von Erdbeeren und Kirschen, für den Geschmack der Kartoffel und des knackigen Apfels. Im Herbst begeisterst du mich mit der Farbenpracht des Waldes. Und im Winter berührst du mein Herz mit den glitzernden Kristallen der Schneeflocken.

Aber nicht nur Bäume und Blumen hast du geschaffen, sondern auch die vielen Tiere. Betrachte ich einen kleinen Spatzen, sehe ich deine Fürsorge. Deshalb kann ich unbesorgt und ruhig sein, denn ich weiß, dass du auch auf mich achtest.

Wunderbarer Gott, danke, dass es jetzt Nacht wird! Nun kann ich mich ausruhen und getrost schlafen legen. Du, der du die Sterne im Blick hast und achtgibst, dass keiner aus seiner Bahn fällt, du wachst jetzt über mir. Wie gut ist es, dich zu kennen!

Psalm 145

Gottes ewige Güte

1 EIN LOBLIED DAVIDS.
Ich will dich erheben, mein Gott, du König,
und deinen Namen loben immer und ewiglich.

2 Ich will dich täglich loben
und deinen Namen rühmen immer und ewiglich.

3 Der HERR ist groß und sehr zu loben,
und seine Größe ist unausforschlich.

4 Kindeskinder werden deine Werke preisen
und deine gewaltigen Taten verkündigen.

5 Sie sollen reden von deiner hohen, herrlichen Pracht
und deinen Wundern nachsinnen;

6 sie sollen reden von deinen mächtigen Taten
und erzählen von deiner Herrlichkeit;

7 sie sollen preisen deine große Güte
und deine Gerechtigkeit rühmen.

Lieber Herr, wie gut tut es, über dich nachzudenken! Darum will ich es auch heute tun. Ich will mir neu vor Augen stellen, was du schon alles in meinem Leben getan hast. Will mein Herz neu von deiner Liebe und Güte berühren lassen, mit denen du mich jeden Tag umgibst. Wie viele kleine und große Wunder habe ich schon erlebt! Wie oft hast du mich schon aus Situationen gerettet, aus denen ich keinen Ausweg mehr fand. Wie viele meiner Wunden sind in deiner Gegenwart schon heil geworden. Und mit welcher Treue gehst du mir nach – selbst in Zeiten, in denen ich mein Herz vor dir verschließe.

Dafür will ich dir mit meinem ganzen Leben danken, Herr,
und anderen davon erzählen. Lass meine Worte anderen
Mut machen, dir zu vertrauen – denn du bist vertrauenswür-
dig. Lass meinen Mund überströmen mit Lob für dich – denn
du bist lobenswert. Dich und deine Liebe will ich immer neu
bestaunen. An deine Treue und dein machtvolles Eingreifen
will ich mich immer wieder erinnern – und allen sagen, was
du mir bedeutest.

8 Gnädig und barmherzig ist der HERR,
   geduldig und von großer Güte.
9 Der HERR ist allen gütig
   und erbarmt sich aller seiner Werke.
10 Es sollen dir danken, HERR, alle deine Werke
   und deine Heiligen dich loben
11 und die Ehre deines Königtums rühmen
   und von deiner Macht reden,
12 dass den Menschen deine gewaltigen Taten kundwerden
   und die herrliche Pracht deines Königtums.
13 Dein Reich ist ein ewiges Reich,
   und deine Herrschaft währet für und für.

   Der HERR ist getreu in all seinen Worten
   und gnädig in allen seinen Werken.*
14 Der HERR hält alle, die da fallen,
   und richtet alle auf, die niedergeschlagen sind.
15 Aller Augen warten auf dich,
   und du gibst ihnen ihre Speise zur rechten Zeit.
16 Du tust deine Hand auf
   und sättigst alles, was lebt, nach deinem Wohlgefallen.

* Die zweite Hälfte dieses Verses, die nur in einem Teil der Handschriften überliefert ist,
   stellt den N-Vers des im Hebräischen nach dem ABC geordneten Psalms dar.

17 Der HERR ist gerecht in allen seinen Wegen
   und gnädig in allen seinen Werken.
18 **Der HERR ist nahe allen, die ihn anrufen,**
   allen, die ihn ernstlich anrufen.
19 Er tut, was die Gottesfürchtigen begehren,
   und hört ihr Schreien und hilft ihnen.
20 Der HERR behütet alle, die ihn lieben,
   und wird vertilgen alle Gottlosen.
21 Mein Mund soll des HERRN Lob verkündigen,
   und alles Fleisch lobe seinen heiligen Namen immer
   und ewiglich.

Wie dankbar bin ich dir, dass ich dich kennen darf, du mein Gott! Ich staune über deine Zuneigung zu mir kleinem und schwachem Menschen. Als hättest du gerade auf mich gewartet, so kommt es mir manchmal vor. Dabei bist du doch so viel größer als ich, so viel größer, als ich mir vorstellen kann! Und doch bist du an meiner Seite mit einer Zuverlässigkeit, bei der mir fast schwindelig wird. Dein Ohr ist an meinem Mund, deine Gedanken sind bei meinem Herzen, deine Hand ist ausgestreckt zur Hilfe. Ich kann nur staunen. So viel Liebe, so viel Herzlichkeit, so viel Hingabe – ich danke dir. Alle Tage möchte ich mich daran freuen und davon reden, alle Tage darauf vertrauen, dass du mir wohlgesonnen bleibst. Mein Gott und Herr, erhalte mir diese Freude und Zuversicht. Amen.

Christus, Sohn des lebendigen Gottes

O Christus, Sohn des lebendigen Gottes,
mögen uns deine heiligen Engel im Schlafe behüten,
mögen sie über uns wachen, wenn wir ruhen,
und ringsum an unseren Betten stehen.

Möge unsere Ruhe nicht gestört werden
und keine Albträume unsere Gedanken verdunkeln.
Mögen keine Ängste oder Sorgen unsere nötige,
schnelle Rast verzögern.

Möge die Tugend unseres Tagewerks unsere
nächtlichen Gebete heiligen.
Mögen wir tief und lieblich schlafen,
um danach frisch und fleißig die Arbeit zu tun.
In Frieden lege ich mich nieder und schlafe ein;
denn du allein, Herr, lässt mich sorglos ruhen.

Aidan

Bei Selbstverurteilung

„Wenn wir aber unsre Sünden bekennen, so ist er treu und gerecht, dass er uns die Sünden vergibt und reinigt uns von aller Ungerechtigkeit."

1. Johannes 1,9

„Gedenke nicht der Sünden meiner Jugend und meiner Übertretungen, gedenke aber meiner nach deiner Barmherzigkeit, HERR, um deiner Güte willen!"

Psalm 25,7

„So gibt es nun keine Verdammnis für die, die in Christus Jesus sind. Denn das Gesetz des Geistes, der lebendig macht in Christus Jesus, hat dich frei gemacht von dem Gesetz der Sünde und des Todes."

Römer 8,1–2

„Daran erkennen wir, dass wir aus der Wahrheit sind, und können unser Herz vor ihm damit zum Schweigen bringen, dass, wenn uns unser Herz verdammt, Gott größer ist als unser Herz und erkennt alle Dinge."

1. Johannes 3,19–20

„Wer will die Auserwählten Gottes beschuldigen? Gott ist hier, der gerecht macht. Wer will verdammen? Christus Jesus ist hier, der gestorben ist, ja vielmehr, der auch auferweckt ist, der zur Rechten Gottes ist und uns vertritt."

Römer 8,33–34

Psalm 146

Gottes ewige Treue

1 Halleluja!
Lobe den HERRN, meine Seele! /
2 Ich will den HERRN loben, solange ich lebe,
und meinem Gott lobsingen, solange ich bin.
3 Verlasset euch nicht auf Fürsten;
sie sind Menschen, die können ja nicht helfen.
4 Denn des Menschen Geist muss davon, /
und er muss wieder zu Erde werden;
dann sind verloren alle seine Pläne.

5 Wohl dem, dessen Hilfe der Gott Jakobs ist,
der seine Hoffnung setzt auf den HERRN, seinen Gott,
6 der Himmel und Erde gemacht hat,
das Meer und alles, was darinnen ist;
der Treue hält ewiglich, /
7 der Recht schafft denen, die Gewalt leiden,
der die Hungrigen speiset.

Der HERR macht die Gefangenen frei.
8 Der HERR macht die Blinden sehend.
Der HERR richtet auf, die niedergeschlagen sind.
Der HERR liebt die Gerechten.
9 Der HERR behütet die Fremdlinge /
und erhält Waisen und Witwen;
aber die Gottlosen führt er in die Irre.

10 Der HERR ist König ewiglich,
dein Gott, Zion, für und für.
Halleluja!

*H*err meines Lebens, ich danke dir, dass du mich
ans Ende dieses Tages gebracht hast. Danke für
die Gelegenheit, dir zu dienen. Danke für meine Familie,
die auch mir dient und mir hilft.

Danke für den Segen deiner liebenden Gnade! Vergib mir um
Jesu willen alle Sünden, die ich heute begangen habe. Schenk
mir Frieden, während ich mich schlafen lege.

Ich danke dir, dass du mir so nahe bist – auch wenn ich dich
nicht sehe. Eines Tages werde ich dich sehen, wenn mein
Leben auf dieser Erde vorüber ist. Bis dahin will ich nicht
aufhören, dich zu preisen – bis zu meinem letzten Atemzug! Egal, wie es mir geht, ich will dir vertrauen und deinen
Namen preisen. Du bist mein Helfer. Du kennst meine Not;
weißt, wie sehr ich dich brauche. Danke, dass du absolut
verlässlich bist und alle deine Verheißungen erfüllen wirst.
In dieser Gewissheit kann ich beruhigt schlafen. Danke, dass
ich in dir geborgen bin.

Psalm 147

Gottes Walten in der Schöpfung und in Israels Geschichte

1 Halleluja!
Lobet den HERRN! /
Denn unsern Gott loben, das ist ein köstlich Ding,
ihn loben ist lieblich und schön.

2 Der HERR baut Jerusalem auf
 und bringt zusammen die Verstreuten Israels.

3 Er heilt, die zerbrochenen Herzens sind,
 und verbindet ihre Wunden.

4 Er zählt die Sterne
 und nennt sie alle mit Namen.

5 Unser Herr ist groß und von großer Kraft,
 und unbegreiflich ist, wie er regiert.

6 Der HERR richtet die Elenden auf
 und stößt die Gottlosen zu Boden.

7 Singt dem HERRN ein Danklied
 und lobt unsern Gott mit Harfen,

8 der den Himmel mit Wolken bedeckt /
 und Regen gibt auf Erden;
  der Gras auf den Bergen wachsen lässt,

9 der dem Vieh sein Futter gibt,
 den jungen Raben, die zu ihm rufen.

10 Er hat keine Freude an der Stärke des Rosses
 und kein Gefallen an den Schenkeln des Mannes.

11 Der HERR hat Gefallen an denen, die ihn fürchten,
 die auf seine Güte hoffen.

12 Preise, Jerusalem, den HERRN;
 lobe, Zion, deinen Gott!

13 Denn er macht fest die Riegel deiner Tore
 und segnet deine Kinder in deiner Mitte.

14 Er schafft deinen Grenzen Frieden
 und sättigt dich mit dem besten Weizen.

15 Er sendet sein Gebot auf die Erde,
 sein Wort läuft schnell.

16 Er gibt Schnee wie Wolle,
 er streut Reif wie Asche.

17 Er wirft seine Schloßen herab wie Brocken;
   wer kann bleiben vor seinem Frost?
18 Er sendet sein Wort, da schmilzt der Schnee;
   er lässt seinen Wind wehen, da taut es.
19 Er verkündigt Jakob sein Wort,
   Israel seine Gebote und sein Recht.
20 So hat er an keinem Volk getan;
   sein Recht kennen sie nicht.
   Halleluja!

Lieber Herr Jesus, an diesem Abend will ich dir meinen Dank bringen. Du bist der beste Arzt und Seelsorger, den ich mir vorstellen kann. Du heilst mein Herz, das im Laufe meines Lebens viele Verletzungen erfahren hat. Herr, wie du die gewaltigen Sterne gezählt hast und mit Namen kennst, so zählst und kennst du auch jede Träne, die ich je vergossen habe. Du bist mein Schöpfer und der Schöpfer aller Menschen. Immer wieder schaffst du Neues. So schaffe auch in mir ein neues Herz!

Mein lieber Vater, du versorgst mich, wie nur du es kannst. Nichts ist unwichtig für dich, weder ein Haar auf meinem Kopf noch ein Gedanke, der mir Kummer macht. Du kümmerst dich um alles. Deshalb kann ich mich unbeschwert zum Schlafen niederlegen.

So wie du Jerusalem herrlich machst, so lässt du in meinem Leben etwas Herrliches entstehen. Ich will dir vertrauen und auch morgen auf deine Hilfe hoffen.

Psalm 148

Gottes Lob im Himmel und auf Erden

1 Halleluja!
 Lobet im Himmel den HERRN,
  lobet ihn in der Höhe!
2 Lobet ihn, alle seine Engel,
  lobet ihn, all sein Heer!
3 Lobet ihn, Sonne und Mond,
  lobet ihn, alle leuchtenden Sterne!
4 Lobet ihn, ihr Himmel aller Himmel
  und ihr Wasser über dem Himmel!
5 Die sollen loben den Namen des HERRN;
  denn er gebot, da wurden sie geschaffen.
6 Er lässt sie bestehen für immer und ewig;
  er gab eine Ordnung, die dürfen sie nicht überschreiten.

7 Lobet den HERRN auf Erden,
  ihr großen Fische und alle Tiefen des Meeres,
8 Feuer, Hagel, Schnee und Nebel,
  Sturmwinde, die sein Wort ausrichten,
9 ihr Berge und alle Hügel,
  fruchttragende Bäume und alle Zedern,
10 ihr Tiere und alles Vieh,
  Gewürm und Vögel,
11 ihr Könige auf Erden und alle Völker,
  Fürsten und alle Richter auf Erden,
12 Jünglinge und Jungfrauen,
  Alte mit den Jungen!

13 Die sollen loben den Namen des HERRN;
	denn sein Name allein ist hoch,
seine Herrlichkeit reicht, so weit Himmel und Erde ist.
14 Er erhöht die Macht seines Volkes.
	Alle seine Heiligen sollen loben,
		die Kinder Israel, das Volk, das ihm dient.
		Halleluja!

Danke für diesen Tag, mein Herr. Danke für die Menschen, die mein Leben reich machen. Danke, dass du die Welt so schön gemacht hast. Danke, dass ich gesund bin. Danke, dass ich riechen, hören, sehen, sprechen, laufen, tanzen, lachen, singen kann.

Ich genieße deine Kreativität: die Blumen, die duften. Die Sonne, die mich wärmt. Danke für das Meer und die Berge. Danke für Babys und dass du mir durch sie zeigst, wie unglaublich zart und originell du dir uns Menschen ausgedacht hast. Danke für den Wald und die Tiere und die Vielfalt der Natur.

Danke, dass du mich versorgst und dass ich in einem Land lebe, in dem ich meinen Glauben frei leben kann. Du bist der Herr über Himmel und Erde – für immer. Egal, was Politiker sagen; egal, wie die Welt sich verändert; egal, ob es Trend ist, an dich zu glauben, oder nicht – du bist der Herr und dein Name ist hoch erhaben.

Ich preise dich für deine Treue und Schönheit, für deine Nähe und dafür, dass du mich hältst. Ich bin froh, dass ich mit dir leben darf, Gott. Amen.

Psalm 149

Zion lobe den HERRN!

1 Halleluja!
   Singet dem HERRN ein neues Lied;
      die Gemeinde der Heiligen soll ihn loben.
2 Israel freue sich seines Schöpfers,
      die Kinder Zions seien fröhlich über ihren König.
3 Sie sollen loben seinen Namen im Reigen,
      mit Pauken und Harfen sollen sie ihm spielen.
4 Denn der HERR hat Wohlgefallen an seinem Volk,
      er hilft den Elenden herrlich.

5 Die Heiligen sollen fröhlich sein und preisen
      und rühmen auf ihren Lagern.
6 Ihr Mund soll Gott erheben;
      sie sollen scharfe Schwerter in ihren Händen halten,
7 dass sie Vergeltung üben unter den Heiden,
      Strafe unter den Völkern,
8 ihre Könige zu binden mit Ketten
      und ihre Edlen mit eisernen Fesseln,
9 dass sie an ihnen vollziehen das Gericht, wie geschrieben ist.
      Solche Ehre werden alle seine Heiligen haben.
      Halleluja!

Von ganzem Herzen möchte ich dir heute Abend danken, Herr. Ich darf dein Kind sein! Manchmal nehme ich das einfach so hin. Dabei ist es doch nicht selbstverständlich! Danke für die Menschen, die mir von dir und deiner großen Liebe erzählt haben. Danke für alle Lieder, die deine Liebe deutlich machen. Danke für dein Wort, das sie bezeugt. Du liebst mich und machst dir Gedanken über mein Leben. Du bist der beste Vater, den es gibt.

Hilf mir, weniger darüber nachzudenken, was schwierig ist und mich belastet. Viel lieber will ich darüber nachdenken, wer du bist und was du für mich getan hast. Darauf will ich mich konzentrieren, dich loben und dir vertrauen, dass du mir auch in diesen Schwierigkeiten helfen kannst.

Du hast unsere Welt so schön erschaffen: die Blumen, den Wald, die Tiere, die vielen Sorten Obst und Gemüse. Du hast uns Menschen geschaffen, jede und jeden einzigartig, wunderbar, ganz besonders! Danke dafür. Ich will dich ehren, Vater, und dich loben heute Abend.

Psalm 150

Das große Halleluja

1 Halleluja!
Lobet Gott in seinem Heiligtum,
    lobet ihn in der Feste seiner Macht!
2 Lobet ihn für seine Taten,
    lobet ihn in seiner großen Herrlichkeit!
3 Lobet ihn mit Posaunen,
    lobet ihn mit Psalter und Harfen!
4 Lobet ihn mit Pauken und Reigen,
    lobet ihn mit Saiten und Pfeifen!
5 Lobet ihn mit hellen Zimbeln,
    lobet ihn mit klingenden Zimbeln!
6 **Alles, was Odem hat, lobe den Herrn!**
    Halleluja!

Ich staune über das große Finale der Psalmen. Wie ein triumphierendes Feuerwerk leuchtet dieses Halleluja auf am Himmel des Lebens!

Auf der Reise durch die Psalmen bin ich vielen Menschen begegnet, die in finsteren Tälern gebetet haben: in Angst, Zweifeln und schwerer Not. Im Sumpf der Sünde. Im Tal der Depression. In Einsamkeit. Sie kämpften damit, dass ihre Gebete scheinbar nicht erhört wurden oder die Antwort sich verzögerte.

Doch sie feierten auch Erfolge.

In diesem letzten Psalm erklingt das große Halleluja. Ohne jede Spur von Unzufriedenheit. Nur ein riesiges Halleluja.

Herr, ich schließe mich dem großen Lob an. Danke für deine Gegenwart in meinem Leben! Ja, ich habe schon genug Täler erlebt. Aber ich danke dir für die Sonnenstrahlen, die den steilen Pfad bescheinen, den ich weiter emporsteige. Eines Tages werde ich ankommen wie die Pilger in den Psalmen.

Danke, dass du mich stärkst und leitest. Ich preise dich, Herr, denn ich weiß: Mein Leben kommt von dir und geht eines Tages zu dir zurück.

Lass mich weiter von den Pilgern lernen, die nichts vor dir versteckten, sondern dir voller Vertrauen alles hinlegten. Bis zum großen Finale!

Geliebter Herr

Mein geliebter Herr,
sei du eine helle Flamme vor mir.
Sei du mein Leitstern über mir.
Sei du der geebnete Weg unter mir.
Sei du der freundliche Hirte hinter mir,
heute und für alle Ewigkeit.

Cuthbert

Gott, unser Hirte

„Der HERR ist mein Hirte, mir wird nichts mangeln."
Psalm 23,1

„Er wird seine Herde weiden wie ein Hirte.
Er wird die Lämmer in seinen Arm sammeln und
im Bausch seines Gewandes tragen und die
Mutterschafe führen."
Jesaja 40,11

„Wie ein Hirte seine Schafe sucht, wenn sie von seiner
Herde verirrt sind, so will ich meine Schafe suchen
und will sie erretten von allen Orten, wohin sie zerstreut
waren zur Zeit, als es trüb und finster war … Ich will
sie auf die beste Weide führen … Ich selbst will meine
Schafe weiden, und ich will sie lagern lassen, spricht
Gott der HERR."
Hesekiel 34,12–15

Jesus spricht: „Ich bin der gute Hirte.
Der gute Hirte lässt sein Leben für die Schafe."
Johannes 10,11

Zentrale Themen der Psalmen

Klage
Bitte um Trost und Hilfe in schweren Zeiten
Ps. 3–5, 7, 12, 13, 22, 25–28, 35, 37–40, 42–44, 54–57, 59–61, 63, 64, 69–71, 74, 79, 80, 88

Bekenntnis
Bußgebete und Bitte um Vergebung
Ps. 6, 32, 38, 51, 102, 130, 143

Dank
Wertschätzung von Gottes Geschenken
Ps. 8, 18, 19, 29, 30, 33, 34, 36, 40, 41, 66, 103–106, 111

Weisheit
Bitte um Gottes Wegweisung bei Entscheidungen
Ps. 1, 37, 119

Zorn
Ausdruck von Gefühlen und Bitte um Gottes Gerechtigkeit
Ps. 7, 35, 40, 45, 48, 59, 69, 79, 109, 139, 144

Herrschaft
Proklamation von Gottes Königsherrschaft in aller Welt und im persönlichen Leben
Ps. 2, 18, 20, 21, 45, 72, 89, 101, 110, 132, 144

Lob
Lobpreis der Eigenschaften und Taten Gottes
Ps. 43, 46, 48, 76, 84, 87, 121–134

Psalmen fürs tägliche Leben

In Zeiten der Angst — Psalm 27

In Zeiten des Zweifelns — Psalm 73

In Zeiten von Krankheit — Psalm 6

In Krisenzeiten — Psalm 46

In Zeiten der Schuld — Psalm 51

In Zeiten des Dankes und der Vergebung — Psalm 32

In Zeiten von Einsamkeit — Psalm 12

Stichwortregister

Gebete

Älterwerden: 211, 226, 301, 324, 337, 491

Angst: 33, 48, 84, 176, 181, 277, 461

Bekenntnis: 102, 168, 240, 331, 360, 490

Depression: 140, 142, 189, 216, 220, 221, 264, 275, 336, 374, 421, 454, 494

Einsamkeit: 81, 209, 291

Fürbitte: 124, 231, 270, 271, 349, 357, 430

Heilung: 137, 339

Hilfe: 63, 99, 101, 164, 444

Israel: 42, 446, 479

Kinder: 250, 456

Kinderlosigkeit: 387

Krankheit: 95, 127, 148, 237, 367, 402

Lob und Dank: 16, 27, 59, 65, 124, 164, 165, 279, 319, 470, 472, 475, 502, 512, 515

Neid: 161, 162, 234

Schlaf: 9, 14, 50, 88, 505

Schöpfung: 24, 501

Schuld: 20, 102, 112, 115

Schutz: 12, 174, 184, 203, 225, 303, 304, 306, 453

Sorgen: 12, 14, 56, 62, 178, 245, 372

Tod: 169, 207, 286, 301, 364

Trost: 20, 181, 183, 194, 261, 415

Vaterunser: 375

Vergebung empfangen: 127, 360, 462

Vergebung gewähren: 38, 114, 130, 462

Versorgung: 375, 385

Versuchung: 33, 440

Wegweisung: 53, 200, 351, 381, 426

Wut: 114, 118, 130, 186

Bibelstellen

Angst: 278

Auf Gott warten: 58

Depression: 139

Dienen: 18

Einsamkeit: 468

Erfüllt leben: 45

Frieden: 28

Geborgen bei Gott: 383

Geduld: 107

Geistlich wachsen: 316

Glauben: 376

Gott Freude machen: 400

Gott hört uns: 478

Gott ist nichts unmöglich: 409

Gott loben: 247

Gott sehnt sich nach uns: 458

Gott, unser Hirte: 517

Gott, unser Versorger: 97

Gottes Hilfe im Alltag: 191

Gottes Liebe erfahren: 307

Gottes Nähe: 224

Gottes Schutz: 212

Gottes Stimme hören und ihr folgen: 201

Gottes Treue: 496

Gottes Willen erkennen: 345

Hingabe: 391

Jesus macht frei: 180

Jesus, unser Retter: 37

Jesus, unser Vorbild: 67

Klare Gedanken und ein ruhiges Herz: 87

Krankheit: 129

Leben im Licht: 450

Nahe bei Gott: 365

Neue Freude: 417

Neue Hoffnung: 335

Neue Kraft: 149

Neuer Mut: 170

Ruhe: 425

Schlaf: 269

Schwere Zeiten: 354

Selbstverurteilung: 506

Sorgen: 236

Tod: 287

Trauer: 488

Vergebung empfangen: 116

Vergebung gewähren: 259

Versuchung: 441

Von Gott erfüllt: 296

Weisheit: 325

Wenn etwas schwer zu verstehen ist: 159

Wut: 433

Zweifel: 77

Dank an die Autorinnen

Ein herzlicher Dank an alle 80 Autorinnen! Jedes Gebet in diesem Buch ist eine kleine Kostbarkeit: erfrischend ehrlich und lebensnah, persönlich und ermutigend.

Ilse Ammann-Gebhardt, Mirjana Angelina, Daisy von Arnim, Dr. Irmhild Bärend, Saskia Barthelmeß, Wencke Bates, Sibylle Beck, Susanna Bigger, Sabine Bockel, Eva Breunig, Vesna Bühler, Regina Claas, Maria Czerwonka, Rosemarie Dingeldey, Esther Dymel-Sohl, Ines Emptmeyer, Dorothee Erlbruch, Linda Flament, Krista Gerloff, Elvira Germann, Silke Hampp, Ruth Heil, Ingrid Heinzelmaier, Delia Holtus, Hannelore Illgen, Angelika Jackson, Elisabeth Kapsreiter, Martina Kessler, Marion Klug, Daniela Knauz, Silvia Konstantinou, Marija Koprivnjak, Erika Korinth, Anne-Maria Kreye, Doris Kuegler, Britta Laubvogel, Helen Lescheid, Esther Lieberknecht, Cornelia Mack, Elisabeth Malessa, Debbie Marti-Siegenthaler, Ute Mayer, Ines Maynard, Conny Meier, Margret Meier, Berit Merkel, Elisabeth Mittelstädt, Georgia Mix, Susanne Mockler, Sr. Christine Muhr, Sabine Müller, Sefora Nelson, Ellen Nieswiodek-Martin, Beate Nordstrand, Konstanze von der Pahlen, Magdalena Paulus, Gloria Redmann, Sr. Evelyn Reschies, Esther Reutimann, Carola Rink, Margitta Rosenbaum, Déborah Rosenkranz, Ruth Scheffbuch, Nicole Schenderlein, Karin Schmid, Andrea Schneider, Barbara von Schnurbein, Doris Schulte, Elena Schulte, Eve Schwalm, Gisela Schwarzfeller, Doris Siegenthaler, Silke Stattaus, Petra Uphoff, Sabine Vetter, Claudia Wenserit, Angela Werth, Bärbel Wilde, Roswitha Wurm, Dr. Ute Zintarra.

Quellennachweis

Seite 148: Great Christian Prayers, Compiled and edited by Louise and R. T. Kendall, © 2000, Hodder & Stoughton, London, A Division of Hodder Headline Ltd

Seite 169: Dietrich Bonhoeffer, Widerstand und Ergebung, © 1998, Gütersloher Verlagshaus, Gütersloh, in der Verlagsgruppe Random House GmbH

Seite 200: Corrie ten Boom, Du bist meine Zuflucht, 40 Andachten, © 2010, Gerth Medien, Asslar, in der Verlagsgruppe Random House GmbH

© 2013 Gerth Medien GmbH, Asslar
in der Verlagsgruppe Random House GmbH, München

Die Psalmen nach der Übersetzung Martin Luthers:

🔲 Deutsche Bibelgesellschaft

Die Lutherbibel in der revidierten Fassung von 1984.
Herausgegeben von der Evangelischen Kirche in Deutschland.
Durchgesehene Ausgabe in neuer Rechtschreibung,
© 1999 Deutsche Bibelgesellschaft, Stuttgart.

Lydia GerthMedien

1. Auflage 2013
Bestell-Nr. 816909
ISBN 978-3-86591-909-0

Lektorat: Delia Holtus, Ines Maynard
Umschlaggestaltung: Hanni Plato
Umschlagillustration: Shutterstock
Innengestaltung: Stefan Wiesner
Satz: Greiner & Reichel, Köln
Druck und Verarbeitung: CPI – Ebner & Spiegel, Ulm
Printed in Germany
Nachdruck, auch auszugsweise, nur mit Genehmigung des Verlages